U0802241

新编人力资源与社会保障通用教材

企业人力资源管理统计学

（第三版）

陈嗣成　主编

中国劳动社会保障出版社

图书在版编目(CIP)数据

企业人力资源管理统计学/陈嗣成主编. -- 3 版. -- 北京：中国劳动社会保障出版社，2023

新编人力资源与社会保障通用教材

ISBN 978-7-5167-6002-4

Ⅰ. ①企… Ⅱ. ①陈… Ⅲ. ①企业管理-人力资源管理-劳动统计学-高等学校-教材 Ⅳ. ①F272.92

中国国家版本馆 CIP 数据核字(2023)第 182494 号

中国劳动社会保障出版社出版发行

（北京市惠新东街 1 号　邮政编码：100029）

*

北京市白帆印务有限公司印刷装订　　新华书店经销

787 毫米×1092 毫米　16 开本　19.75 印张　351 千字

2023 年 10 月第 3 版　　2023 年 10 月第 1 次印刷

定价：59.00 元

营销中心电话：400-606-6496

出版社网址：http://www.class.com.cn

前言

面对错综复杂的国内外形势，在以习近平同志为核心的党中央领导下，我们的事业取得了历史性成就，实现了历史性变革，推动中国经济巨轮向着高质量发展目标劈波斩浪、扬帆远航。科教兴国战略、人才强国战略等，都是党提出的需要长期坚持的国家重大战略，同时是事关现代化建设、实现高质量发展的关键。《企业人力资源管理统计学》的编著，从始至今坚持“不忘初心、牢记使命”，遵循国家重大战略的要求，不断修改、不断完善，努力将教材打造成为精品。

《企业人力资源管理统计学（第三版）》的面世，凝聚了笔者的心血。所有参与编著的人员都有着丰富的教学经验和理论功底，勤于观察，思辨分析，在成书的过程中，确保高质量。所以，自首次出版问世近20载，受到广大读者的欢迎。

《企业人力资源管理统计学（第三版）》的特点突出、个性鲜明。

第一，坚持科学性。内容体系是按照企业人力资源的配置、利用、保护、效用和开发培训提升的研究体系安排与设置的，内容充实、布局合理、脉络清晰。

第二，博采新理念，紧盯新动向。当今，包括企业人力资源统计在内的统计实践，其新思想和新动向层出不穷，教材修订适时汲取精华、丰富内涵。

第三，紧密联系统计工作实际。统计工作及统计制度在不断完善，因而教材跟进时代需求，始终保证内容“鲜活”态势。

第四，增强时代感与亲和力。对教材中引用的数据与资料及时更新和补充，力求贴近现实生活，拉近与学习者的距离。

第五，通俗易读有趣味。在保持科学性与学术性的前提下，遣词造句力争通俗易懂，问题的论述深入浅出。

第六，教材中涉及相当多的量化分析，指标计算分析错综复杂，为了加深理解和熟练运用，本教材用众多的计算分析实例，帮助读者融会贯通、扎实掌握。

第七，应读者的要求，每章前面增设“学习要点”，彰显各章的中心内容，把握学习层次与要点；每章最后设置“思考题和计算题”，并附有相应的参考答案，为学习者提供反复练习的机会。

《企业人力资源管理统计学》是高等学校人力资源管理专业与社会保障专业的专业教材属列，其他相关专业或日常培训与业务提升可以慎选采用。本书的第三版编写，虽然小心翼翼，但难免百密而一疏，恳请赐教匡扶。

目录

第一章　概　　论

● 学习要点

科学的企业人力资源管理统计指标体系包含的内容。

企业人力资源管理统计研究的对象和特点。

企业人力资源管理统计指标体系。

企业人力资源管理统计的作用。

第一节　企业人力资源管理统计的性质

企业是社会经济活动的基本单位。走企业化道路是现代社会经济发展的基本态势。作为企业，必须成为自我发展、自主经营、自负盈亏、自我约束的独立核算单位，并具有法人地位。没有企业的发展，就谈不上社会经济的繁荣与社会的进步，人民生活也就不可能得到改善和提高。因此，增强企业活力、促进企业不断发展，是全面实现共同富裕的要求，是推动社会现代化和经济可持续发展的重要途径。

社会主义市场经济的主体是企业，企业在市场竞争大潮中，不可避免地会优胜劣汰。从表象上观察，市场竞争是产品质量、技术含量、价格、售后服务等的竞争。要想在竞争中保持优势，企业必须不断开发新技术、新工艺、新产品，持续改进与提高产品质量，改进工艺与装备，节约物化劳动和活劳动，降低产品成本，优化价格，提供优质服务等，这些都要依靠企业的劳动者来实现。所以，从深层次分析，市场竞争实质上是人才的竞争，是人才素质与人才水平的竞争。企业要在市场竞争中求得生存和发展，必须重视人才的作用，时刻注意吸引人才，科学、合理和充分地使用人才，大力加强人才的开发与培养。因此，企业应坚持以人为本的理念，建立以人力资源管理为核心的企业管理制度。为了满足建立科学的企业人力资源管理制度的需要，必须建立和健全一套科学的企业人力资源管理统计指标体系，这是市场经济发展的客观必然性所要求的。

一、企业人力资源管理统计研究的对象

对企业人力资源进行科学的管理，就必须准确地了解和掌握企业人力资源现状。科

学管理的前提之一就是要实事求是，一切从实际情况出发。如果违背了这一前提，就必然会犯错误，会给企业带来损失，损害企业和劳动者的利益。毛泽东同志曾指出："指挥员的正确的部署来源于正确的决心，正确的决心来源于正确的判断，正确的判断来源于周到的和必要的侦察，和对于各种侦察材料的连贯起来的思索。"① 这则军事斗争的格言道出这样一个道理，即只有情况明，才能决心大、方法对。这对于企业人力资源的科学管理来说，也是不二法宝。

企业人力资源管理统计研究的对象，是企业人力资源的配置、开发与利用的数量表现及有关劳动经济现象的数量关系，研究的目的是揭示其发展的态势和某种趋势。企业人力资源管理统计是科学的企业人力资源管理的重要工具和手段。企业人力资源管理统计研究的对象，与社会人力资源管理统计研究的对象在总体上是一致的。社会人力资源管理统计是对人力资源经济运动的总过程给予量化的观察与分析，在对人力资源质与量的统一研究中描述人力资源的数量表现与数量关系，从而发现它的变动趋势和一般规律。企业人力资源管理统计研究是包含在这个大范围内的，其与社会人力资源管理统计研究的区别可以概括为以下四点。

第一，研究的客体不同。企业人力资源管理统计是以企业的人力资源现象与过程为研究客体，而社会人力资源管理统计研究则是以全社会人力资源现象与过程为研究客体。

第二，研究的范围不同。前者是对企业人力资源的现状、利用和使用条件的研究，而后者是对社会人力资源的形成、配置、使用和再生产过程的研究。

第三，研究的内容不同。前者是研究企业劳动力的规模、构成、利用以及劳动效率、劳动保护、工资分配和人员培训等内容，而后者则是研究全社会人力资源的总量和构成、从业人员的规模和构成、劳动力的使用与劳动时间的利用、劳动力工作环境安全与健康、劳动报酬水平和居民生活水平、劳动生产率与工资水平的关系等内容。

第四，研究的任务不同。前者的研究除了为全社会的宏观研究提供资料外，主要研究本企业的人力资源问题，为本企业生产经营管理决策提供依据，而后者则是研究和阐明全社会人力资源的现状和发展、各种比例关系、社会劳动效益与科学技术的影响以及发展变化速度等。

二、企业人力资源管理统计研究的特点

企业人力资源管理统计是观察企业人力资源现象和过程的一种手段，是一种调查研

① 毛泽东．毛泽东选集（第1卷）[M]．北京：人民出版社，1966：173.

究和分析的方法，是企业人力资源管理的重要工具之一。企业的生产经营过程，同时也是劳动过程。企业人力资源管理统计主要从微观角度观察和研究企业人力资源现象和过程的数量表现与数量关系。因此，企业人力资源管理统计研究的特点可归纳为以下三点。

第一，企业人力资源管理统计研究的数量特征。任何客观现象的质量都表现为一定的数量，没有数量也就谈不上质量。在说到对事物的认识时，也是如此。毛泽东同志曾指出："胸中有'数'。这就是说，对情况和问题一定要注意到它们的数量方面，要有基本的数量分析。任何质量都表现为一定的数量，没有数量也就没有质量……不懂得注意事物的数量方面，不懂得注意基本的统计、主要的百分比，不懂得注意决定事物质量的数量界限，一切都是胸中无'数'，结果就不能不犯错误。"① 企业人力资源现象与其他事物一样，其质量都表现为一定的数量，研究企业人力资源问题要注意数量界限。所以，企业人力资源管理统计必须运用科学的方法，及时地将人力资源诸现象的基本数据准确地核算出来，提供给人力资源管理部门和企业的决策者，使之胸中有数，从而使企业人力资源管理工作能够建立在科学、可靠的基础之上。

第二，企业人力资源管理统计研究的关联性与动态性特征。企业人力资源现象包括人力的供应与需求关系、劳动力总量与工种的关系、工作岗位配置与劳动效率的关系、工资分配和人工成本的关系、职业技能开发与人员素质的关系等，它们之间的依存关系是客观存在的。因此，企业人力资源管理统计不能仅孤立地、静止地研究企业人力资源诸现象的数量表现，还应该研究其现象之间的数量联系及其变动趋势。企业人力资源管理统计通过了解并研究人力资源现象之间及其与其他现象之间的数量联系，深入调查研究发展不平衡的因素及其影响程度，以利于企业人力资源管理部门和企业决策者及时采取相应措施处理好各种关系，推进企业各项工作的发展。

第三，企业人力资源管理统计研究揭示规律性的特征。人力资源现象的演变与其他客观现象的演变一样，是有规律可循的。企业人力资源管理的统计研究，从个别到一般，从局部到整体，从外到里能够揭示出企业人力资源诸现象和过程的一般性规律。在社会主义市场经济体制下，企业的招工和用工机制、工资分配机制和其他激励机制、社会保险运行机制等的模式与运行方式，都要从众多的具体事实和个别现象的综合表现中去探究、发现、求索、辨析和归纳，提炼出具有一般性和指导性的内容，概括出某种规律，以促进企业人力资源的开发和管理的深层次演变。

---

① 毛泽东. 毛泽东选集（第1卷）[M]. 北京：人民出版社，1966：1332.

三、企业人力资源管理统计研究的指导思想

企业人力资源的开发与管理是从招工、录用、培训、使用、晋升、辞退到退休的全过程的管理，因此，企业人力资源管理统计要对其全过程进行跟踪研究，并给予准确、完整的描述。

对企业人力资源现象和过程的研究和描述，必须有正确的指导思想，应把握好描述与研究的方向。

第一，现代人力资源管理理论为企业人力资源管理统计研究提供理论指导。现代人力资源管理理论主要研究人的需要和内在动力，组织对其成员的吸引力，对个人责任感、成就感、事业心的激励，组织的整体性、协调性和稳定性等问题。人力资源管理通过长期实践所形成的基本原理有系统化原理、能级对应原理、系统动力原理、反馈控制原理、弹性冗余原理、互补增值原理、利益相容原理和竞争强化原理等，这些原理为企业人力资源管理统计研究的方向和范围作出了规范化回答。

第二，社会经济统计学为企业人力资源管理统计研究提供方法指导。企业人力资源管理统计的研究方法秉承统计学的研究方法，并在此研究领域具体化和个性化。统计研究的基本方法，如大量观察法、统计分组法和综合指标法等，在统计研究企业人力资源现象和过程中得到充分的应用。

第二节　企业人力资源管理统计研究体系

一、企业人力资源管理统计研究的范围

企业人力资源管理统计研究的是企业人力资源现象的数量方面。企业人力资源现象的数量方面作为独立的研究客体，必须有明确的统计研究范围。企业的生产经营过程也是企业人力资源的劳动消耗过程，即劳动过程，因此，与企业生产经营过程同时并存的，还应该有人力资源配置、使用及劳动者劳动能力再生产的过程。在这个过程中的现象就是企业人力资源现象。

（一）企业人力资源

企业人力资源即企业全部劳动者，指企业内的全部从业人员。企业要进行正常的经济活动，必须配置一支具有一定劳动技能的从业人员队伍。为了节约劳动力、提高效率，

达到劳动投入相对较少、取得的产出相对较多、经济效益较好的效果，除了要保证人力资源在总量配置上与生产经营需求相适应外，还必须体现优化配置、比例配置和均衡配置。要保持企业在市场竞争中的有利地位，企业人力资源应该进行动态配置，并且要在竞争发展中实现合理配置。

（二）企业人力资源的使用

企业的生产经营过程，同时也是人力资源的使用过程。人力资源的使用就是劳动，劳动是以时间计量的。为了充分地使用人力资源，减少不必要的人力资源浪费，必须研究劳动时间的利用状况，以便采取措施、节约劳动力、提高劳动效率。

企业在人力资源使用过程中，必须加强安全措施，避免和减少工伤事故的发生；加强对有毒有害物质的防护，改善劳动环境，减少职业病的危害，保证人员的身体健康，充分调动劳动者的积极性。

企业在人力资源的使用过程中，要充分重视人力资源的技能开发工作。市场竞争的实质是人才竞争，即人力资源素质的竞争，因此，企业必须加大企业人力资源技能开发力度，不断发掘企业人力资源的内在潜能，使之充分发挥作用。

企业在人力资源的使用过程中，还必须引进竞争机制，建立与健全正常、科学的考评奖惩制度；必须对企业人员实行全面考评，建立公平竞争的机制，实现优胜劣汰、能进能出、能上能下，促进企业人员素质的全面提高。

（三）企业人力资源劳动能力的再生产

劳动者劳动能力的再生产有着多方面的内涵，如劳动者的休息时间、职业技能开发和劳动报酬等。劳动报酬是劳动能力再生产的重要物质条件，劳动报酬水平高，劳动收入增长，劳动者的生活水平与生活质量就会提高，有利于增强劳动者的劳动能力。同时，劳动报酬水平提高后，劳动者就有条件从事有益于健康的文化体育活动，提高文化科学水平，从而提升劳动能力，有利于企业的深度发展。

正确处理劳动报酬与劳动生产率之间的关系，是企业人力资源管理的重要任务之一，也是涉及企业发展的重要问题。当企业劳动生产率提高、实现了良好的经济效益时，劳动者的劳动报酬也会得到相应的提高，从而激发劳动者的劳动热情与积极性。当然，劳动报酬的增长率应低于劳动生产率的增长率，以利于企业的进一步发展。在处理劳动者劳动报酬水平及其增长时，应贯彻好企业与劳动者（工会或职工代表大会）协商的原则，以保持企业的稳定和持续发展。

二、企业人力资源管理统计指标体系

研究企业人力资源现象和过程，需用一系列的统计指标，从不同方向和层面反映企业人力资源的数量表现与数量关系。这些有联系的统计指标群体形成了企业人力资源管理统计指标体系。它主要包括以下十个方面。

（一）企业人力资源数量、构成与素质统计

企业开展生产经营与服务活动，必须配置足够多的、达到一定素质水平的人员，因此，首先应观察企业人力资源总量，设计、建立人力资源总量指标，如期末人数和平均人数等指标。其次，要研究企业人力资源的配置与构成情况。人力资源的配置包括优化配置、比例配置和均衡配置等，企业人力资源的构成有专业构成、技术构成、年龄构成、性别构成和工作性质构成等，它们都需要以相应的统计指标来显示。最后，还要建立企业人力资源变动统计指标，以反映企业人力资源的市场开发、招聘录用、辞退和退休等变动状况。

企业人力资源素质是指身体素质、文化程度、技术水平、业务能力和品德教养等，研究企业人力资源素质状况，为企业加强职工的职业技能开发、引进企业急需的高水平人才、提高企业人力资源整体素质、促进企业生产经营规模和服务不断扩大与优化提供服务。

（二）生活日分配统计

企业拥有足够多的具备一定素质的人力资源，是为了让人力资源与生产资料相结合，从事生产经营与服务活动，即劳动力的具体使用。企业合理使用劳动力，应正确处理劳动者的生活日分配问题，规定合理的工作时间和非工作时间。工作时间的利用程度，对企业的生产经营和服务成果有着重要影响，因此，必须加强对工作时间利用状况的统计研究。劳动者的非工作时间的分配情况，和劳动者劳动能力的再生产有直接联系；劳动者劳动能力再生产状况和企业的生产经营与服务活动有直接联系。所以，还必须对劳动者的非工作时间的分配进行统计观察。

（三）劳动环境与劳动保护统计

在企业人力资源的使用过程中，改善劳动环境、优化劳动条件、加强对劳动者的安全与健康的保护，既体现了社会主义市场经济条件下以人为本的理念，又有利于充分调

动劳动者的积极性和创造性。劳动环境与劳动保护工作情况的统计包括劳动环境统计、劳动保护措施统计、工伤事故统计和职业病统计等。

（四）劳动生产率与劳动效益统计

劳动生产率与劳动效益指标是企业人力资源管理统计的核心指标。在企业生产经营和服务规模一定的条件下，劳动生产率水平的高低决定着企业人力资源使用数量的多少，同样也决定着企业职工的劳动报酬水平。提高劳动生产率是节约劳动力、降低生产经营成本、增加盈利和提高经济效益的重要途径。所以说，劳动生产率是综合反映企业工作质量的极为重要的指标之一。

企业劳动生产率一般只反映企业生产经营过程中的劳动效率，而对于企业生产前的决策、产品推销和售后服务质量，劳动生产率很难反映。在社会主义市场经济体制下，企业的经济效益，除了受制于劳动生产率外，还取决于生产前的决策、产品推销和售后服务质量。所以，为了适应社会主义市场经济体制的需要，促进企业经济效益的提高，除研究劳动生产率外，必须分析劳动效益，设立劳动效益指标。劳动效益指标是劳动生产率指标的必要补充，二者相辅相成，应结合运用。

（五）劳动定额统计

劳动定额完成情况指标、产品工时消耗统计和劳动定额工作统计等，构成企业劳动定额统计的基本内容。从本质上说，劳动定额是定额劳动生产率，用工时表现的劳动定额完成情况指标是劳动生产率指标的一种表现形式。由于劳动定额统计研究的特殊性、内容的差异性且任务也不同，劳动生产率统计替代不了劳动定额统计，因此，劳动定额统计具有独立的意义。

（六）劳动报酬统计

企业支付给职工的劳动报酬，无论是以货币形式支付，还是以实物形式支付，其实质都是工资。工资核算是企业整体经济核算的一个重要方面。工资核算的直接作用表现在两个方面，一是为了核算企业生产经营成本，二是表明职工的工资收入水平，因此，工资是企业和职工都非常关注的重要问题。正确处理企业内部的工资分配问题，应该坚持如下原则：（1）反对平均主义倾向，正确体现按劳分配原则；（2）在企业经济效益不断增长的基础上，相应地稳步提高职工的工资水平；（3）协调好企业发展所需资金与职工工资增长的关系；（4）要适应全社会对消费基金的宏观调控的要求。企业人力资源管理统计研究工资问题，就是为了提供职工工资情况的数据资料，便于企业正确解决职工工资问题，处理好企业与职工的关系，充分调动各方面的积极性，促进企业全面发展。

（七）企业人力资源开发统计

在市场竞争十分激烈的情况下，随着科学技术的飞速进步，企业求生存、求发展，必须不断应用新技术与新工艺，开发新产品，提高产品的质量和档次。这就要求企业要加大人力资源的开发力度，在人力资源市场上，加强人才信息的沟通，采取有效措施，拓宽进人渠道，积极招聘，择优录用，以改善企业人力资源的结构。在企业内部，加强对现有职工的专业技术与技能的培训，使他们掌握新技术和新工艺，提高他们的技能水平。企业人力资源开发统计，要研究采用的形式和取得的成果及其对改善企业人力资源结构的作用，反映其为企业带来的经济效益。

（八）人工成本统计

人工成本即人力费用，是企业生产经营成本的重要组成部分。企业在市场博弈中占有优势，才能取得竞争的胜利，这些优势有产销对路、高技术含量、质优价廉、售后服务优良等。价格是由生产经营成本决定的，要有较低的价格，必须有较低的成本作为支撑。成本由两大部分组成，一是物质消耗成本，二是人工费用。这两方面的节约，都会降低价格。人工成本的统计，要研究企业人工成本的结构、总量、水平，分析影响人工成本变动的各种因素，为企业采取得力措施、不断降低人工成本提供依据，促进企业竞争力的进一步增强。

（九）劳动关系统计

劳动关系实际上是一种利益关系，有利益就会有矛盾。劳动合同制度、集体合同制度、职工民主管理制度、劳动争议处理制度、工会协调参与机制等，都是调整劳动关系的内容，通过对双方利益矛盾的调节，使劳动关系正常、健康地发展。工会是职工群众利益的代表，工会应积极维护职工群众的正当权益，要关注、参与、调解企业和职工在劳动关系中有关权利与义务的矛盾，促进企业和谐、稳定与健康地发展。而劳动关系统计，就是要研究劳动者参与情况和结果，分析并评价劳动争议仲裁的作用。

（十）社会保障统计

本书对社会保障统计研究的重点是企业社会保险统计。企业社会保险是社会保障的重要组成部分，是可以保障劳动者及其直系亲属在遇到各种风险时能获得物质帮助，以维持基本生活的一种社会保障制度，包括养老保险、失业保险、医疗保险、生育保险和工伤保险等内容。企业的社会保险统计研究，要观察各种社会保险项目在企业的实际运行情况，如人员参与覆盖状况、各种保险基金的征缴情况、保险金的支付情况和支付水平等。

各企业为适应社会主义市场经济发展的需要，提高自身在市场中的竞争力，必须加强以人力资源管理为核心的企业管理，建立并健全企业人力资源管理统计指标体系。

第三节 企业人力资源管理统计的作用

企业人力资源管理统计，在企业管理和企业统计中占据重要地位。企业人力资源管理统计的作用或任务，是由其性质决定的。企业人力资源管理统计是企业人力资源管理的重要工具，因而其基本作用是：准确、及时、完整和系统地搜集、整理和提供企业人力资源现象与过程的统计数据资料，开展统计分析，为合理安排和充分利用企业人力资源、提高劳动生产率和企业经济效益服务；对企业人力资源现象进行统计监督，以提高和完善企业人力资源管理服务能力。依据企业人力资源管理统计的基本作用，其具体的任务可以归纳为以下六个方面。

第一，为编制企业人力资源规划提供依据，并检查企业人力资源规划的贯彻实施情况。现代企业是分工协作极其紧密的生产经营单位。企业为求得低耗、高效、优质的生产经营活动成果，取得最大的经济效益，必须强化企业内部的各项管理。规划管理是企业内部管理的重心。企业人力资源的规划是企业生产经营综合规划的重要组成部分，因此，正确编制企业人力资源规划，必须贯彻实事求是的原则，将规划建立在科学、可靠的基础上，这就要求企业人力资源管理统计提供准确、全面的统计资料。人力资源规划的编制仅是开始，在实施过程中，会出现不平衡现象，需要通过企业人力资源管理统计检查人力资源规划的执行情况，以便发现矛盾，从而提出解决矛盾的建议，为企业经营者及时采取措施、更好地组织实施规划提供依据。

第二，为节约劳动力、提高劳动生产率和劳动效益服务。节约劳动力，不断提高劳动生产率和劳动效益，是企业人力资源管理的核心工作。节约劳动力、提高劳动生产率是发展企业生产经营和提高效益的根本途径。在社会主义市场经济条件下，企业的生产经营活动要符合市场运行的客观需求，投入与产出的比例关系应当是最佳的。因此，在劳动生产率不断提高的同时，必须充分注意劳动效益的提高。人力资源管理就是围绕提高劳动生产率和劳动效益开展工作的，企业人力资源管理统计必须体现这一要求，要经常分析影响劳动生产率和劳动效益的因素，挖掘潜力，最大限度地调动有关积极因素的作用，为劳动生产率与劳动效益的持续提升服务。

第三，企业人力资源管理统计是企业管理的重要助手。企业应了解全国、地区和行业的劳动就业形势、劳动力市场行情、用工和工资水平等情况，这就要求企业人力资源管理统计提供多方位的统计信息，满足企业改善经营和提高管理水平的需要。企业人力资源管理统计需为企业管理提供的统计信息大致有：一是促进企业加强内部管理的信息，如不同地区、不同行业的人工成本资料，这有助于企业通过对比分析，找准本企业人工成本的最佳切入点，从而改善企业管理，建立以人工成本为核心的自我约束机制；二是为企业合理科学用工提供信息，如供给的劳动力数量和素质，不同工种、不同职业岗位从业人员的劳动报酬水平和劳动力市场工资价位等，这些都有利于企业在劳动力市场上找到合适的劳动者，并且有助于企业与劳动者更好地协调劳动关系。

第四，企业人力资源管理统计是劳动者参与管理和实现自身价值的有力工具。企业的广大职工处于企业生产经营活动的第一线，对于生产经营活动的具体情况和问题最了解，也最有发言权。因此，吸收劳动者参与企业管理，对于提高企业生产经营的效益无疑是大有裨益的。企业人力资源管理统计必须为劳动者参与企业管理提供可靠的统计资料。

劳动者在劳动力市场要想实现自身价值，需要了解许多情况，人力资源管理统计可以为其提供有效信息。例如，通过职位空缺调查，了解劳动力的实际需求情况，包括总量及构成，以及实际需要何种素质的劳动力，为劳动者求职提供帮助；通过发布搜集不同工种、不同职业岗位的劳动力价位信息，为劳动者定位，也为企业和劳动者提供协商的基础。

第五，为各级政府制定劳动政策奠定基础，并监测劳动政策的执行。各级政府制定劳动政策并进行宏观调控，必须准确到位，它直接关系到劳动者的切身利益，关系到国家和社会的长治久安；劳动问题的处理具有较强的政策性，稍有不慎容易引起争议，造成不良后果。所以，要制定符合实际情况的、具有指导意义的政策，就必须以人力资源管理统计提供的可靠资料为依据。由于人力资源管理统计资料来源于各企业，因而企业必须按照要求，准确、及时、全面地提供所需的各种资料。在这一点上，企业人力资源管理统计责无旁贷。

人力资源管理统计依靠统计调查了解情况，监测有关劳动政策的执行。只有进行统计调查，才能了解到有关的真实情况。因此，在监测劳动政策的执行方面，特别是在新发布的劳动政策的贯彻执行方面，人力资源管理统计有着不可替代的作用。

第六，促进人力资源管理统计理论的发展。企业人力资源管理统计提供的准确、全面和完整的统计资料，是进一步发展企业人力资源管理统计理论的基础。理论与实践是互动且相互制约的，发展人力资源管理和统计方法论，有利于促进并提高企业人力资源管理水平，有助于企业人力资源管理统计工作的改善，使其更好地适应企业管理的客观需求。

【思考题】

1. 简述企业人力资源管理统计研究的对象。
2. 简述企业人力资源管理统计研究的特点。
3. 简述企业人力资源管理统计研究的指导思想。
4. 简述企业人力资源管理统计体系的主要内容。
5. 简述企业人力资源管理统计的作用。

第二章　企业人力资源数量和素质构成统计

学习要点

从数量、素质与构成两方面入手，研究企业人力资源。

企业职工的核算范围，总量指标（时点指标和平均指标），企业职工的分类方法，企业工人分组。

企业从业人员和职工的变动，包括自然变动和机械变动。总周转分析，包括企业劳动力结构、企业劳动潜力、生产工人工种平衡和企业劳动力市场化。

企业人力资源素质指标体系。

企业人力资源素质综合评价。

第一节　企业人力资源数量和素质构成统计的意义

在社会经济运行中，劳动力和物质资源是两个极其重要的要素。从经济学角度分析，每一个生产要素都应在可能的条件下得以充分利用，并和其他要素结合成一种合理的比例关系，以期获得最大的经济效益。在社会主义市场经济体制中，企业间的平等竞争，实质上是拥有的人力资源的竞争。企业在竞争中求生存、图发展，就应合理招用、配置人力资源，做到择优用人、人尽其才、才尽其用。观察企业人力资源状况，首先应从数量和素质两方面着手。

一、企业人力资源数量统计的意义

企业人力资源数量统计研究，就是要研究企业人力资源的使用结构状况。从全社会看，企业劳动力的合理配置主要表现在以下四个方面：一是要适应社会经济发展水平的要求；二是要满足国民经济建设的需求；三是要取得较大的经济效益；四是要使国民经济各部门在较长时期内保持协调。因此，企业人力资源的配置和使用，要逐步向高效劳动转化，建立一支人员结构合理、素质上乘的人力资源队伍。

（一）研究企业人力资源的数量和构成

企业配置人力资源，要适应和满足企业生产经营的需求，在招聘和录用上，要择优录用，充分利用劳动力市场，招用高素质的对口人才。企业内部的分工协作是很严密的，每个工种或岗位对劳动力的技术水平、技能和职责要求也是各不相同的，因而，要全面考虑各工种、各岗位之间，以及人力资源在数量与质量上的合理配置，确保在分工协作的条件下顺利完成企业的生产经营任务。

（二）分析企业人力资源的增减变动

随着企业现代化步伐的加快、社会主义市场经济体制的逐步完善和发展，用人用工制度改革也在不断深化，人力资源的流动日益市场化。合理、公正、畅通、有序的社会性流动，是经济持续健康发展的有力支撑，是社会和谐进步的重要标志，是实现人的全面发展的必然要求。分析企业人力资源进出流向，特别是在企业内部人力资源的流向，可以使企业经营者采取相应措施，适时调整企业人力资源的配置，不断优化企业人力资源组合，以增强企业生产经营活力。

（三）分析企业人力资源的潜力

企业人力资源要进行动态组合，依据客观情况的变化进行适时调整，充分挖掘劳动力潜力。通过企业人力资源统计研究，可以发现劳动力潜力之所在，为企业合理利用人力资源提供可靠依据。

二、企业人力资源素质构成统计的意义

企业人力资源素质主要指健康水平、文化科学水平、专业技能水平和思想品德水平等。企业是生产经营实体，必须具备坚实雄厚的实力，因此，拥有一支高素质人才队伍尤为重要。一个国家、一家企业，只有形成素质足够高、数量足够多的人力资源群体，才能保证经济持续、高效和健康发展，保证其在竞争中立于不败之地。

企业人力资源素质的稳步提高是一项系统工程，涉及诸多方面，其工作重点是：第一，解决观念的更新和深化的问题，真正树立“尊重知识，尊重人才”的新理念；第二，认真抓好对企业领导者的培训和素质提高工作，增强“带头羊”的引领能力；第三，加强和重视培训教育队伍的建设，保证培训的效率和效益；第四，建立和健全激励和约束机制，增强团队意识和忧患意识；第五，加强企业的劳动保护工作，改善劳动环境，关心职工的身心健康。

企业人力资源素质统计研究，对于正确评价企业人力资源的开发和利用有重要意义。研究企业人力资源素质状况和层次结构，反映企业生产经营实力的总体水平；研究企业人力资源整体素质的变化，分析演变的影响因素，可以使该扬什么、该抑什么做到有理有据；联系企业经济效益与社会效益的表现，评价企业人力资源素质的优化程度，为企业构筑自己的经济优势与企业文化优势等提供可靠依据。

第二节　企业人力资源配置统计

一、企业人力资源的核算

（一）企业人力资源的概念

从宏观上观察，反映一定时期内全部人力资源的实际利用情况，其重要指标之一就是从业人员。从业人员包括长期从事一定社会劳动、并取得劳动报酬或经营收入的全部劳动者。城镇劳动力调查制度规定，在城镇劳动力调查中对 16 周岁及以上，具有劳动能力并符合以下条件之一的人员列为就业人员：（1）为取得劳动报酬或经营盈利，在调查周内实际从事了 1 小时以上（含 1 小时）的劳动；（2）由于学习、休假等原因，在调查周内暂时处于未工作状态，但有工作单位或场所。

从企业角度看，企业人力资源是指在企业内从事生产、工作或服务，并由企业支付劳动报酬或工资的全部从业人员。企业从业人员包括在岗职工、返聘的离退休人员、劳务派遣人员、非全日制用工等。

（二）企业人力资源的核算范围

依据企业人力资源的定义，核算企业人力资源时，应注意以下两点。

第一，不论是出勤或是缺勤人员，不论是在编制内或是编制外的人员，不论是劳动计划内或是劳动计划外使用的人员，或是临时派往外单位或国外工作的人员，以及试用期内的人员等，只要是由本单位支付工资的人员，都属于企业人力资源管理统计的范围。

第二，本企业附属的非法人机构中的工作人员，同样应纳入企业人力资源管理统计的范围。

下列人员虽和企业有某种关系，但不应作为企业人力资源进行统计。

第一，实行个人承包，离开本企业经营，不再由原单位支付工资的人员。

第二，经单位批准停薪留职、自费脱产学习、出国探亲，以及离开单位自谋出路的人员。

第三，参加企业生产劳动的在校学生。

第四，在本单位内劳动，但已被剥夺政治权利、受到刑事处罚的违法者。

（三）企业人力资源的核算原则

为了准确计算企业人力资源的数量，在进行统计核算时，必须遵循不重不漏的要求，按以下原则计算。

第一，对于原有人员，依照“谁发工资谁统计”的原则核算。只要是由本企业支付工资，就应计为本企业的人力资源，准确地讲，即“谁负担工资谁统计”。也就是说，企业确定了某个员工的工资标准，核算其工资额，在企业财务账目上体现了对其工资的支付，即被视为“发”了工资，当然，就应统计在内。

对于同时在两家以上企业就业的人员，则要依照“谁发基本工资谁统计”的原则核算。一个企业支付基本工资，另一个企业还会支付其他工资。因此，人员的核算，只能由负责支付基本工资的企业负责，另一家企业尽管会支付其他工资，但不应统计。

第二，对于新招用的人员，从其到企业报到之日起，无论是否支付当月工资，均应统计为本企业人员。对于自然减员、参军、离职上学和调往外单位的人员，从调离和停发工资之日起，不统计为本企业人员。

第三，对于从外企业调入的人员，由起薪之日起统计为本企业人员。

二、企业人力资源数量指标

（一）企业人力资源总量的计算

根据研究目的不同，企业人力资源总量的计算，可以采用时间性质不同的指标表示，即时点指标和平均指标。

1. 企业人力资源总量的时点指标

企业人力资源总量状况，可以用每日人数、期初人数和期末人数等指标形式表现。由于这些时间形式指标都是表现企业人力资源在某一时刻上的总量规模，所以统称为时点人数。在统计实践工作中，通常采用期末人数指标。常用的企业人力资源期末人数指标有年末人数、季末人数和月末人数等。企业人力资源规划，一般都是以期末人数来说明其预期达到的人员规模，因而，期末人数是企业编制与检查企业人力资源规划和进行管理的重要依据之一。

企业在计算人力资源总量时，由于统计口径的差异，有企业从业人员期末人数与企业职工期末人数之分。

2. 企业人力资源总量的平均指标

企业人力资源总量的平均指标是指企业在报告期平均每天人力资源的拥有量，是反映报告期内企业人力资源总量一般水平的指标。常用的平均指标有月平均人数、季平均人数、半年平均人数和年平均人数等。

（1）月平均人数。月平均人数是一个月内平均每天拥有的人力资源数量，是报告月内按日历天数计算的实有人数的序时平均数。它是各种时期平均人数指标中的最基本指标，是计算每季度、半年和全年企业人力资源总量平均人数的基础。其计算公式为：

$$\text{月平均人数}=\frac{\text{月内每天实有人数累计}}{\text{月内日历天数}}$$

例如，某企业 5 月份每天实有从业人员情况为：1～7 日，每天有 100 人；8～15 日，每天有 120 人；16～21 日，每天有 110 人；22～31 日，每天有 105 人，则：

$$5\text{ 月份月平均人数}=\frac{100\times7+120\times8+110\times6+105\times10}{7+8+6+10}\approx109\text{（人）}$$

在计算月平均人数时，必须注意如下两个问题：其一是公休日和节假日的人数，应依照前一天的实有人数计算；其二是对建立不满全月的单位（包括新建的和撤销的），在计算月平均人数时，要以开工的每天实有人数之和与全月日历天数相除，而不能用该企业的实际开工天数去计算。

例如，某企业 3 月 16 日开工，每天实有人数为 1 600 人。则：

$$3\text{ 月份月平均人数}=\frac{1\ 600\times16}{31}\approx826\text{（人）}$$

在某些单位从业人员变动不太明显的情况下，计算月平均人数时，可以用月初人数与月末人数之和除以 2 来表示月平均人数。

（2）季平均人数。季平均人数是指报告季内平均每天实有的人数，是该季度内各月平均人数之和的序时平均数。其计算公式为：

$$\text{季平均人数}=\frac{\text{季度内各月平均人数之和}}{3}$$

（3）上（或下）半年平均人数。半年平均人数是上半年或下半年企业人力资源平均每天实际拥有的人数。具体计算方法有以下两种：

1）按月平均人数计算

$$\text{上（或下）半年平均人数}=\frac{\text{上（或下）半年各月平均人数之和}}{6}$$

2）按季平均人数计算

$$\text{上（或下）半年平均人数}=\frac{\text{一、二（或三、四）季度平均人数之和}}{2}$$

（4）年平均人数。年平均人数是全年企业人力资源平均每天实际拥有的人数。具体计算方法有两种：

1）按月平均人数计算

$$\text{年平均人数}=\frac{\text{1—12 月各月平均人数之和}}{12}$$

2）按季平均人数计算

$$\text{年平均人数}=\frac{\text{1—4 季度各季度平均人数之和}}{4}$$

企业平均人数指标的作用主要表现在以下两个方面。

第一，有些单位的期内人员变动相当频繁，若用期末人数表示企业人力资源的规模，往往会失真，难以如实反映企业人员的一般总量，唯有用平均人数指标才可如实反映。

第二，企业在进行统计分析时，会计算平均工资、劳动生产率、人均创利或人均利税等指标，这是离不开平均人数指标的。可以说，平均人数指标是计算这些指标的基础。

（二）企业人力资源录用量的计算

在研究企业人力资源的市场开发状况时，应计算一个时期内企业通过劳动力市场新招收录用的人力资源数量，以满足企业发展的需要。

从宏观上观察，人力资源供需总是处于非均衡状态，劳动力短缺与过剩并存；从微观上看，影响人力资源供给与需求的因素有工资率、产品的社会需求程度和资本价格等，这些因素综合起来，造成劳动力供求不均衡。所以，企业对人力资源的开发和配置要满足效益最大化原则。

1. 企业人力资源新录用量指标

企业人力资源新录用量指标是表明企业在报告期内通过劳动力市场新录用的劳动力人数。只要和企业签订了录用合同或协议的人员，都应计算在内。

2. 新录用人员实际报到（或流失）人数指标

在劳动力市场上，企业和被录用人员尽管达成协议或签订合同，但可能会由于双方的种种原因，出现不履行协议合同的现象。因此，应反映实际履行协议合同的人员总量，计算报告期内新录用人员实际报到人数，只要是按规定要求向企业报到并实际上班的新录用人员，都应计算在内；而未向企业报到的人员，则应计入新录用人员实际流失人数指标加以统计。

3. 新录用人员流失率的计算

在劳动力市场上，企业根据需要和录用标准，达成了用人协议或签订了劳动合同，但是真正进入企业的人员，可能会与最初的设想有出入，有些人不能到位，另觅别处，这部分流失的人员在应到人员中所占比重，可以通过企业新录用人员流失率指标表示。其计算公式为：

$$新录用人员流失率=\frac{企业新录用人员实际流失人数}{企业新录用人员录用总量}\times 100\%$$

（三）企业职工人数的计算

企业职工是指在本企业工作，并由本企业支付工资的企业从业人员。

判断企业从业人员是否为职工，主要看两点：第一是看是否在本企业工作或劳动；第二是看是否由所在企业支付工资。

在企业从业人员中，尽管符合前述两点，但不能作为企业职工统计的有被企业返聘的离退休人员（他们生活费的主要来源是养老金，已失去“职工”的身份）和外籍人员。

三、企业人力资源构成统计

研究企业人力资源状况，除了反映配置总量情况外，还应将其按一定分组标志进行分组，观察企业内部人力资源的结构，判断其配置的比例是否合理，能否适应企业生产经营活动的客观需求，为企业人力资源的配置协调和科学调整提供可靠依据。

（一）企业人力资源构成的一般分组方法

研究企业人力资源构成的分组方法主要有以下六种。

（1）按性别分，可分为男性与女性两组。

（2）按年龄分，通常分为16~34岁、35~49岁和50岁及以上三组。

(3) 按文化程度分，一般分为研究生学历、本科学历、专科学历、高中及中专学历、初中学历、小学学历和文盲、半文盲等。

(4) 按身份分，可分为在岗职工和其他从业人员，其他从业人员可再分为返聘的离退休人员和外籍人员等。

(5) 按从事的职业分，可根据《中华人民共和国职业分类大典（2022 年版）》（以下简称为《职业分类大典》）的规定细分。《职业分类大典》将职业分类结构分为四个层次，即大类、中类、小类和细类。其中，细类是基本的类别，即职业。我国从业人员的职业划分为 8 个大类，79 个中类，450 个小类和 1 639 个细类。8 个大类依次为：第一大类，党的机关、国家机关、群众团体和社会组织、企事业单位负责人；第二大类，专业技术人员；第三大类，办事人员和有关人员；第四大类，社会生产服务和生活服务人员；第五大类，农、林、牧、渔业生产及辅助人员；第六大类，生产制造及有关人员；第七大类，军队人员；第八大类，不便分类的其他从业人员。

(6) 按技术专业等级分，可分为高级、中级、初级和暂无级别四组。

（二）企业职工的分类方法

1. 按工作性质或劳动岗位分组

(1) 工人，指在企业基本车间和辅助车间（或附属辅助生产单位）中，直接从事生产性作业的工人和从事厂外运输与厂房建筑物修理的人员等。

(2) 学徒，指在熟练工人的指导下，在生产劳动中学习生产技术和技能，领取学徒工工资的人员。

(3) 工程技术人员，指担负工程技术和工程技术管理工作，并具有工程技术工作能力的人员。具体包括：①已取得工程技术职称，担任工程技术职务，实际从事工程技术工作的人员；②虽无工程技术职务，但已取得工程技术职称或从大中专理工学科毕业，实际从事工程技术工作的人员；③未取得工程技术职称或无理工学科学历，但实际从事工程技术工作的人员；④已取得工程技术职称或从大中专理工学科毕业，在企业从事工程技术管理工作的人员，如总工程师、车间主任以及在生产技术职能部门从事工程技术管理工作的人员等。

(4) 管理人员，指在企业的各级职能部门中，实际从事非工程技术性质的行政、生产经营、经济管理和政治思想管理工作的人员，如厂长、经理及一般工作人员等；还包括长期脱离一线生产岗位，实际从事管理工作的工人。

(5) 服务人员，指服务于本企业职工生活或间接服务于本企业生产的人员。包括职工食堂工作人员，保安、警卫、消防人员，职工住宅管理与维修人员，勤杂人员（不包括与生产有关的车间勤杂工），企业其他生活福利机构工作人员等。

（6）其他人员，指由本企业支付工资，但所从事的工作与本企业生产经营活动基本无关的人员。包括农副业生产人员、出国援外和出国劳务的人员、6个月以上的长期脱产学习人员、病伤产假人员、派往外单位工作的人员、退养人员和下岗人员等。

在按劳动岗位对企业职工进行分组时，应注意以下几个方面。第一，该分组是根据观察时点（或时期）职工实际所在劳动岗位的情况确定的，与职工的身份和学历等无直接关系。第二，有的职工可能在两种或两种以上劳动岗位上工作，在这种情况下，可按下述三种办法确定该职工应属于何类岗位：其一是看哪一个是主岗位，哪一个是副（或兼）岗位，按主岗位确定类别；其二是按劳动时间较长的岗位统计；其三是按职工的工资类型统计，在按劳动时间统计不易区分时，可参照“该职工以什么工资类型名义取得工资”确定，如职工是副科长，又是工程师，若是按工程师名义取得工资，则将其归入工程技术人员组内。

2. 按是否直接参加生产分组

（1）直接生产人员，包括工人、学徒、直接参加生产的工程技术人员。

（2）非直接生产人员，包括从事管理的工程技术人员、管理人员、服务人员和其他人员。

3. 按任用期限分组

（1）长期职工，指劳动合同期限在一年及以上的职工。

（2）非全日制用工，指以完成一定工作为期限的职工。

区别长期职工与非全日制用工的标志是“劳动合同期限”，而非实际工作时间。

4. 按是否在岗分组

在改革和经济体制转换阶段，企业职工中出现大量“在册”而离岗的情况。因此，企业为准确掌握实际使用劳动力的情况，有必要将企业按在岗和离岗进行分组。

（1）在岗职工，指在观察期间，在企业工作并领取工资的职工。包括企业派出学习、劳务及病伤产假且由本企业支付工资的职工。

（2）离岗职工，指在观察期间，已经离开本人的生产和工作岗位，但仍与企业保留劳动关系，由企业统计的职工，如内部退养职工等。

（3）下岗职工，指实行劳动合同制以前，参加企业工作的正式职工（不含临时合同工），以及实行劳动合同制以后，参加企业工作且合同期未满的职工。由于企业生产和经营变化的原因，已经离开本人的原生产和工作岗位，并已不在本企业从事其他工作，但尚未解除与企业的劳动关系，暂时处于无工作状态的人员也包括在内。

5. 按工作年限分组

按工作年限分组是按企业职工实际参加社会劳动的时间长短，对企业职工进行的不同工龄的分组。根据研究目的和要求的不同，可以进行单项式分组，也可以进行组距式分组。

（三）企业工人的分组方法

1. 按劳动技能分组

按劳动技能对企业的工人进行分组，对于恰当配置生产工人在生产经营流程中的各个岗位，满足与适应生产经营过程的客观需求是极为重要的。这种分组又称为“工种分组”。不同行业性质的企业工人工种是各不相同的，因此，应依照有关工种目录进行分组。例如，机械制造企业工人工种可分为车工、铣工、刨工、钳工、磨床工、搪床工、锻工、铸工、装配工等，建筑安装企业工人工种可分为瓦工、抹灰工、混凝土工、木工、架子工、油漆工、钢筋工、油毡工、电工、水暖工、通风工等。

2. 按与生产作业的关系程度分组

（1）基本工人，指在企业的基本车间，直接从事主产品生产制造或加工的生产工人。这是生产工人中占绝大多数的基本组成部分。

（2）辅助工人，指在企业的辅助车间，为基本车间的主产品生产制造或加工提供生产性服务的生产工人，如工具车间、修理车间、动力车间等辅助车间的工人，以及基本车间的勤杂作业工人等。

（3）附属生产工人，指在企业的附属生产车间或副产品生产车间，从事生产性作业活动的工人。

3. 按生产技术水平高低分组

按生产技术水平的高低，可以将企业生产工人分为技师、高级工、中级工和初级工四组。

4. 按操作年限长短分组

企业生产工人的劳动技术熟练程度与生产技术操作时间有直接关系。从事某种生产作业时间长，其劳动熟练程度会相应提高，对企业生产经营活动十分有利。一般的分组是按其从事某种生产作业的年限长短进行单项式分组或组距式分组。

5. 按计酬方式不同分组

按计酬方式的不同可将企业工人分为计时工人、计件工人和其他计酬方式工人三组。

6. 按劳动定额的完成程度分组

依照生产工人的劳动定额实际完成程度，可将其分为三组，即未完成劳动定额的工人、完成劳动定额的工人和超额完成劳动定额的工人。

第三节　企业人力资源变动分析

劳动力的流动是永恒的、普遍的现象。一般而言，社会经济的持续发展，要求从业人员总体相对稳定并有适度的流动。在社会化大生产和市场经济条件下，科技的进步、产业结构的调整，促使从业人员总体处于经常变动与调整的状态。这种状况的出现是社会生产力发展的客观结果，同样也是促进社会生产力持续提高的必要条件。

作为社会经济总体的基本单位，企业从业人员总是在变化和流动的，企业内部、企业之间、行业之间，都存在从一个岗位流动到另一岗位的情况。除此之外，还有一些人员受年龄和伤病等自然因素的影响而变动。对这两大方面的变动，都必须认真进行统计和观察。

一、企业从业人员总体规模的变动核算

运用时间数列分析法，说明企业在不同时期或时点上，其从业人员总体规模的变动状况与动态趋势。

（一）企业从业人员总量变动分析

1. 企业从业人员总量动态指标

企业从业人员总量动态指标可以反映企业从业人员总量在不同时期或不同时点上的变动程度。

$$企业从业人员总量动态程度=\frac{报告期企业从业人员总量}{基期企业从业人员总量}\times 100\%$$

2. 企业从业人员总体增减绝对量指标

$$企业从业人员总体增减的绝对人数=报告期企业从业人员人数-基期企业从业人员人数$$

3. 企业从业人员总体变动率指标

$$企业从业人员总体变动率=\frac{增加（或减少）的绝对人数}{基期企业从业人员总人数}\times 100\%$$

企业从业人员总量，可以分别用期末人数或平均人数表示。例如，某企业“十三五”期间从业人员变动情况，见表 2-1。

表 2-1　　某企业“十三五”期间从业人员变动

	2015 年	2016 年	2017 年	2018 年	2019 年	2020 年
年末人数（人）	56 740	65 590	66 380	67 240	68 090	68 910
总量动态化程度（%）	100.0	115.6	101.2	101.3	101.3	101.2
增加人数（人）	—	8 850	790	860	850	820
总变动率（%）	—	15.6	1.2	1.3	1.3	1.2

（二）企业从业人员变动分析

企业从业人员的变动主要包括两类：一是自然变动，二是机械变动。进行企业从业人员的变动研究时，应分别进行分析。

1. 企业从业人员自然变动的核算

从全社会观察，企业从业人员的增加或减少，不仅对企业，而且对全社会从业人员的规模都会产生影响。这种增加或减少的变动，称为从业人员的自然变动。

（1）计算企业从业人员新增人数。在一定时期内，企业新增加的从业人员有：第一次就业的大中专毕业生、第一次就业的家务劳动者、第一次就业的新成长的劳动力、恢复劳动能力后第一次就业的残疾人、从海外回国定居的就业人员等。在一定时期内上述人员在企业参加工作的累计人数，就是企业从业人员本期自然增加（即新增加）的人数。要表明期末企业从业人员的新增程度，应计算企业从业人员新增率。其计算公式为：

$$\text{企业从业人员新增率}=\frac{\text{本期新增加从业人员人数}}{\text{企业期末从业人员总人数}}\times 100\%$$

（2）计算企业从业人员减少人数。在一定时期内，企业减少的从业人员的去向有：离退休和退职、因伤病丧失劳动能力、死亡、触犯刑法被剥夺政治权利、出国定居等。一定时期内因上述原因减少的人数，就是企业从业人员本期自然减少的人数。要表明企业从业人员的减少程度，应计算企业从业人员减少率，其计算公式为：

$$\text{企业从业人员减少率}=\frac{\text{本期减少从业人员人数}}{\text{企业期初从业人员总人数}}\times 100\%$$

2. 企业从业人员机械变动的核算

企业从业人员在空间上的变动，即在地区、行业、单位或企业之间的变动，只是改变了从业人员的工作岗位或服务单位，对于全社会从业人员的总体规模并无影响，这类变动被称为从业人员的机械变动。因为机械变动是分企业核算的，所以对企业从业人员的总量会有直接影响。企业应认真研究与分析这种变动，分析什么是合理的、什么是不太正常的变动，以便更好地调整企业的用人策略。

（1）计算企业从业人员流入人数。在一定时期内，流入企业的从业人员主要来源于：从劳动力市场招用、从本地区外单位调入、从外地区调入、从农村劳动力中录用等。在一定时期内所累计的因上述原因流入企业的从业人员的人数，就是企业从业人员本期流入人数。要说明企业从业人员流入程度，应计算从业人员流入率，计算结果能够说明企业在计算期期末的总人数中有多大比例是本期流入的。其计算公式为：

$$企业从业人员流入率=\frac{本期从业人员流入人数}{企业期末从业人员总人数}\times 100\%$$

（2）计算企业从业人员流出人数。在一定时期内，企业从业人员流出的去向有：开除、除名、辞退、解除合同、自动离职、调入本地区外单位、调往外地区等。在一定时期内所累计的因上述原因流出企业的从业人员的人数，就是企业从业人员本期流出人数。要反映企业从业人员流出程度，应计算从业人员流出率，其计算公式为：

$$企业从业人员流出率=\frac{本期从业人员流出人数}{企业期初从业人员总人数}\times 100\%$$

要说明企业从业人员机械变动的综合变动程度，即企业从业人员的总流转程度，还可计算企业从业人员总周转率。其计算公式为：

$$\begin{matrix}企业从业人\\员总周转率\end{matrix}=\frac{本期从业人员流入人数+本期从业人员流出人数}{企业从业人员平均人数}\times 100\%$$

企业从业人员总量各相关指标之间存在一定的平衡关系，其平衡关系式可表述为：

$$\begin{matrix}期初从业\\人员总人数\end{matrix}+\begin{matrix}本期新\\增加人数\end{matrix}+\begin{matrix}本期流\\入人数\end{matrix}=\begin{matrix}本期减\\少人数\end{matrix}+\begin{matrix}本期流\\出人数\end{matrix}+\begin{matrix}期末从业\\人员总人数\end{matrix}$$

从业人员变动平衡表，见表2-2。

表2-2　企业从业人员变动平衡表

来源	人数	去向	人数
（一）期初总人数		（一）本期减少人数	
（二）本期新增加人数		离退休和退职	
第一次就业的大中专毕业生		因伤病丧失劳动能力	
第一次就业的家务劳动者		死亡	
第一次就业的新成长的劳动力		……	
……		（二）本期流出人数	

续表

来源	人数	去向	人数
（三）本期流入人数		开除、除名等	
从劳动力市场招用等		（三）期末人数	
合计		合计	

二、企业职工总人数变动核算

在企业从业人员中，职工一般占有很大比重，因此，研究企业职工规模的变动情况并分析其原因，具有很大的现实意义。

（一）企业职工总量的变动计算

1. 企业职工总人数动态指标

企业职工总人数在不同时期的变动程度，表明了职工规模的扩大或缩小状况。在计算时，可按各时点人数或者各时期平均人数计算。其计算公式为：

$$企业职工总人数动态指标=\frac{报告期职工人数}{基期职工人数}\times100\%$$

2. 企业职工总人数变动绝对量指标

$$企业职工总人数变动绝对量=报告期职工人数-基期职工人数$$

其结果是正值，表示人数增加；反之，则表示人数减少。

3. 企业职工人数总变动率指标

$$企业职工人数总变动率=\frac{报告期职工人数-基期职工人数}{基期职工人数}\times100\%$$

某企业职工人数变动情况，见表 2–3。

表 2–3　　某企业职工人数变动

	基期人数（人）	报告期人数（人）	增减人数（人）	动态指标（%）	总变动率（%）
职工	3 166	3 192	+26	100. 8	+0. 8

（二）企业职工人数增加和减少的核算

1. 企业职工人数的增加及来源分析

在报告期内，企业职工的增加来源主要有：从农村招用的劳动力、从城镇招用的劳动力、录用的退伍军人（包括复员和转业的军人）、招聘的大中专毕业生和复职的停薪留职人员等。在一定时期内，上述增加人员的累计，就形成了企业本期职工增加人数。

企业应计算职工增加率，以反映企业职工期末总人数中新增的比率。其计算公式为：

$$企业职工增加率=\frac{本期新增加职工人数}{期末职工总人数}\times 100\%$$

2. 企业职工人数的减少及来源分析

在报告期内，减少的企业职工的去向主要有：离退休和退职，参军，开除、除名、辞退，合同期满终止合同，停薪留职，出国定居和死亡等。一定时期内因前述原因而减少的职工人数的累计，就形成了企业本期职工减少人数指标。

企业应计算职工减少率，以反映企业职工期初总人数中的减少比率。其计算公式为：

$$企业职工减少率=\frac{本期减少职工人数}{期初职工总人数}\times 100\%$$

3. 企业职工周转率指标

企业应分析职工的增加和减少的流动程度，以反映企业职工和其他从业人员的转换情况。职工的进出是必然的，但是企业必须掌握好“度”，即职工的流动要有利于企业的发展和业务的扩张。企业职工周转率的计算公式为：

$$企业职工周转率=\frac{本期职工增加人数+本期职工减少人数}{企业职工平均人数}\times 100\%$$

从职工的角度考虑，企业职工的进出并不影响职工身份的变动，这种进出现象被称为职工的调入与调出。它表明了企业或单位之间职工的重新组合，不影响职工的总量。要反映企业和单位间的职工调出与调入，需计算企业的本期调入人数与本期调出人数，并分析其来源和去向。

（三）企业职工人数变动平衡关系分析

企业职工人数的总体变动情况，可以用各部分之间存在的平衡关系来表示。即：

$$\begin{matrix}期初职工\\总人数\end{matrix}+\begin{matrix}本期新\\增加人数\end{matrix}+\begin{matrix}本期调\\入人数\end{matrix}=\begin{matrix}本期减\\少人数\end{matrix}+\begin{matrix}本期调\\出人数\end{matrix}+\begin{matrix}期末职工\\总人数\end{matrix}$$

用表格表示，即为企业职工人数增减平衡表，见表 2-4。

表 2-4　　企业职工人数增减平衡表

增加来源	人数	减少去向	人数
（一）期初总人数		（一）本期减少人数	
（二）本期新增加人数		离退休和退职	

续表

增加来源	人数	减少去向	人数
从农村招用的劳动力		参军	
从城镇招用的劳动力		开除、除名、辞退	
录用的退伍军人		合同期满终止合同	
招聘的大中专毕业生		……	
……		（二）本期调出人数	
（三）本期调入人数		调往本地区的其他单位	
从本地区其他单位调入		（三）期末人数	
合计		合计	

三、企业劳动力的统计分析

（一）企业劳动力的结构变动分析

随着企业从业人员或职工的总量变动，其内部的结构组成也会发生相应的变化。例如，性别结构、年龄结构、文化水平结构、工作岗位结构和工种结构等，这些变动都可通过编制相对指标时间数列给予恰当显示，从而评价这些结构变动的合理性及其对企业发展的影响。

例如，某企业从业人员工作岗位分布配置情况，见表 2-5。

表 2-5　　某企业从业人员工作岗位配置　　%

		报告期	基期	增（+）减（-）
一线人员	工人	69. 1	72. 1	-3. 0
	学徒	1. 2	2. 4	-1. 2
二级人员	工程技术人员	4. 1	3. 1	+1. 0
	管理人员	10. 7	9. 9	+0. 8
	服务人员	10. 3	9. 5	+0. 8
	其他人员	4. 6	3. 0	+1. 6
合计		100. 0	100. 0	—

从表 2-5 中看出，该企业一线人员的比重下降了 4. 2%，二线人员的比重有不同程度的上升，这一点值得深入分析，应引起重视。

再如，某厂生产工人技术等级结构情况，见表 2-6。

表 2-6　　某厂生产工人技术等级结构情况　　%

	报告期	基期	增（+）减（-）
工人技师	3.9	1.4	+2.5
高级工	12.6	7.2	+5.4
中级工	37.5	37.6	-0.1
初级工	46.0	53.8	-7.8
合计	100.0	100.0	—

从表 2-6 中可以看出，该厂生产工人中，工人技师和高级工的比重在上升，这表明工人的技术技能素质在增强。

（二）企业劳动潜力的分析

在分析企业人员配置的变化时，可以从劳动潜力的实现和发掘角度进行观察。发掘企业劳动潜力，是企业劳动管理者的重要任务之一。企业分析劳动潜力，其目的在于合理配置人力资源，以最少的劳动力投入，取得最好的经济效益，为企业的发展营造最好的氛围。这种分析，可以从劳动生产率和定员标准两方面展开。

1. 从劳动生产率方面分析劳动潜力

从企业劳动生产率方面分析劳动潜力，是指如果计算期内劳动生产率水平能够达到本企业最高水平或同行业先进水平，那么完成计算期的生产经营任务可能会节约的劳动力投入量。其计算公式为：

$$\text{企业计算期可节约的劳动力投入量}=\frac{\text{计算期实际产值}}{\text{劳动生产率最高水平}}-\frac{\text{计算期劳动力}}{\text{实际投入量}}$$

也可用可增加产值来表示：

$$\text{企业计算期可增加产值}=\left(\frac{\text{劳动生产率}}{\text{最高水平}}-\frac{\text{计算期劳}}{\text{动生产率}}\right)\times\frac{\text{计算期劳动力}}{\text{实际投入量}}$$

在计算分析时应注意：第一，计算劳动生产率指标所用的产值前后时间的口径应保持一致；第二，计算期劳动力实际投入量，应采用平均人数；第三，在分析时，可以根据需要分析从业人员、职工或生产工人可节约的劳动力投入量，但均应保持相关人员的可比性。

例如，某企业在计算期内的增加值和劳动生产率及职工人数，见表 2-7。

表 2-7　　某企业计算期内的劳动生产率、职工人数和增加值状况

	计算期	历史最高水平
劳动生产率（元/人）	28 657	30 165
职工平均人数（人）	1 400	—
增加值（万元）	4 011. 98	—

从表 2-7 中可以看出，该企业劳动生产率达到历史最高水平时：

$$企业计算期可节约的劳动力投入量=\frac{401\ 198\ 000}{30\ 165}-1\ 400\approx-70\ （人）$$

或者：

$$企业可增加产值=（30\ 165-28\ 657）\times1\ 400=211.12\ （万元）$$

2. 从企业定员标准方面分析劳动潜力

在企业劳动力管理中，为了合理地节约劳动力，企业都设有定员标准，并以此约束实际用人行为。实际用人的节约或多用，皆以定员标准为评价依据。以企业定员标准分析劳动潜力有两种计算分析方法。

（1）将企业实际用人数与定员总人数比较。这种比较的结果可以说明企业实际用人数是否超过了定员标准。在企业正常运转时，可能存在有的岗位达标，有的岗位超标，有的岗位比定员标准少用人等多种情况，因此，用全部人员比较，可能会出现相互抵消的情况，从而无法反映各岗位达标与否的真实情况。

（2）将企业各岗位的定员标准与其实际用人数进行比较，并将各岗位超标的人数汇总，即为企业实际超出定员标准的人数。这种比较方法的优点在于排除了低于定员标准的岗位，避免了低于定员标准的岗位所节约劳动力数量冲抵超标岗位多用的劳动力数量，因而能够真实反映劳动力潜力情况。

通常情况下，用定员标准分析劳动潜力，采用第二种方法更合适。

（三）生产工人工种平衡分析

在企业生产流程中，生产工人的工种配置或各工序间生产工人的安排，要与生产流程的运行和生产任务相适应。各工种（或各岗位）工人的配置不协调，出现多余或不足，就是各工种配置的不平衡。

研究企业生产工人工种的平衡状况，是编制作业计划和劳动力计划、做好企业劳动力日常调配工作、保证企业生产节奏均衡的重要依据之一，同样也是节约劳动力和提高劳动生产率的一项重要措施。

开展生产工人工种配置的平衡关系分析，应编制生产工人工种配置平衡表。为了理

解和掌握这种平衡分析方法，试以机械加工生产为例。某机械制造企业工种平衡表资料见表 2-8。

表 2-8　　某机械制造企业工种平衡表

		车工班	铣工班	刨工班
计划任务	定额工时总量（工时）	8 365	2 000	3 435
	每人完成定额工时（工时）	239	250	229
	各班比例	1	0. 239 1	0. 410 6
实际完成	定额工时总量（工时）	15 050	3 200	4 980
	每人完成定额工时（工时）	430	400	322
	各班比例	1	0. 212 6	0. 330 9
按计划比例数计算	各班应完成定额工时（工时）	15 050	3 599	6 180
	平衡差额（工时）	—	399	1 200
	折合人数	—	1	3. 73

平衡的方法与具体步骤简述如下。

第一，将各工种班（这里假定为三个工种班）的计划任务定额工时总量通过平衡表确定下来。表 2-8 中的各工种班的生产计划任务定额工时总量是配套的：

$$计划任务定额工时总量 = \sum（各种零件计划产量 \times 工时定额）$$

各班需配置工人数可用各班计划定额工时总量除以每人应完成定额工时求得。而各班现有工人数和应配置工人数之差，就是应调出或补充的人数，从而在计划安排上保持了任务与劳动力在各工种间的平衡。

计划任务中的各班比例，从理论上讲，应以平均每人完成定额工时最高者为 1，如果实际发生了变化，应予以调整。在上例中，虽然计划任务中铣工班的每人完成定额工时为最高（250），但实际完成情况是车工班每人完成定额工时为最高（430），所以应将车工班定为 1，各班计划比例数可用该班定额工时总量除以车工班定额工时总量求得。经计算，铣工班计划比例数为 0. 239 1，刨工班计划比例数为 0. 410 6，这个比例关系反映了产品零件成套生产的要求。在实际执行中，如果能保持这个比例关系，则可保证生产的零件产品是成套的，确保经济效益与劳动效益的顺利实现。

第二，在计划执行结束后，统计核算实际完成的各项指标。从表 2-8 中可以看出，各班都超额完成了计划任务，但超额完成程度存在差异，原各班的计划比例被打破，出现了不协调，暂时失去了平衡，各班生产的零件不能完全成套。这就要求按计划比例计算以平衡其差额。车工班的生产计划超额完成程度最高，产量最多，欲使之成套，就要以车工班实际完成定额工时数为依据，确定铣工班、刨工班应完成的定额工时数。

各班应完成定额工时总量=车工班实际完成定额工时总量×各班计划比例数

铣工班应完成定额工时：15 050×0. 239 1≈3 599（工时）

刨工班应完成定额工时：15 050×0. 410 6≈6 180（工时）

第三，计算各班平衡差额工时，确定下一计划期应配置的各工种人数。

各工种平衡差额工时=各班应完成定额工时-各班实际完成定额工时

铣工班平衡差额工时：3 599-3 200=399（工时）

刨工班平衡差额工时：6 180-4 980=1 200（工时）

计算分析的结果说明，要使三个工种班的零件生产成套，铣工班还缺少 399 定额工时产量，而刨工班则缺少 1 200 定额工时产量。若按实际平均每人完成定额工时折算，铣工班、刨工班应增加人数为：

$$\text{铣工班需增加人数}=\frac{399}{400}\approx 1\text{（人）}$$

$$\text{刨工班需增加人数}=\frac{1\ 200}{322}\approx 4\text{（人）}$$

如果各班人均完成定额工时的计划要求不变，又要保证下一个计划期实现平衡，那么：

$$\text{铣工班人员增补量}=\frac{399}{250}\approx 2\text{（人）}$$

$$\text{刨工班人员增补量}=\frac{1\ 200}{229}\approx 6\text{（人）}$$

（四）企业劳动力市场化程度研究

统计研究企业劳动用工及管理的市场化程度，可从企业用人自主招聘情况和企业人员的自主流动情况等方面入手，进行动态比较。

1. 企业用人自主招聘情况的分析

企业人力资源的配置，大部分是由市场决定的，即在用人上，企业有相当大的自主权，可以从劳动力市场招用企业需要的人员；对于不适合企业的人员，可及时向市场放行。当前企业用人市场化是必然趋势，所以，研究企业用人的市场化程度及其演变情况有着重要意义。

（1）企业用人市场招聘率指标

$$\text{市场招聘率}=\frac{\text{市场招用的人数}}{\text{企业从业人员总人数}}\times 100\%$$

（2）企业自动辞职率指标

$$自动辞职率=\frac{自动辞职解约人数}{企业从业人员总人数}\times100\%$$

分母用期末人数或平均人数均可。

2. 企业内部自主流动情况分析

在企业内部的各岗位配置人力资源，许多企业采用企业和职工进行双向选择的方式，即企业自主聘任，职工自主选择，通过竞聘上岗，实现“岗位挑人，人选岗位，人尽其才”。这种企业内部人员的流动是合理的，是推动企业市场化用人的途径。

研究这种流动的自主程度，可计算以下两个指标值。

（1）工作岗位方面的分析指标

$$工作岗位竞聘率=\frac{实行竞聘的岗位数}{企业从业人员总人数}\times100\%$$

（2）竞聘人员的分析指标

$$全员竞聘参与率=\frac{参加竞聘人数}{企业从业人员总人数}\times100\%$$

$$竞聘者上岗率=\frac{竞聘上岗人数}{企业参加竞聘人数}\times100\%$$

$$全员竞聘上岗率=\frac{竞聘上岗人数}{企业从业人员总人数}\times100\%$$

第四节　企业人力资源素质指标体系

一、企业人力资源素质的概念

企业人力资源素质是指人在劳动中综合运用劳动能力水平的高低程度。它包括个体素质和整体素质两个方面。个体素质指单个人员的体力、智力、健康状况、文化程度、性别、年龄、劳动积极性、能力等状况；整体素质则指组成某一个群体（班组、车间、科室、企业等）的人员在整体上表现出来的素质，它不仅是个体人员素质的数量总和，还涉及人员结构问题，群体中人员的不同配合往往会产生不同的效果。

（一）个体素质

衡量人力资源素质的主要标志是人的体力和智力水平，而人的体力、智力又是建立在其身体健康状况、文化程度的基础之上，且与性别、年龄有很大关系。因此，健康状况、文化程度、性别、年龄都是反映人力资源素质的间接指标。劳动积极性制约、影响着人的体力、智力、能力的发挥、运用和实现的程度，因此也是构成劳动力素质的重要指标。能力则是反映人力资源素质的一个综合指标。

1. 体力

体力是指人体在活动时所能付出的力量，通常表现为人在意识支配下对肌肉的运用，其基本要素包括五个方面：力量、速度、耐力、柔韧和灵敏。

衡量人力资源素质，体力是最基本的一个方面。虽然科技的进步使人们不断从过去繁重、单调的体力劳动中解放出来，但对劳动者的体力要求却并没有降低。精密、复杂的现代劳动往往要求劳动者反应敏锐、动作准确、精力集中，这些都是需要有很强的体力条件支持的。

2. 智力

智力是人们认识、理解客观事物，获取并运用知识、经验等解决问题的能力。它由六个基本要素构成，即观察力、理解力、记忆力、想象力、思考力、判断力。智力是人在从事社会实践活动、掌握人类的知识和经验的过程中不断得到发展和提高的。一个人智力水平的高低是通过其认识客观事物的正确、全面、深刻程度及其获取并运用知识解决实际问题的速度和质量表现出来的。

在现代社会，智力水平是衡量人力资源素质的最重要因素，科技的进步与发展要求人们不断掌握大量的知识和信息，并进行准确、迅速地处理与更新。没有高水平的智力作保证，这些是难以实现的。

3. 健康状况

健康状况是从人的解剖生理特性来理解的，指组成人体的八大系统的运行情况，是构成人的体力、智力的物质基础。一个人的健康状况不佳，其体力、智力水平就会受到不同程度的影响。

4. 文化程度

文化程度指接受教育、训练并通过自学与实践所获得知识水平的高低程度。不同单位的不同工作岗位，往往需要具有不同文化程度的人来承担。文化程度的高低也代表了一个人自学能力的强弱。现代社会知识、信息的更新使得仅靠教育训练所掌握的知识远远不能满足工作需要，而自学能力的高低又受教育训练程度的制约。

5. 性别

男性、女性在生理、心理特点上的不同，使其在体力、智力方面各有差别，导致其对不同工作的适应程度不同。男性一般体力较好，有些工作，如钳工、炉前工、装卸工等，男性做起来比较合适；而女性则一般适合做一些细致、精密的工作，如纺织、护理工作等。因此，对某些工作来讲，性别往往也作为衡量人力资源素质的一个参考。

6. 年龄

与性别相似，年龄也是影响人力资源智力、体力水平的一个因素。一般来说，青年人体力强壮、精力旺盛、头脑灵活，容易接受新鲜事物，但缺乏足够的经验与耐力，考虑问题往往不全面、有失偏颇；中年人精力仍处于旺盛时期，知识、阅历日趋丰富，经验积累较多，办事比较沉稳；而老年人则经验丰富，威信较高，处事周全，但体力开始下降，精力也明显不济，且不易接受新鲜事物。人的体力、智力水平往往从青年到中年趋于上升，到老年则显著下降。

除生理年龄外，工龄也可作为衡量职工素质的一个指标。这里的工龄指的是劳动者从事某一项工作的时间长度。一般情况下，工龄长的职工实践经验丰富，业务技术熟练程度高，对某些工作来讲，他们比工龄短的职工素质高一些。

7. 劳动积极性

劳动积极性是人力资源在劳动中发挥主观能动性的程度，它制约和影响着人的劳动能力的发挥。劳动积极性包括三个方面的因素，即劳动态度、劳动行为、劳动效果。它虽然对劳动者的体力、智力没有特别的影响，但却制约着劳动者体力、智力的充分表现，因此也是衡量人力资源素质的重要综合指标。

劳动积极性的三个方面紧密联系，劳动态度决定着劳动行为的产生和发展，间接影响着劳动效果，而劳动行为则是决定劳动效果的直接因素。

8. 能力

能力是衡量人力资源素质的一个包含范围很广的综合指标。它是人综合运用体力、智力的体现，包括运用经验的能力、获得信息的能力、说服能力、口头表达能力、人际交往能力、处事能力、评价能力、动手操作能力、独立工作能力等。

（二）整体素质

无论哪个级别的群体、班组、车间、科室或是企业，都存在着人力资源整体素质的问题。我们研究人的个体素质，最终还是设计指标评价整体素质。整体素质不单单是人力资源个体素质的简单加总，还要取决于人员的结构。结构合理，往往会表现出整体大于部分总和的结果，不同素质类型、水平人才的合理配置，可以创造出新的群体工作能力；而不合理的结构则会出现“内耗”现象，即使每个人的素质都很高，整体素质也可能极低。

二、企业人力资源素质指标体系的内容

设置企业人力资源素质的各项指标，对企业人力资源素质进行综合考评与分析，可使我们了解一个企业用人是否合理，了解应如何进行调整才能使企业的人力资源配置达到最优化。对企业人力资源素质的衡量可以采用下述指标。

（一）体能综合指标

1. 形态指标

形态指标包括身高、体重、胸围、坐高、上肢长、下肢长等。对于一个企业来讲，我们可在对人力资源按性别、年龄分组后，取各组各种标志的平均值，来形成一系列的平均指标。进行具体分析时，由于对比和分析的需要，我们还可以根据基础数据构造一些指数形式的指标，来综合反映企业人力资源的形态素质，如综合身体指数、加权身体综合指数等。

利用指数进行评定简单易行，国外已有很多学者致力于这方面的研究，分析人体各项指标之间的关系，设计了一系列的指数供人们使用。我国学者在研究外国经验的基础上，根据我国人体形态的特点，也设计了适合于评定我国人口状况的诸多指数。我们在分析时，经常用到的是身高三项综合身体指数，其计算公式为：

$$身高三项综合身体指数=身高-（体重+胸围）$$

2. 机能指标

机能指标指人体各器官所表现出来的各项机能及各器官系统在肌肉活动中所表现出来的能力。反映人体机能状况的指标有很多，且大都是可以测量的，如呼吸差、肺活量、最大摄氧量、台阶试验指数、反应度、握力、背力、下肢力量、上肢力量、速度、耐力、灵敏协调性及柔韧性等。我们可以对企业人力资源在按工作性质、性别、年龄等分组之后，分别测试统计这些指标，通过与其他企业进行对比分析，得出所要评价的企业人力资源身体机能素质处于什么水平。

（二）智力水平

对于智力的测定，目前常采用智商这一指标。根据现代教育与心理测量提供的许多智力测验的方法，进行个别测验、团体测验、文字测验、非文字测验以及单项测验、成套测验等，得到企业中每个人的智商，从而可以计算各类人员的平均智商（人员的分类

视需要而定，可依据工作性质、性别、年龄等）。目前比较有代表性、影响较大的测验量表有《斯坦福——比纳智力量表》《韦克斯勒智力量表》《中国比纳测验》《瑞文标准推理能力测验量表》《创造力测验量表》《职业性向测验量表》等。

（三）健康状况指标

企业人力资源的健康状况也是反映其素质的一个重要方面，我们常以患病与否来反映其健康状况。一般来讲，常用以下几个指标来评价企业人力资源的健康状况。

1. 发病率

发病率反映一定时期内企业人力资源患病的比率，可通过以下两种方式计算。

（1）按人数计算

$$\text{发病率}=\frac{\text{一定时期内患病人数}}{\text{企业总人数}}\times 100\%$$

（2）按因病休假工日（工时）数计算

$$\text{发病率}=\frac{\text{一定时期内因病休假工日（工时）数}}{\text{该时期内制度工作总工日（工时）数}}\times 100\%$$

为满足分析、计算的需要，可将企业人力资源分别根据不同标志，如性别、年龄、工作性质等进行分类计算，还可按发病程度或种类分别计算发病率。

2. 职业病感染率

若某行业易感染某种职业病，我们就可以用这个指标与同行业其他企业进行对比来反映企业职工的健康状况。该指标可用于总体计算，也可分工龄进行计算。

$$\text{职业病感染率}=\frac{\text{某时点上已感染职业病的职工人数}}{\text{相同时点上该种工作职工总人数}}\times 100\%$$

除这个指标之外，我们还可以通过计算某时期新增职业病感染率，来考查企业职工身体健康状况。

$$\text{某时期新增职业病感染率}=\frac{\text{某时期新增职业病感染职工人数}}{\text{相同时期该种工作职工平均人数}}\times 100\%$$

（四）文化程度指标

对于企业人力资源的文化程度，我们一般是通过学历来反映的。可以通过计算不同学历的人员在企业中所占的比重，来说明企业人力资源的这一状况。

我国现阶段高学历人员在全国所占比重较小的情况下，一般认为，单位中高学历人员占的比重越大，文化程度指标就越高。但是，不同工作性质的岗位，对文化程度要求不同。因此，对不同性质的工作岗位，除考查各类学历人员所占比重外，还应结合另一个指标，即岗位各类人员比例与该岗位学历结构要求的匹配程度来进行综合分析。关于匹配程度，我们可设计一些指数来进行反映。例如，根据工作性质将企业人力资源进行分组后，分别计算各组中不同学历人员的比例和结构，并赋予各组中不同学历的人员以不同的权重，用以计算各组文化程度结构指数。下面举一例进行说明。

表 2-9 给出某企业各组人员不同学历的权重，其中每个权重代表该学历在该组人员中的重要程度，设计原则是各组人员中各学历权重平方和等于 1，以使得各组计算出的文化程度结构指数具有可比性。

表 2-9　　某企业各组人员不同学历的权重

	大学本科以上	大专、中专	高中	高中以下
管理层	0. 8	0. 5	0. 29	0. 2
中间层	0. 6	0. 7	0. 31	0. 23
工作层	0. 14	0. 5	0. 8	0. 3

该企业各组人员比例，见表 2-10。

表 2-10　　某企业各组人员比例

	大学本科以上	大专、中专	高中	高中以下
管理层	3	4	2	1
中间层	2	2	5	1
工作层	1	2	6	1

各组人员文化程度结构指数如下。

管理层：3×0. 8+4×0. 5+2×0. 29+1×0. 2=5. 18

中间层：2×0. 6+2×0. 7+5×0. 31+1×0. 23=4. 38

工作层：1×0. 14+2×0. 5+6×0. 8+1×0. 3=6. 24

上述情况说明，在三个层次中，管理层高学历人员所占比重最大，但由于与该岗位的学历要求不甚一致，达不到该岗位所需的学历结构，因此，其文化程度结构指数不是最高的，相比之下工作层的人员学历配置情况更为合理。

（五）性别、年龄指标

由于不同工作对人力资源的性别、年龄有不同的要求，因此这两者也是衡量企业人力资源素质的重要因素。对于这两个因素，可以参照分析文化程度时所采用的方法，分别计算各类人员比率，再构造综合指标进行分析。

（六）劳动积极性指标

对企业人力资源的劳动积极性的衡量，可通过下述指标来综合反映。

1. 出勤率

出勤率是反映工人劳动态度的一个指标，是指一定时期内实际出勤数量与应出勤数量的比值。用这个指标，可以看出企业人员对工作的态度是积极主动还是消极被动，是认真还是不负责任。出勤率可按两种标准计算。

（1）按人数计算

$$出勤率=\frac{计算期实际出勤人数}{同期应出勤人数}\times100\%$$

（2）按工日（工时）计算

$$出勤率=\frac{计算期实际出勤工日（工时）数}{同期应出勤工日（工时）数}\times100\%$$

2. 劳动定额完成程度

劳动定额完成程度可综合反映企业人力资源的劳动行为和劳动效果。它包括多个指标。

（1）定额完成率。某一个人或某一组人完成一种或几种产品、一道或几道工序时定额的完成程度，可分别按产量或工时进行计算。其中：

$$个人产量定额完成率=\frac{实际完成产量}{产量定额}\times100\%$$

$$个人工时定额完成率=\frac{完成定额工时}{实作工时}\times100\%$$

$$集体综合平均定额完成率=\frac{集体完成定额工时总和}{集体实作工时总和}\times100\%$$

（2）超额率。其计算公式为：

$$超额率=定额完成率-1$$

（3）达额面。其计算公式为：

$$达额面=\frac{达到和超过定额人数}{工作总人数}\times100\%$$

3. 从学徒工到各级技术工人所经过的平均时间

从学徒工到各级技术工人所经过的平均时间是评价企业人力资源劳动积极性的一个综合指标。时间越短，表明工人劳动积极性越高。

（七）能力

对于人的各项能力，目前还没有现成的统一公认的指标来进行考查。很多单位开始用一些不同的方法进行具体测量，大都是利用考试评分的方法进行。例如，对于某项能力，可以出一些反映该项能力的试题，让企业员工来回答，用最后得分来考查企业员工的能力高低。

第五节　企业人力资源素质综合评价

一、企业人力资源素质综合评价体系的设计

劳动者是社会生活的主体，又是生产力中最活跃和起决定作用的要素。劳动者的能力、素质状况直接关系着企业劳动生产率和工作效率的高低，关系着经济效益的好坏。企业面临全方位的市场竞争，归根到底是劳动者素质的竞争，适应这种要求的有效途径就是对企业人力资源进行合理开发和利用，其关键就是人力资源质量的开发。企业职工的综合素质将越来越成为制约企业素质的主导因素，因而对企业人力资源的综合评定，成为企业管理水平提高的一项必不可少的重要工作。

（一）企业人力资源素质综合评价的概念及特点

1. 企业人力资源素质综合评价的概念

企业人力资源素质综合评价是指为了适应人力资源管理和开发的需要，科学运用计量、数学模型、统计等方法，对企业中作为经济要素的人力资源整体素质进行的综合分析与评价。

企业人力资源素质作为群体结构的综合性特征，是由个体有机结合配置之后形成的，它不单单取决于企业中可提供劳动能力的劳动者的个体素质状况，而且还受到组成结构和组合比例的影响，由此形成整个企业人力资源素质的综合水平。

人力资源素质指标体系的设计是人力资源素质评价的基础和依据。它是由人力资源的身体、心理和文化素质构成的。人的身体素质，主要包括生理上的健康状况和体力状况两个方面，反映的指标有患病率、治愈率、残疾人数等。心理素质包括功能素质和人格素质。功能素质由注意力、言语和智能三要素构成；人格素质则由气质、需要和动机、兴趣、情绪和情感、态度、习惯和意志等要素构成。功能素质有强弱之分，人格素质有

道德上的优劣之别。文化素质包括一般文化素质、科技素质和思想素质。一般文化素质是人们在日常生活、学习和工作中积累起来的系统知识，是劳动者全面发展的基础；科技素质是人们积累的关于自然科学、社会科学等方面的系统化的理论和应用知识，这一项素质的高低并不简单取决于拥有学科知识的全面与多寡，而是取决于其知识结构是否与职业特点相匹配；思想素质由观念体系和自身观念更新机制组成。

企业人力资源素质综合评价考查的是整个群体的素质，由个体素质的组合比例和组合结构决定，但在分析过程中，个体分析是群体分析的基础。在这里，采用了多种测量技术和统计方法，吸取了人事考核、评价技术、定性与定量相结合的方法对企业人力资源素质进行测量与评定。

2. 企业人力资源素质综合评价的特点

（1）数量化。人力资源素质综合评价是一个貌似简单、实际复杂的系统工作，在以往的人事考核和评价中，或是在日常生活中，人们所运用的都是以评语的形式来描述考评结果，如“企业技术人员素质较高”“领导班子团结，凝聚力强”“职工劳动积极性被充分调动起来”等语句，这样的结果给人以弹性过大、“水分”太多的感觉，同时还受主观因素和人际关系、观察角度等因素的影响，由此得出的结论不能解决问题，大都模棱两可或轻描淡写，无法真实反映企业的综合特征，对同一个对象的评语或相仿或相背，众说纷纭、莫衷一是。在这种情况下，人们不得不求助于精确性较高的数字，这种量化评价不是自然状态的量的罗列和组合，而是对人的素质、绩效、组织的功能和状态等方面进行指标化计算后，依据一定的法则和程序进行处理、得出结论，在此基础上分析研究并指导运用的。

（2）模糊性。劳动者综合水平的高低受众多因素的影响，个体差异的绝对性使得对群体的评价变得多维而错综复杂。近代综合科学中引进的数学模型方法就是将经济现象简单化。模糊性的产生在于客观事物所具有的中介过渡性，即事物的连续中介过渡，使其与他物之间显现内在同一性和对立的不充分性，因而具有亦此亦彼的特征，因此需要有较大弹性的数学模型来进行更恰当的表述。人力资源素质综合评价就是建立在这种思路之上的。同时，由于人本身从生理到心理的思维意识难以量化甚至难以理解，只能作为群体组织的抽象模式进行度量和评定。因此，在人力资源素质定量的描述中，既要保持量化的精确性，又要恰当地运用模糊原理和方法，客观、全面地表现企业人力资源素质的综合特征。

（3）动态性。在测定人力资源素质时，思想素质、文化素质受动态因素的影响大，并带有一定的发展变动性。即便是作为劳动个体的人，其本身的身体素质和智力等也非绝对固定。所以综合评价中应注意手段和方法的合理选择，把稳定和发展变化有机结合起来。

（二）企业人力资源素质综合评价的设计原则

人力资源素质综合评价是一项复杂的系统分析工作，它还具有评价因素众多、权重难以量化、各指标的量纲差异大、指标较难确定、评价具有模糊灰色性等特点，根据它的特殊要求及特点，在设计评价指标体系以及分析处理的过程中都应遵循一定的原则。

1. 整体性原则

近年来，国外学者提出应变理论，认为企业管理的效率如何，既不单纯取决于管理者个人的品质、才能，也不仅仅取决于某种固定不变的管理行为，而是取决于其所处的具体环境，如工作条件、性质、时间要求和组织气氛等。

依据系统论的观点，企业人力资源素质是各要素相互作用的复合体，具有整体性和相关性。作为企业整体的评价对象，它的要素与要素之间、要素与整体之间明显有着动态的相互联系，而这种联系应在各种人事评价中予以强调。

2. 主导因素原则

对一个人素质高低的判定，需要考虑各种因素，分清主次和轻重缓急，对于简化评价工作和科学提炼具有不可低估的作用。主导因素作为起决定性作用的因素，占有较大的比重，在确定权重系数时，要遵从这一原则。

3. 定量原则

传统评价方法以定性为主，一般是对素质中质的方面进行鉴别和确定，而定量方法则是对素质进行测量，并运用数学方法对测量数据进行分析。定量是定性的基础，依靠数量法则进行人力资源素质评定可以解决单靠定性方法难以解决的问题。

4. 模糊灰色原则

模糊灰色原则是由人力资源素质综合评价的特点决定的。

5. 最优化原则

定量构造指标体系的人力资源素质评价过程，其实也是一个控制和优化的过程。尤其是动态因素的变换需要不断进行反馈和调节，缩小目标差，这样的评定程序才是较为完整的，人力资源素质得以最优化，信度和效度才高，同真正水平、能力、表现程度才能一致。

（三）企业人力资源素质评价的程序

依据人力资源综合评价的基本原则，结合实际要求，可按如下程序进行企业人力资源素质的综合评价，如图 2-1 所示。

第一，建立评价指标体系。根据人力资源素质的构成，分别建立相应的指标体系。指标体系的设置要符合目的性、完整性、层次性和相关性等原则。

第二，确定权重。使指标计算符合人们判断事物的心理习惯与思维习惯，加强可操作性。

第三，选择评价方法。常采用的综合评价方法有两种，一种是将计算结果列出；另一种是评分法。这两种方法都很简单、易行、比较直观，适用于人力资源素质综合评价工作。

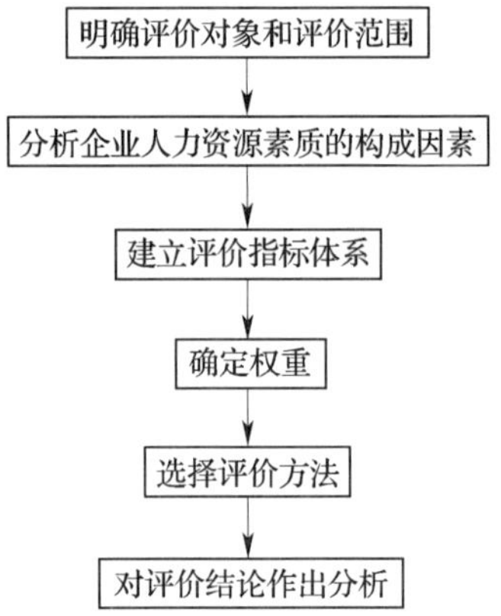

图 2-1　企业人力资源素质综合评价程序图

二、企业人力资源素质综合评价中权重确定的方法

人的素质很难全部直接测量，但是可以将其分解后逐个进行间接测量，对测量结果进行处理，从而得出综合结果，经历一个“合—分—合”的过程。

定量评价的基本结构，如图 2-2 所示。

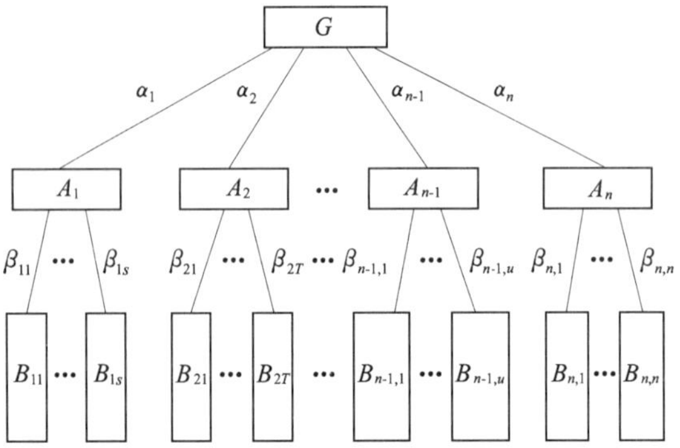

图 2-2　定量评价的基本结构

其中，G 是总目标，A 是项目指标，B 是要素（也可对其再次进行细分）；α 和 β 是权重系数。

这里介绍层次分析法，即 AHP 方法，可以有效地解决权数赋值的问题。

层次分析法的核心思想可以归结为：决策问题的关键往往是对行为、方案、人选进行评价选择，而这种评价选择总是要求把决策对象进行优劣排序、取优排劣。在进行优劣排序的过程中，人们需要建立完整的评价指标体系，它可以简化为有序的递阶系统，人们运用简单的两两比较方法对系统中的各项相关指标进行比较评判。通过对这种比较评判结果的综合计算处理，可以得到评价指标的权重，定量地确定各评价指标的相对重要性，进而对决策对象作出判断。由此可以看出，评价指标体系必须完整，必须有层次系统性，这是应用的必要条件。

层次分析法的基本原理可以由下面例子体现出来。假定有三种指标要素的重要性，权数为 α_1、α_2、α_3 经两两比较可得到判断矩阵：

$$A=\begin{bmatrix}\alpha_1/\alpha_1 & \alpha_1/\alpha_2 & \alpha_1/\alpha_3\\ \alpha_2/\alpha_1 & \alpha_2/\alpha_2 & \alpha_2/\alpha_3\\ \alpha_3/\alpha_1 & \alpha_3/\alpha_2 & \alpha_3/\alpha_3\end{bmatrix}$$

设矩阵表格中第 i 行第 j 列结果为 $\alpha_{ij}=\alpha_i/\alpha_j$，显然有 $\alpha_{ij}=1/\alpha_{ji}$，如 $\alpha_{23}=\alpha_2/\alpha_3$，$\alpha_{32}=\alpha_3/\alpha_2$，则有 $\alpha_{23}=\alpha_2/\alpha_3=1/(\alpha_3/\alpha_2)=1/\alpha_{32}$，并且 $\alpha_{ij}=1\ (i=j)$。

如果把三种指标权重写为矩阵：

$$\alpha=\begin{bmatrix}\alpha_1\\ \alpha_2\\ \alpha_3\end{bmatrix}$$

根据矩阵乘法公式可以得出：

$$A\alpha=\begin{bmatrix}\alpha_1/\alpha_1 & \alpha_1/\alpha_2 & \alpha_1/\alpha_3\\ \alpha_2/\alpha_1 & \alpha_2/\alpha_2 & \alpha_2/\alpha_3\\ \alpha_3/\alpha_1 & \alpha_3/\alpha_2 & \alpha_3/\alpha_3\end{bmatrix}\begin{bmatrix}\alpha_1\\ \alpha_2\\ \alpha_3\end{bmatrix}=\begin{bmatrix}3\alpha_1\\ 3\alpha_2\\ 3\alpha_3\end{bmatrix}=3\alpha$$

这里系数 3 是判断矩阵 A 的一个特征根，这个特征根可以根据线性代数计算方法算出。特征向量的各个分量（归一化后）便是权重系数，这就是层次分析法的基本原理。

在实际运用中，由于设立的指标体系独立性较强，主导因素分明，指标数值已具体测定，因此，权重系数可以直接根据专家的两两比较评判表确定，一般来说，信度、效度比较大。

三、企业人力资源素质综合评价方法的选择

（一）简单分析法

简单分析法的应用较为广泛，如在企业人力资源素质的分类中，企业人力资源的身体素质可以通过发病率、治愈率、职业病发病率、职业病治愈率、平均工作寿命等指标来反映。凡是发病率指标值偏高的（可以与同行业企业的平均水平相比较），表明本企业

职工身体健康状况不好，反之则表明身体素质尚好；而治愈率指标则是数值越高说明身体素质越好，反之亦然。此外，还可通过性别比例、年龄构成等辅助指标对整个企业人员的体力状况予以描述。一般男职工比例高、年轻型（即年龄结构中青年职工比例高）的企业，其人员的身体素质较好。

（二）层次模糊综合评价法

为了在定性与定量之间寻求统一的尺度，准确而客观地评价，可以采用层次模糊综合评价法。

前文讨论的指标体系包括数量化、模糊化、动态性三个方面，而每个方面又包含若干个子指标。首先根据三个方面的指标的重要程度分配给它们不同的权重系数，然后再根据每个子指标在其所在的大指标中的重要程度分配一定的权重系数，这样就体现出了每个指标的重要程度。通过一定的测量和评定技术，可将指标体系中的每个指标计算出一个量值（或是比值关系），先作单因素的评价，然后在每个大指标中用模糊变换作单层次分析，得到单层次的评价结果，最后再对大的指标做类似的工作，进行综合评价，根据对不同级别的隶属度的大小，给出该系统的评价结果。

这种方法简单方便，结果明确，只要能对每个子指标作出客观准确的评价，就可以保证最后结果的可靠性。企业人力资源素质指标和人事测评中的评分指标不同，它的指标含义差别大，量纲不同，很难统一也不可能统一。但是，如果针对不同指标有一个数值标准，作为比值基数，则有可能转化为无量纲要求的比例数值，这样就可以按照前面介绍的方法进行评价了。但是标准比例数值如果确定得很复杂、很困难，得出的综合评价结果的具体数值也没有实际意义，而企业人力资源素质评价旨在操作简单、方便，又易于理解和接受，所以采用分类分析是比较直观的。

【思考题和计算题】

1. 简述企业人力资源数量统计的意义。
2. 简述企业人力资源素质统计的内容。
3. 简述企业人力资源的核算范围和核算原则。
4. 为什么要分别计算企业人力资源总量的期末人数与平均人数？
5. 如何计算企业人力资源的录用量？
6. 简述企业职工按工作性质或劳动岗位分组的意义，以及如何划分。
7. 简述生产工人的分组方法。

8. 简述如何分析企业从业人员的规模变动。

9. 主要从哪些方面入手分析企业劳动潜力？

10. 简述企业人力资源素质指标体系的基本内容。

11. 某企业某月每日职工人数情况：1—5 日 500 人，6—8 日 512 人，9—13 日 508 人，14—19 日 530 人，20—24 日 535 人，25—28 日 540 人，29—31 日 538 人。

计算：该企业的职工月平均人数。

12. 某工业公司某年各月的月初月末职工人数情况：1 月初 1 002 人，1 月末 1 010 人，2 月末 1 020 人，3 月末 1 050 人，4 月末 1 040 人，5 月末 1 060 人，6 月末 1 050 人，7 月末 1 045 人，8 月末 1 035 人，9 月末 1 045 人，10 月末 1 055 人，11 月末 1 055 人，12 月末 1 048 人。

计算：（1）各月平均人数；

（2）各季度平均人数；

（3）上半年与下半年平均人数；

（4）年平均人数。

13. 某企业职工人数增减变动资料见表 1。

表 1　　某企业职工人数增减变动情况

指标	报告期（人）	基期（人）	增加人数（人）	减少人数（人）	净增（减）人数	动态（%）	总变动率（%）
职工人数	3 520	3 470	100	50	+50		
生产人数	2 992	2 915	90	13	+77		

计算和分析：（1）将表 1 内的空格填满；（2）企业职工人数的新增率、减少率和周转率；（3）企业生产工人的新增率、减少率和周转率；（4）说明企业生产工人的数量变化情况。

14. 某企业计算期内，劳动生产率、职工人数和增加值情况见表 2。

表 2　　某企业计算期内的人员及生产情况

	计算期	往期最高水平
全员劳动生产率（元/人）	110 123	112 354
职工平均人数（人）	2 025	—
增加值（万元）	2 230	—

计算和分析：若全员劳动生产率恢复历史最好水平，可少用多少人或可增产多少？

15. 某制造企业生产情况见表 3。

表 3　　某企业不同工种配置情况

		甲工种	乙工种	丙工种
计划任务	定额工时总量（工时）	10 875	2 600	4 466
	每人完成定额工时（工时）	311	325	298
	工种比例	1	0. 239 1	0. 410 7
实际完成	定额工时总量（工时）	19 565	4 160	6 474
	每人完成定额工时（工时）	599	520	419
	工种比例	1	0. 212 6	0. 330 9

按甲工种人数配置状况，乙工种和丙工种如何配置人数。

16. 某公司 2021 年的人员情况，年末 4 020 人，年平均人数 3 981，年内从人力资源市场招聘 120 人，解除用人合同 60 人；安排 1 290 个工作岗位供竞聘上岗，企业工作岗位 3 514 个；参加竞聘职工 3 812 人，竞聘上岗 2 929 人。

计算和分析：(1) 企业用人市场化程度；(2) 企业内部自主流动情况。

第三章　生活日分配统计

学习要点

生活日分配的基本方向是工作时间和非工作时间。

生活日分配统计的任务。

工作时间的概念、计量单位、要素构成和利用程度分析。

企业工作时间平衡表的编制。

非工作时间的计量单位和基本分类。

非工作时间的主要指标，非工作时间分配统计表。

统计研究工程技术人员时间利用的主要问题。

第一节　生活日分配统计的意义

人类活动是时间的消耗过程，在某种意义上说，时间是世界上最宝贵的资源。“一寸光阴一寸金，寸金难买寸光阴”“时间好比河中水，只能流去不流回”，这些古老的谚语，都说明了时间的宝贵和不可再生性。充分利用时间，不仅对社会生产的发展有举足轻重的作用，对人类自身的进步也有重要的意义。统计学作为从数量方面研究社会经济的一门学科，无疑应把研究时间的利用状况作为自身的一项重要工作。

一、生活日分配的概念

在人类消耗时间的过程中，时间可以分为一个个单元。其中，一天（24 小时）是最基本的时间单位。人们从起床、工作、生活到休息都是在一天的时间中完成的。在这一天中的各种活动构成人们的一个生活日，所谓生活日分配，是指人们在一天的时间中所从事的各种活动耗费的时间分布状况。

人们从事各种活动所耗费的时间在总量上等于生活日的时间总量。时间分配又称时间构成，它受一定的生产力发展水平的制约，同时又受到生活习惯、传统风俗、道德伦理等因素的影响。生活日分配不仅反映时间的分布状况，也反映了在一定社会经济条件下人们生活的具体内容。它是一个国家和地区社会发展与文明的重要指标。

二、生活日分配的基本方向

时间分配反映的是一定社会经济条件下人们生活的具体内容。不同国家或地区，由于受各种自然与社会因素的影响，时间分配不尽相同。即使在同一个国家或地区，在不同的人群间，时间分配也有很大的差异。这里着重研究企业劳动者的时间分配问题。

作为企业的劳动者，一个生活日中所参与的活动是多种多样的，既要参与企业的生产活动，又要从事家务劳动；既要吃饭、睡觉，还要学习、参与社会交往、参加体育锻炼等，其时间的分配具有多样性。为了方便研究，往往把人们的各种活动按其性质进行归纳。由于研究的目的不同，归纳分类的标准和方法也不尽相同。企业人力资源管理统计学对生活日中各种活动的归类是按照人们是否从事有酬社会劳动来划分的。

用于从事有酬社会劳动的时间，称为工作时间；用于从事其他活动的时间，称为非工作时间。这种分类是生活日分配的基本分类，是企业人力资源管理统计学研究生活日分配的基本出发点。将生活日时间分为两大类，既有利于研究工作时间的利用状况，为节约时间、提高劳动效率提供依据；又可通过对非工作时间的研究来反映劳动者生活水平的变化和整个社会的进步。

三、生活日分配统计的任务

生活日分配统计的任务，概括来讲，有两个主要方面：其一，要全面反映企业劳动者工作时间的利用状况，分析和研究影响工作时间充分利用的原因，提出减少时间损失的各类措施，提高时间的使用效率；其二，分析劳动者非工作时间的利用及构成状况，以反映劳动者生活水平变化和社会发展的情况。生活日分配统计的主要任务包括以下六个方面。

（一）为企业基础管理活动提供资料

企业的基础管理活动是企业生产经营活动得以进行的必要前提。企业的基础管理活动包括安排生产计划、制定和修订劳动定员定额、正确进行各种经济核算尤其是成本核算等。

企业生产计划制定的基础是翔实可靠的工时统计资料，计划能否贯彻实施，在一定条件下也主要取决于计划期内的有效工作时间。通过工作时间的统计，可以掌握工时利用水平的一般规律，以保证计划制定的科学性和实施的可靠性。

企业劳动定员定额水平的高低，在很大程度上取决于工作时间的利用程度。一般来说，工作时间利用程度越高，其定额水平和定员水平也越高。通过工作时间的统计，可以了解造成工时损失的原因，寻找提高工时利用水平的途径，为企业科学制定劳动定员定额水平、及时修订劳动定员定额标准提供可靠的依据。

成本核算是企业一项重要的基础管理工作。正确核算产品成本，对于企业合理降低成本，提高经济效益有十分重要的作用。产品成本的一个重要组成部分就是人工费用，在产品成本核算中，不仅人工费用的核算直接依赖于工时统计资料，费用与物料部分的分摊、核算也要以人工费用为基础，从而间接依赖于工时统计资料。因而工作时间的统计资料是企业核算产品成本的基础。

（二）为企业合理分配劳动报酬提供依据

在我国，按劳分配是分配劳动报酬的基本原则，劳动者获得的劳动报酬取决于其所提供的劳动量。在现代化大生产的条件下，劳动者个人的劳动成果往往很难直接从最终的产品数量中反映出来，而必须借助于工时统计。此外，劳动者个人的出勤情况也是通过工作时间统计得到的，这些都是企业合理分配劳动报酬的基本依据。

（三）为提高企业劳动生产率提供依据

在有限的工作时间内，尽可能地减少各种时间浪费是提高企业劳动生产率的重要途径。通过工作时间统计资料，可以分析造成时间浪费的各种原因，采取必要措施减少工时损失，提高工时使用效率，实现增产不增人，这是企业在不改变技术构成的前提下提高劳动生产率的主要途径。

（四）反映劳动者努力学习专业技术，提高个人素质的情况

在现代化生产条件下，生产对劳动者的素质要求越来越高。人们要适应不断提高的社会生产力的发展状况，就必须努力提高自身的文化技术素质。因此，在人们的生活日分配中，用于学习的时间将越来越多，劳动者的个人素质也将不断提高。对这一部分时间在整个生活日分配中的构成变化进行反映，是生活日分配统计的重要任务。

（五）着重研究非工作时间的变化，反映社会进步的情况

非工作时间即闲暇时间是人类社会进步的重要标志。在生产力水平很低的条件下，人们大部分时间的消耗都是其自身所必需的，可以说除了生理所需要的时间外，一切时间都是工作时间。随着社会生产力水平的不断提高，工作时间在人们生活日分配中

的比例逐渐缩小，闲暇时间日益增多，在某种程度上可以说人类社会的一切进步，无不反映在闲暇时间不断增加的过程中。因而，生活日分配统计的一个重要任务，就是研究劳动者闲暇时间占全部生活日的比例变化及其内部结构变动情况，以反映社会进步的情况。

（六）根据社会需要着重研究一些特定群体的生活日分配情况

不同的社会人群由于受其工作性质、生理状况等因素的影响，其生活日分配存在着比较大的差异。人们有时为了研究某些问题，往往需要这些特定人群的生活日分配资料，如通过分性别的生活日分配统计资料，可以观察男性与女性劳动者在生活日分配方面的差别变化，以反映女性事业取得的成就；通过对工程技术人员的生活日分配情况进行观察，可以改进他们的时间利用状况，使他们更好地发挥作用。所以，反映社会特定群体的生活日分配状况也是生活日分配统计的重要任务之一。

第二节　工作时间利用统计

一、工作时间的概念

为了正确地核算工作时间，需要明确工作时间的概念，选定工作时间的计量单位。

（一）工作时间的概念

工作时间是指劳动者从事有酬社会劳动所花费的时间，这里特指企业劳动者在单位从事生产经营管理等活动的时间。从范围上讲，工作时间不包括为上班而必须耗费的路途时间和午休时间（工间操时间应包括在内），也不包括自愿留下做好事而耗费的时间。

（二）工作时间的计量单位

一切核算的前提是计量单位，工作时间的核算也不例外。工作时间的计量单位一般为工日和工时。在某些特定的条件下，例如，在制定劳动消耗定额和核算单位产品劳动消耗量时，也用分钟作为工作时间的计量单位。

一个劳动者工作一个轮班的时间，称为一个工日。一个劳动者工作一个小时的时间，称为一个工时。工日不仅包括实际从事本职工作的时间和未从事本职工作的时间（如停电、停工待料等停工时间或开会学习等非生产时间），还包括非全日缺勤的时间。因此，从计量的精确性来讲，使用“工时”作为计量单位要优于使用“工日”作为计量单位。此外，由于把工作时间统计的对象由传统的生产工人扩大到了企业全部劳动者，而其中管理人员与工程技术人员由于其工作性质的不同，有时为了完成一项工作往往要连续工作十几个小时，若用工日则无法准确计量一天的工作量。所以，使用“工时”作为计量单位，通用性更强。

二、工作时间的构成及其核算

企业劳动者的工作时间，按其要素构成可分为：日历时间、制度公休时间、制度工作时间、缺勤时间、出勤时间、停工时间、非生产时间、制度内实际工作时间、加班加点时间和全部实际工作时间等。它们从不同方面表现了企业劳动者工作时间的结构内容。

工作时间指标，可以分别采用工日和工时进行核算，但其意义有所不同。

（一）按工日核算的工作时间指标

1. 日历工日

企业日历工日是表示劳动者可以在一定时期内利用的工作时间的自然极限，它是计算期内的日历天数中每天企业实有劳动者人数的累计。日历工日的计算公式为：

$$日历工日=\sum(计算期每日企业劳动者实有人数)$$

$$日历工日=计算期企业劳动者平均人数\times计算期日历天数$$

2. 制度公休工日

制度公休工日是法律规定的劳动者享有休息权利的时间，它包括每周两天的公休日和全民的节假日，如元旦、春节、五一国际劳动节和国庆节等。制度公休工日的计算公式为：

$$制度公休工日=计算期企业劳动者平均人数\times计算期制度公休天数$$

3. 制度工作工日

制度工作工日表明企业劳动者应该工作的劳动时间总量，是企业最大可能利用的工作时间，是考核企业工作时间利用是否充分的标准。制度工作工日的计算公式为：

$$制度工作工日=计算期企业劳动者平均人数\times计算期制度工作天数$$

$$制度工作工日=日历工日-制度公休工日$$

4. 缺勤工日

企业劳动者在规定的工作日，由于其个人的原因，全天或一个工作轮班时间未上班，称为全日缺勤。计算期内，因病、事、伤及旷工等全日缺勤的人数的累计，就构成了缺勤工日。缺勤工日又被称为全日缺勤工日，其计算公式为：

$$缺勤工日=\sum(计算期每天全日缺勤工日)$$

5. 出勤工日

企业劳动者在规定的工作日，每天按要求实际上班工作的人数的累计即为出勤工日。劳动者到岗出勤，不论是否出勤满一个工作轮班时间（一般一个工作轮班时间为 8 小时），均以一个出勤工日计算。出勤工日的计算公式为：

$$出勤工日=\sum(计算期每天出勤人数)$$

$$出勤工日=制度工作工日-缺勤工日$$

6. 停工工日

企业劳动者在出勤后，由于企业行政的原因，如停电、停水、停气、机器故障修理、任务安排失常等，不能全日作业或工作的，称为停工。计算期每天停工人数的累计，就构成停工工日。由于停工工日只是对全日停工的计算，故又称为全日停工。其计算公式为：

$$停工工日=\sum(计算期每天处于全日停工的人数)$$

劳动者停工后，企业安排其从事其他生产性劳动，称为停工被利用工日。从停工工日中扣除停工被利用工日，即为实际停工工日。停工被利用工日应被视为制度内实际工作工日。其计算公式为：

$$实际停工工日=停工工日-停工被利用工日$$

7. 非生产工日

企业劳动者出勤后，履行国家或社会义务、或经企业指定从事其他非生产活动的时间，称为非生产工日，如参加社会性的抢险救灾活动、各种非业务工作的会议、人民代表选举、各种学习和培训等。全天从事非生产活动的每日人数累计，就构成了非生产工日，因而非生产工日又被称为全日非生产工日。

劳动者停工后从事非生产活动，不计入非生产工日，仍按停工工日处理。非生产工日计算公式为：

$$非生产工日=\sum(计算期每天全日从事非生产活动的人数)$$

8. 制度内实际工作工日

企业劳动者在制度规定的工作日内，实际从事本职工作的时间，被称为制度内实际工作工日。在计算时，只要在出勤工日内实际从事本职工作，无论是否达到一个工作轮班的时间，都按一个工日计算。制度内实际工作工日，是工作时间构成中最重要和核心的部分，这个工作工日的多少，直接关系到企业劳动者的工作成果与工作效率。制度内实际工作工日，等于计算期内每天实际工作人数之和。其计算公式为：

$$\text{制度内实际工作工日}=\text{日历工日}-\text{制度公休工日}-\text{缺勤工日}-\text{停工工日}+\text{停工被利用工日}-\text{非生产工日}$$

9. 加班工日

企业劳动者在规定公休日实际从事生产性工作满一个工作轮班的时间，被称为加班。每个公休日加班的人数之和，即构成加班工日。其计算公式为：

$$\text{加班工日}=\sum(\text{每个公休日加班人数})$$

$$\text{实际公休工日}=\text{制度公休工日}-\text{加班工日}$$

公休日加班，不一定是好现象，往往是企业生产经营活动节奏性不佳的表现，对企业和劳动者都可能是不利的。

10. 全部实际工作工日

企业劳动者在计算期内实际从事工作的全部时间，即为全部实际工作工日。

它包括制度内实际工作工日和制度外利用公休日加班的工日。其计算公式为：

$$\text{全部实际工作工日}=\text{制度内实际工作工日}+\text{加班工日}$$

这个工作时间指标是计算劳动生产率和平均工资等的重要依据。图 3-1 为按工日核算的工作时间构成图。

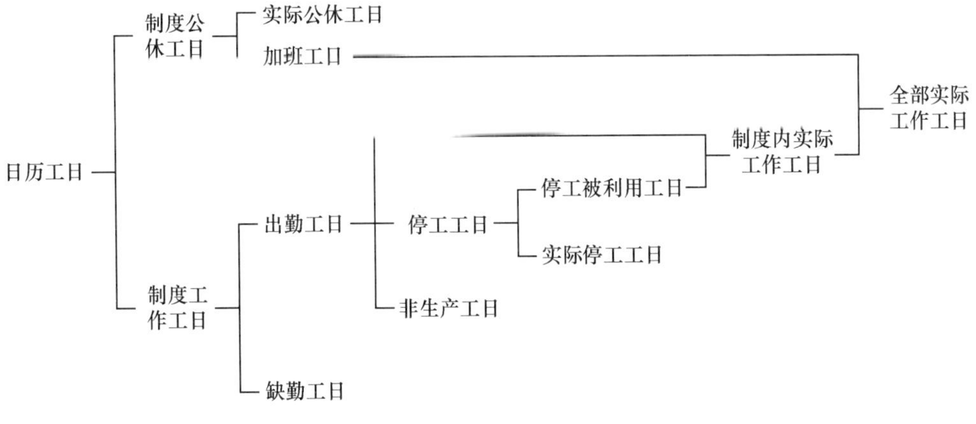

图 3-1　按工日核算的工作时间构成图

（二）按工时核算的工作时间指标

1. 日历工时

按日历工日每天规定的工作时间计算的企业劳动者的日历工时，其经济意义与日历工日是一致的。其计算公式为：

日历工时=日历工日×制度工作日长度（小时）

日历工时=计算期企业劳动者平均人数×计算期日历天数×制度工作日长度（小时）

2. 制度公休工时

制度公休工时是制度公休工日与每个工作日规定的劳动时间长度的乘积，其经济意义与制度公休工日是一致的。其计算公式为：

制度公休工时=制度公休工日×制度工作日长度（小时）

制度公休工时=计算期企业劳动者平均人数×制度公休天数×制度工作日长度（小时）

3. 制度工作工时

制度工作工时将制度工作工日按工作日规定劳动时间折算，形成的应该工作的工时，其经济意义与制度工作工日是一致的。其计算公式为：

制度工作工时=制度工作工日×制度工作日长度（小时）

制度工作工时=计算期企业劳动者平均人数×制度工作天数×制度工作日长度（小时）

制度工作工时=日历工时−制度公休工时

4. 缺勤工时

将全日缺勤工日，按工作日规定劳动时间折算，再与非全日缺勤工时相加，即可求得缺勤工时。缺勤工时反映的是计算期内劳动者因个人原因，在应上班的时间内全部缺勤的时间。其与缺勤工日的差别是，缺勤工日只计算全日缺勤，而不计算非全日缺勤，非全日缺勤的工作工日按出勤工日计算。其计算公式为：

缺勤工时=缺勤工日×制度工作日长度（小时）+非全日缺勤工时

非全日缺勤工时= $\sum$（制度工作日每日非全日缺勤工时）

5. 出勤工时

在计算期制度规定的工作时间内，劳动者实际全日上班与非全日上班的总和，即为出勤工时。出勤工时的计算依据是实际上班的出勤工日，不管是否是出满一个工作轮班的时间。所以，出勤工日掩饰了非全日缺勤的实际发生状况，而出勤工时则能够真实全面反映企业劳动者的出勤状况。

出勤工时=出勤工日×制度工作日长度（小时）−非全日缺勤工时

出勤工时=制度工作工时−缺勤工时

6. 停工工时

出勤以后，因企业原因整日和非整日没有工作的时间之和，即为停工工时。按工日计算的停工工日，只反映全日停工的时间，没有反映非全日停工的情况，如果一个工作日停工几个小时，也将被作为制度内实际工作工日处理，而按停工工时计算可将企业的停工情况真实、全面地反映出来。其计算公式为：

停工工时=停工工日×制度工作日长度（小时）+非全日停工工时

非全日停工工时=$\sum$（出勤时间内每天非全日停工工时）

停工后安排其他生产性作业的工时，被视为制度内实际工作工时。从停工工时中扣除停工被利用工时，就是实际停工工时，即损失的工时。

7. 非生产工时

出勤以后，企业安排从事非生产性工作，或者履行社会公益活动占用的时间即为非生产工时，包括全日和非全日的非生产活动时间。非生产工日是按全日非生产时间计算的，不能反映从事非生产活动未满一个工作日的情况，而非生产工时则能够全面、真实地反映企业非生产活动所占用的时间。其计算公式为：

非生产工时=非生产工日×制度工作日长度（小时）+非全日非生产工时

非全日非生产工时=$\sum$（出勤时间内每天非全日非生产工时）

8. 制度内实际工作工时

制度内实际工作工时是计算期内制度工作日每天实际工作的工时的加总，包括全日和非全日的实际工作工时。就按工日计算的制度内实际工作工日来说，只要在制度工作日从事了生产性工作，无论是否够一个工作轮班时间，都被视为实际工作工日，它掩饰了非全日的缺勤、停工和非生产占用的时间状况。其计算公式为：

$$\text{制度内实际工作工时}=\text{日历工时}-\text{制度公休工时}-\text{缺勤工时}-\left(\text{停工工时}-\text{停工被利用工时}\right)-\text{非生产工时}$$

依据制度内实际工作工日计算，在用工作日制度长度折算后，还应扣除非全日缺勤、非全日停工和非全日非生产的工时等。其计算公式为：

$$\text{制度内实际工作工时}=\text{制度内实际工作工日}\times\text{制定工作日长度（小时）}-\left(\text{非全日缺勤工时}+\text{非全日停工工时}-\text{非全日停工被利用工时}+\text{非生产工时}\right)$$

9. 加班加点工时

加班加点工时包括公休日加班加点以及在制度工作日规定长度外实际从事生产作业的时间。加点是指在工作日规定长度外，额外工作未满一个工作轮班的时间。其计算公式为：

加班加点工时=加班工日×制度工作日长度（小时）+加点工时

10. 全部实际工作工时

全部实际工作工时是制度内实际工作工时与加班加点工时之和，表明在计算期内，无论是在制度内还是在制度外，全部用于生产作业的有效工作时间。它是计算劳动生产率与平均工资的科学依据。其计算公式为：

$$\text{全部实际工作工时}=\text{制度内实际工作工时}+\text{加班加点工时}$$

用全部实际工作工日推算：

$$\text{全部实际工作工时}=\text{制度内实际工作工日}\times\text{制定工作日长度（小时）}-\left(\text{非全日缺勤工时}+\text{非全日停工工时}-\text{非全日停工被利用工时}+\text{非全日非生产工时}\right)+\text{加点工时}$$

图 3-2 所示为按工时核算的工作时间构成图。

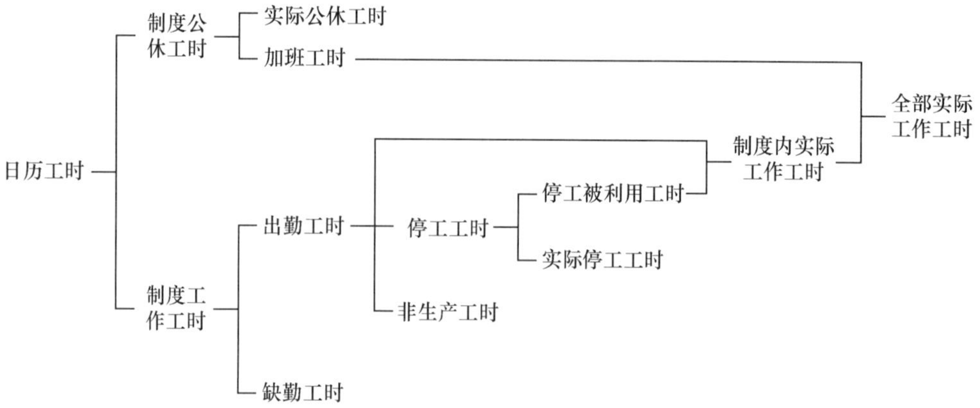

图 3-2　按工时核算的工作时间构成图

（三）分别按工日与工时核算的工作时间数量指标的联系与差异

核算企业工作时间数量的指标，即工日核算与工时核算，两者之间既有联系，但也存在着差异。

从整体上来看，两种核算的经济内容基本一致，一般来说，有了工日核算的准备，在此基础上进行工时核算，就比较方便。但两种工作时间单位的核算有着明显的差异。

第一，工作时间的计量单位不同，除了特定情况外，通常是不能相互折算的。

第二，计算的时间范围不一致，按工日核算的工作时间，只反映到工作日层面上；按工时核算的工作时间，则可深入反映到工作小时的层面上。在具体应用和计算时，两种工作时间指标在经济内容上不同，按工日核算的仅表现全日的数量状况；按工时核算的，既反映全日的状况，也表现非全日的状况。

第三，在适用的人员范围上，按工日核算的工作时间，可以应用于大多数企业从业人员；而按工时核算的工作时间，则更多应用于生产性单位。在适用的行业中，制造业企业多用按工时核算的工作时间指标，而其他行业企业往往采用按工日核算的工作时间指标。

三、工作时间利用程度分析

要了解企业从业人员或职工的工作时间利用状况，除了核算工作时间的各种相关绝对量指标外，还应在此基础上，计算企业工作时间利用程度指标，分别从各种角度与层面，观察、分析和评价企业工作时间的利用状况及其对自身生产经营活动的影响。

（一）工作时间利用基本分析

研究企业工作时间的利用，需建立基本分析指标体系，包括出勤率、出勤时间利用率和制度工作时间利用率等。

1. 出勤率

出勤率是指在制度工作时间内，企业人员实际出勤到岗时间所占的比重，是表明劳动者在应出勤时间内，实际出勤上班情况的基本指标。企业劳动者首先应保证出勤，然后才可论及出力，出勤是出力的前提。

出勤率，可以分别按工日和工时计算。

按工日计算：

$$出勤率=\frac{计算期出勤工日}{同期制度工作工日}\times 100\%$$

按工时计算：

$$出勤率=\frac{计算期出勤工时}{同期制度工作工时}\times 100\%$$

按工时计算的出勤率较为准确，涉及全日缺勤与非全日缺勤对出勤的影响。

计算缺勤率，与计算出勤率异曲同工。

按工日计算：

$$缺勤率=\frac{计算期缺勤工日}{同期制度工作工日}\times 100\%$$

按工时计算：

$$缺勤率=\frac{计算期缺勤工时}{同期制度工作工时}\times 100\%$$

同时也可采用下列计算方法：

$$缺勤率=100\%-出勤率$$

2. 出勤时间利用率

出勤时间利用率又称作业率，是制度内实际工作时间与出勤时间的比率，它表明企业劳动者出勤后，真正用在生产作业上的时间比例。企业劳动者出勤后，可能会由于企业的原因或其他非劳动者个人原因，不能将全部出勤时间用于生产作业活动中，如停电、停水、停气、设备出现故障、参与抢险救灾等，这些都会占用出勤时间。一般来说应尽最大可能将出勤时间用在企业的生产经营上。

按工日计算：

$$出勤时间利用率=\frac{计算期制度内实际工作工日}{同期出勤工日}\times 100\%$$

按工时计算：

$$出勤时间利用率=\frac{计算期制度内实际工作工时}{同期出勤工时}\times 100\%$$

通常情况下，上述两种方法的计算结果会有出入，按工时计算出的数值会小于按工日计算的数值。因为按工时计算的数值，既包含了全日损失时间，也包含了非全日损失时间。

3. 制度工作时间利用率

制度工作时间是所有可用于生产经营活动的时间。计算这个指标有助于分析与评价企业应利用的工作时间的实际利用程度。其利用的充分与否和缺勤、停工及非生产等占用的时间有直接关系，这些损失的时间越多，实际用于生产经营活动的时间就越少；反之亦然。所以，制度工作时间利用率是分析企业制度工作时间利用程度的综合性指标。

按工日计算：

$$制度工作时间利用率=\frac{计算期制度内实际工作工日}{同期制度工作工日}\times 100\%$$

按工时计算：

$$制度工作时间利用率=\frac{计算期制度内实际工作工时}{同期制度工作工时}\times 100\%$$

制度工作时间利用率、出勤率和出勤时间利用率三者之间存在着经济联系，它们之间有着对等的数量关系，用关系式表示为：

$$制度工作时间利用率=出勤率\times出勤时间利用率$$

按工日计算，组成的关系式为：

$$\frac{制度内实际工作工日}{制度工作工日}=\frac{出勤工日}{制度工作工日}\times\frac{制度内实际工作工日}{出勤工日}$$

按工时计算，组成的关系式为：

$$\frac{制度内实际工作工时}{制度工作工时}=\frac{出勤工时}{制度工作工时}\times\frac{制度内实际工作工时}{出勤工时}$$

上述关系式实际上形成了企业工作时间利用状况评价与分析的指标体系。

例如，某制造业企业5月份工人平均人数为800人，制度公休日11天，实行一班制生产，工作日制度工作工时为8小时。其他有关资料有：全日缺勤500工日，非全日缺勤800工时；全日停工400工日，其中被利用100工日，非全日停工400工时；全日非生产300工日，非全日非生产200工时；公休日加班100工日，加点150工时。按工日核算，各指标的具体情况如下：

$$日历工日=800\times31=24\ 800（工日）$$

$$制度公休工日=800\times11=8\ 800（工日）$$

$$制度工作工日=800\times20=16\ 000（工日）$$

全日缺勤500工日，则出勤工日为：16 000−500=15 500（工日）。

全日停工400工日，其中停工被利用100工日，全日非生产300工日，则制度内实际工作工日为：15 500−（400−100）−300=14 900（工日）。

加班100工日，则全部实际工作工日为：14 900+100=15 000（工日）。

按工日核算的基本分析指标情况如下：

$$出勤率=\frac{15\ 500}{16\ 000}\times100\%\approx96.88\%$$

$$出勤时间利用率=\frac{14\ 900}{15\ 500}\times100\%\approx96.13\%$$

$$制度工作时间利用率=\frac{14\ 900}{16\ 000}\times100\%\approx93.13\%，或$$

$$96.88\%\times96.13\%\approx93.13\%$$

按工时核算，各指标的具体情况如下：

$$日历工时=800\times31\times8=198\ 400（工时）$$

$$制度公休工时=800\times11\times8=70\ 400（工时）$$

$$制度工作工时=800\times20\times8=128\ 000（工时）$$

$$缺勤工时=500\times8+800=4\ 800（工时）$$

$$出勤工时=128\ 000-4\ 800=123\ 200（工时）$$

$$停工工时=400\times8+400=3\ 600（工时）$$

其中：停工被利用工时=100×8=800（工时）

$$非生产工时=300\times8+200=2\ 600（工时）$$

$$制度内实际工作工时=123\ 200-（3\ 600-800）-2\ 600=117\ 800（工时）$$

$$加班加点工时=100\times8+150=950（工时）$$

$$全部实际工作工时=117\ 800+950=118\ 750\ （工时）$$

按工时核算的基本分析指标情况如下：

$$出勤率=\frac{123\ 200}{128\ 000}\times100\%=96.25\%$$

$$出勤时间利用率=\frac{117\ 800}{123\ 200}\times100\%\approx95.62\%$$

$$制度工作时间利用率=\frac{117\ 800}{128\ 000}\times100\%\approx92.03\%，或$$

$$96.25\%\times95.62\%\approx92.03\%$$

（二）工作时间损失分析

1. 工作月制度天数利用程度

每月劳动者应工作的时间，往往由于个人原因或企业原因未用于生产活动。可通过计算平均每人工作时间的利用状况并进行横向比较，观察其与先进单位之间存在的差距。

（1）工作月利用率指标

$$工作月利用率=\frac{工作月实际工作长度（天）}{工作月制度工作长度（天）}\times100\%$$

（2）工作月损失程度

$$工作月人均损失天数=\frac{制度工作工日-制度内实际工作工日}{工作月平均人数}$$

$$工作月人均损失率=\frac{工作月人均损失天数}{工作月制度工作天数}\times100\%$$

这里的工作月人均损失天数，包括全日缺勤、全日停工和全日非生产等造成未利用的工作时间。

2. 制度工作日长度利用程度

按工时核算的制度工作日长度利用程度，可以表现每个工作日的时间利用情况。非全日缺勤、非全日停工与非全日非生产的发生，都会影响到一个工作日的充分合理利用。所以，无论是一个企业还是每一个人，都要认真对待每个工作日。

（1）工作日利用率

$$工作日利用率=\frac{工作日实际工作长度（小时）}{工作日制度工作长度（小时）}\times100\%$$

（2）工作日损失程度

$$\text{工作日人均损失时数}=\frac{\text{非全日缺勤工时}+\left(\text{非全日停工工时}-\begin{matrix}\text{非全日停工}\\\text{被利用工时}\end{matrix}\right)+\text{非全日非生产工时}}{\text{制度内实际工作工日}}$$

$$\text{工作日人均损失率}=\frac{\text{工作日人均损失时数}}{\text{制度工作日长度}}\times100\%$$

这里的制度工作日长度一般为 8 小时。若实行两班制或三班制，则应找出平均制度小时数，不能简单套用 8 小时。例如，实行三班制生产的企业，三个工作轮班规定的工作日长度分别为 8 小时、7.5 小时和 7 小时，则制度工作日长度平均为 7.5 小时。

以前述资料为例，其工作时间损失的情况如下：

$$\text{工作月利用率}=\frac{14\ 900}{800\times20}\times100\%\approx93.13\%$$

$$\text{工作月人均损失天数}=\frac{16\ 000-14\ 900}{800}\approx1.38\ (\text{天})$$

$$\text{工作月人均损失率}=\frac{1.375}{20}\times100\%\approx6.88\%$$

$$\text{工作日利用率}=\frac{117\ 800}{14\ 900\times8}\times100\%\approx98.83\%$$

$$\text{工作日人均损失时数}=\frac{800+400+200}{14\ 900}\approx0.09\ (\text{小时})$$

$$\text{工作日人均损失率}=\frac{0.09}{8}\times100\%\approx1.13\%$$

（三）工作时间损失的经济分析

企业工作时间利用程度给企业造成的影响，还可以从产出和收益两个方面分析。

1. 企业减产损失分析

按工日核算：

$$\text{产量减少}=\text{损失工日}\times\text{日劳动生产率}$$

按工时核算：

$$\text{产量减少}=\text{损失工时}\times\text{小时劳动生产率}$$

2. 企业人工费损失分析

按工日核算：

$$\text{人工费多支出}=\text{损失工日}\times\text{每工日人工成本}$$

按工时核算：

人工费多支出=损失工时×每工时人工成本

3. 企业工资损失分析

按工日核算：

多支付工资=损失工日×日平均工资

按工时核算：

多支付工资=损失工时×小时平均工资

依据前例的工作时间资料，假定日劳动生产率为800元，小时劳动生产率为120元；人工成本每工日120元、每工时15元；日平均工资100元，小时平均工资11元。

企业减产情况如下：按工日核算为1 100×800=880 000（元）

按工时核算为10 200×120=1 224 000（元）

企业人工费多支出情况如下：按工日核算为1 100×120=132 000（元）

按工时核算为10 200×15=153 000（元）

企业工资多支付情况如下：按工日核算为1 100×100=110 000（元）

按工时核算为10 200×11=112 200（元）

（四）加班加点程度分析

企业生产经营活动需保持一定节奏，如经常出现抢工突击、加班加点情况，将会破坏企业的正常生产节奏，造成种种负面影响。因此，必须对加班加点现象发生的原因及程度进行分析。

1. 加班加点比重指标

计算在全部实际工作时间内，加班加点所占的比重。

$$加班（加点）比重=\frac{加班（加点）工日（工时）}{全部实际工作工日（工时）}\times 100\%$$

2. 加班加点强度指标

加班加点时间与制度内实际工作时间相比，可以得出平均每百个单位实际工作时间发生的加班加点时间，反映出加班加点现象的发生强度。

$$每百个工日（工时）的加班（加点）强度=\frac{加班（加点）工日（工时）}{制度内实际工作工日（工时）}\times 100$$

如前例，其加班加点程度状况如下：

$$加班比重=\frac{100}{15\ 000}\times 100\%\approx 0.67\%$$

$$\text{加班加点比重}=\frac{950}{118\ 750}\times 100\%=0.80\%$$

$$\text{每百个工日的加班强度}=\frac{100}{14\ 900}\times 100\approx 0.67\ (\text{工日})$$

$$\text{每百个工时的加班加点强度}=\frac{950}{117\ 800}\times 100\approx 0.81\ (\text{工时})$$

3. 加班加点的工资支付分析

由于是加班加点，其工资支付比正常情况要高，所以造成了工资的超常支付。

加班加点支付的工资=加班加点时间×平均工资×相应的倍数

四、企业工作时间平衡表

为了全面反映企业劳动时间利用情况并分析其利用程度及影响因素，需编制企业工作时间平衡表，见表3-1。

表3-1　　企业工作时间平衡表

工作时间资源	工时数	工作时间使用	工时数	比重（%）
一、日历工时		一、制度内实际工作工时		
二、制度公休工时		其中：停工被利用工时		
其中：实际公休工时		二、因正当原因未利用工时		
		其中：产假		
		病假		
		事假		
		工伤假		
		其他		
		三、浪费工时		
		（1）停工工时		
		其中：停电		
		停水		
		设备故障		
		任务不足		
		等待原材料		
		等待工具		
		……		
		（2）旷工		
		（3）迟到早退		
		四、履行社会义务工时		
		其中：抢险救灾		

续表

工作时间资源	工时数	工作时间使用	工时数	比重（%）
		参加会议 学习 选举 ……		
三、制度工作工时		合计（一减去停工被利用工时后，加上二、三、四）		100.00
		公休日加班工时 工作日加点工时		

从表3-1可以看出，工作时间平衡表由两部分组成：一是工作时间资源，反映企业可使用的工作时间，其中最基本的是制度工作工时，并以此作为工作时间平衡的基础；二是工作时间的使用去向。分析工作时间的使用情况，除应列出制度内实际工作时间外，还应将企业未利用的工作时间，按其性质分为因正当原因未利用工时、浪费工时和履行社会义务工时等，并列出明细。此外，还需列出公休日加班工时与工作日加点工时。因此，通过平衡表，可以反映出利用和未利用的工作时间全貌，并为进行深入的统计分析和研究提供依据，为改进管理和决策奠定基础。

应当指出，在计算制度工作工时的使用时，其中停工工时包括停工被利用的工时和实际损失的工时，而制度内实际工作工时也包括停工被利用工时，这里就会出现重复计算的问题。造成这种重复计算的原因在于停工被利用工时具有两重性：一方面，为了如实反映制度内实际工作工时，必须将其包含在内；另一方面，停工被利用工时确实是在先停工后被利用，通常是被动和临时的，为了反映第一时间停工的规模，所以应计算在停工工时内。因此，这样的重复计算是必要的。但是，在工作时间使用合计中，应注意扣除重复计算部分，以保持工作时间平衡表工作时间资源与工作时间使用的平衡。

第三节　非工作时间分配统计

一、非工作时间的概念与核算

（一）非工作时间的概念

非工作时间是指劳动者从事有酬社会劳动之外的其他活动所占用的时间。从范围上讲，就是在工作时间以外的那部分时间，包括上下班路途时间、午休时间等。

（二）非工作时间的计量单位

由于非工作时间所从事的活动是非常繁杂和零碎的，有些活动甚至是穿插或同时进行的，为了精确计量各种活动，非工作时间的计量单位一般选用“分钟”。

对于穿插进行的活动，其时间消耗应分别计算；同时进行两种或两种以上活动（如边洗衣边听音乐）时，应把主要活动（如洗衣）的时间计算为消耗的时间。

（三）非工作时间的基本分类

如上所述，非工作时间从事的活动是多种多样的，根据研究目的不同而有所不同，按其在人们生活中的作用可分为如下两大类。

1. 必须支付的时间

这是为满足个人生理和社会伦理的要求而必须支付的时间，如饮食、睡眠、卫生保健、休息等个人生理需要时间，以及从事家务劳动、照看老人和子女、从事一些社会义务性活动等的时间。

2. 可自由支配的时间（简称闲暇时间）

这是人们为了自身的教育及满足各种日常文化需求和精神需求所支付的时间，包括读书、看报、听广播、看电影电视、观看各种文艺演出、教育子女、从事体育运动和各种文娱活动、休息、旅游、参加社会公益活动等的时间。

在现代社会经济条件下，非工作时间中必须支付的时间是保证劳动力再生产，维持人们生活所需要的；而可自由支配的时间是提高人们素质，丰富人们生活，使人的个性得到全面、和谐的发展，促进社会进步的保证。可自由支配时间的不断增加被认为是人们生活水平提高和社会不断进步的标志。随着社会生产力的发展，必须支付的时间必将逐步减少，个人可自由支配的时间将不断增加，从而为人们进一步发展个人才能、提高个人素质提供条件，并最终促进整个社会的不断进步。非工作时间的基本分配方向如图 3-3 所示。

二、非工作时间分配统计的意义

在现代社会中，科技发展日新月异，知识更新不断加快，社会生产力水平不断提高，要求劳动者的科学文化和技术技能也要不断提高。因此，劳动者在工作时间之外只有不断学习各种文化知识、专业技术等，才能适应社会的不断进步。而且，紧张、高效率的

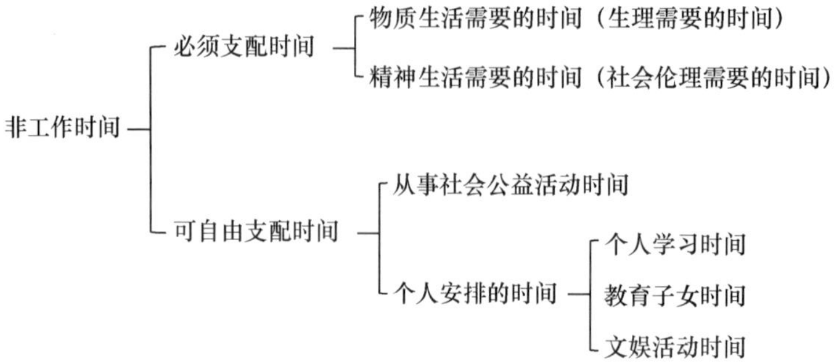

图 3-3　非工作时间分配方向

工作也要求人们得到更充分的休息，以保持旺盛的工作精力。人们在工作时间之外的活动与自身的工作关系日益紧密，在此情况下，我们的着眼点如果还仅仅停留在工作时间上，显然不符合时代的要求。因此，应在继续关注工作时间利用情况的前提下，重视对非工作时间的统计研究。开展非工作时间分配的统计，其意义主要表现为以下三点。

（一）通过分析非工作时间的不断延长，来反映社会生产力水平的提高

工作时间与非工作时间是此消彼长的关系，受社会生产力发展水平的制约。一般来说，在社会生产力水平低的国家，工作时间就较长，非工作时间则较短；而在社会生产力水平较高的国家，工作时间较短，非工作时间则较长。世界上一些主要的发达国家工作时间大都为每周 30 小时至 36 小时。我国目前实行每周 40 小时工作制，有些发展中国家甚至更长。因此，通过工作时间和非工作时间的变动过程研究，可以反映社会生产力提高的过程。

（二）分析非工作时间的利用状况，提出减少必须支付时间的措施

人类社会的进步，最终表现为个人可自由支配时间的增加，除了努力缩短工作时间之外，压缩必须支付的时间也是一条重要途径。统计分析非工作时间的利用状况，特别是必须支付时间的内部构成状况，可以探索减少这类时间耗费的途径。例如，针对家务劳动负担过重这一问题，提出大办第三产业，促进家务劳动社会化的措施，就可以有效地压缩必须支付时间。

（三）分析闲暇时间的利用状况，促进人的全面发展

闲暇时间的增加需要具备一定的社会条件，在暂不可能增加的条件下，充分利用闲暇时间，可以使其相对延长。从现实情况来看，闲暇时间用来从事无益甚至有害活动的

现象并不少。统计研究闲暇时间的利用状况，可以发现在闲暇时间利用中存在的问题，引导人们合理地分配闲暇时间，以促进社会的进步和人的全面发展。

三、非工作时间分配的统计指标

非工作时间分配的资料一般是通过抽样调查取得的，即选择适当数目的企业劳动者作为调查对象，对个人一天（24 小时）内的全部活动进行登记。计量单位一般要精确到分钟，各项时间指标的数值是调查周期内的平均值，调查周期通常为一周（7 天）。

反映非工作时间分配的主要指标如下。

（一）上下班路途时间

参加有酬社会劳动，在现阶段仍是人们谋生的手段，而上下班路途时间就多数人而言又是从事工作所必须支付的。这部分时间指从家到工作单位直接消耗的时间，上下班途中买菜、购物等的时间不应包括在内。

（二）个人生理需要的时间

这是劳动者个人维持生存必须耗费的时间，包括以下内容。

1. 睡眠时间

睡眠时间是指夜间和午间睡眠的时间。

2. 用餐时间

用餐时间包括早、中、晚三餐的吃饭时间，若因夜间工作需要，消夜吃饭时间也应计入。用餐时间中不包括做饭时间。

3. 医疗、卫生保健时间

医疗、卫生保健时间包括看病、治疗、打针、吃药等医疗耗费的时间，以及梳头、洗脸、刷牙、理发、洗澡、剃须等卫生保健耗费的时间。

此外还有其他生理所需的时间。

（三）社会伦理需要的时间

从事家务、照顾老人和子女、参加社会义务性活动是社会伦理要求每个人必须承担的责任。这部分时间也是必须支付的，主要包括以下七项内容。

1. 购买商品时间

购买商品时间是指购买各种生活、学习、文化用品的时间，包括往返乘车、走路和排队等候的时间。

2. 做饭时间

做饭时间包括主食加工和烹调菜肴的一切工序步骤，以及清洗碗筷所占用的时间。

3. 缝洗时间

缝洗时间包括缝纫、洗染、编织、熨烫、缝补、晾晒衣物的时间。

4. 修建房屋时间

修建房屋时间包括修理房屋和室内设施，以及自建房屋的时间。

5. 照看老人和子女时间

照看老人和子女时间主要指对生活不能自理的老人的饮食、起居的照顾和对学龄前儿童的照看，以及接送孩子到托幼园（所）所耗费的时间。

6. 承担社会义务时间

承担社会义务时间主要指接受国家调查、治安执勤、门前“三包”等活动所占用的时间。

7. 其他社会伦理活动所需时间

其他伦理活动所需时间包括婚丧嫁娶等所占用的时间。

（四）闲暇时间

闲暇时间是人们享受生活、发展才智、提高文化素质、从事个人喜好的社会活动所占用的时间。主要包括以下内容。

1. 从事社会性活动的时间

这里所说的社会性活动是与社会义务有所区别的一个概念。社会义务是必须履行的，因而所需时间也是必须支付的。而社会性活动是指个人自愿从事的有益于公众的活动和必要的社会交往，没有外界压力，因而这部分时间是个人自由支配的，主要包括两项内容。

（1）社会公益活动时间，是指在业余时间为社会提供无报酬的公共劳动所占用的时间。如作为志愿者自觉维持交通秩序、照顾孤寡老幼以及做其他好事所占用的时间。

（2）社会交往时间，如探亲访友、喜庆活动、个人应酬等所占用的时间。

2. 学习和提高自身业务水平的时间

学习和提高自身业务水平的时间是指如学习文化知识、专业技术、外语等所占用的时间。脱产学习的时间不属于此类。

3. 休息和文娱活动的时间

休息和文娱活动的时间包括聊天、纳凉、看电影、听广播、观看文艺节目、观看体育比赛、欣赏音乐、下棋打牌、翻阅报纸杂志等活动占用的时间。

4. 教育子女的时间

教育子女的时间是指对子女进行教育、示范、检查作业、辅导功课以及培养子女其他技能所占用的时间。

5. 参加体育锻炼活动的时间

参加体育锻炼活动的时间是指打拳、跑步、打球、游泳、溜冰等占用的时间。

其他还有参观、旅游活动的时间，参加宗教活动的时间等。

四、非工作时间分配统计表

非工作时间分配统计表，见表3-2。

表3-2 **非工作时间分配统计表**

项目	占用时间（分钟）	比重（%）
非工作时间合计		
（一）上下班路途时间		
（二）个人生理需要的时间		
1. 睡眠时间		
2. 用餐时间		
3. 医疗、卫生保健时间		
4. 其他生理需要的时间		
（三）社会伦理需要的时间		
1. 购买商品时间		
2. 做饭时间		
3. 缝洗时间		
4. 修建房屋时间		
5. 照看老人和子女时间		
6. 承担社会义务时间		
7. 其他社会伦理活动所需时间		
（四）闲暇时间		
1. 从事社会性活动的时间		
（1）社会公益活动时间		
（2）社会交往时间		
2. 学习和提高自身业务水平的时间		
3. 休息和文娱活动的时间		
4. 教育子女的时间		
5. 参加体育锻炼活动的时间		
6. 参观、旅游活动的时间		
7. 参加宗教活动的时间		
8. 其他自由支配的时间		

注：本表中再加入工作时间就成为一张完整的生活日分配统计表。

第四节　工程技术人员时间利用统计研究

一、研究工程技术人员时间利用情况的意义

工程技术人员是企业劳动者中一个特殊的群体，从他们自身情况来看，他们大都受过高等教育，是企业劳动者中素质较高的一部分；从其所承担的工作来看，他们在企业中承担着技术开发与技术管理工作，其工作业绩的好坏不仅关系着他们个人，更关系着企业的兴衰与存亡。在人类社会发展的历史过程中，有相当长的一段时期，人们主要靠增加物质资源的投入来推动生产的发展和社会的进步；而近几十年来，科学技术在社会进步与发展过程中的作用越来越大，社会生产力在其推动下发展速度大大加快。工程技术人员作为掌握最新科学技术的劳动者，其工作的重要性日益突出，他们工作效率的高低，对社会进步和企业的发展有极大的影响。因此，分析研究他们的时间利用状况，寻找提高时间利用程度的有效途径，必将有利于提高他们的工作效率，从而促进整个人类的进步与发展。

研究工程技术人员的时间利用情况，应着眼于整个生活日的分配。一方面研究他们工作时间的利用情况，分析影响他们充分利用工作时间的主要原因，寻找有利于提高工作时间利用效率的途径；另一方面，应注意研究他们非工作时间的利用情况，尽可能完善社会组织工作，加速家务劳动社会化的过程，努力减少他们不必要的生活负担，最大限度地将其专长应用于工作，使他们的作用得到最大程度的发挥。

二、研究工程技术人员时间利用的一般方法

（一）对比分析法

对比分析法是统计研究中经常使用的一种分析方法。对比分析法包括动态对比和静态对比两种具体形式。对比分析法在工程技术人员时间利用情况的研究中是十分有效的。

1. 动态对比

将不同时期的工程技术人员时间分配资料进行动态对比，可以有效地观察工程技术人员时间利用状况的变动以及影响有效利用时间的各因素的变化情况。

2. 静态对比

对工程技术人员时间利用情况的静态对比可以在不同的范围和层次上进行。将不同

国家或地区的资料进行对比，可以观察政治制度、风俗习惯、生产力发展水平等社会经济原因对工程技术人员时间利用的影响；将不同单位的资料进行对比，有助于发现单位差异的影响；将不同个人的资料进行对比，可以找出生活负担、工作习惯、生活爱好等个体因素对时间利用状况的影响。此外，通过对不同性别、不同年龄等群体资料的分析，也有助于研究其他社会经济问题。

（二）相关分析法

不同人员，由于其工作性质不同，时间分配也不尽相同，即便是工程技术人员之间，由于其家庭情况、年龄、性别、是否担任职务等原因，其时间利用状况也存在种种差异。将他们的时间利用情况资料与他们自身的某项特征结合起来进行相关分析，会发现各因素对时间利用的影响。与工程技术人员时间利用有关的因素有很多，如地区间经济发展水平、年龄、性别、健康状况、家庭人口数、担任行政职务状况等。具体选择哪些因素进行相关分析，应视研究的问题和目的而定。

三、工程技术人员时间利用统计研究的一般问题

工程技术人员时间利用方面值得研究的问题很多，企业人力资源统计主要侧重于研究如下六个方面的问题。

（一）专业对口情况

培养一名工程技术人员，国家、家庭和本人都要花费很多的财力和精力，如果学非所用，使他们不能发挥所长，从全社会的角度来看，是对工程技术人员最大的时间浪费。所以，研究工程技术人员时间利用问题，首先应关注工程技术人员业务对口问题，只有尽最大可能地避免专业不对口问题的出现，才能保证工程技术人员的工作时间得到最大程度的利用。

统计研究工程技术人员业务对口问题，应通过这一问题所导致的工作时间损失情况来反映，即计算时间损失和时间损失率。

1. 业务不对口造成的时间损失

业务不对口造成的时间损失，是指全部工程技术人员的工作时间与实际从事本工程技术工作的人员的工作时间之差。其计算公式为：

$$\text{业务不对口造成的时间损失}=\left(\text{全部工程技术人员人数}-\text{实际从事本工程技术工作的人员人数}\right)\times\text{制度工作时间}$$

其中，全部工程技术人员既包括实际从事所学专业的人员、从事工程技术工作但所学专业不对口的人员，也包括未从事工程技术工作的工程技术人员。

2. 工程技术人员时间损失率

工程技术人员时间损失率指因业务不对口造成的时间损失占全部工作时间的比重。其计算公式为：

$$\text{工程技术人员时间损失率}=\frac{\text{未从事工程技术工作的工程技术人员工作时间}}{\text{全部工程技术人员工作时间}}\times 100\%$$

（二）工作时间能否得到充分利用

工程技术人员不仅存在业务不对口的问题，就是实际从事工程技术的人员，其工作时间的利用也不尽合理，很多人常常要从事与本专业无关的其他活动，造成不必要的时间损失；有时虽未安排其他活动，但在工作时间内也从事了与本专业无关的活动，如上班聊天、看小说等。此外，人才使用上的部门所有、单位所有，限制了工程技术人员的合理流动，使相当一部分人的工作时间得不到充分利用。所有这些都是工程技术人员工作时间得以充分利用的障碍，统计时必须进行反映。研究工程技术人员工作时间的利用状况，可以通过工时损失率来加以反映。其计算公式为：

$$\text{工程技术人员工时损失率}=\frac{\text{因各种原因造成的工作时间损失}}{\text{制度内工作时间（工时）}}\times 100\%$$

将不同时期的工程技术人员的工时损失率编制成时间序列，可反映工作时间利用状况的动态变化。还可根据造成工时损失的不同原因分别计算各种原因对总工时损失的影响程度，以便寻找主要原因，为减少工时损失提供帮助。

（三）连续工作时间

连续工作，仅指从工作开始到工作结束超过 8 个小时的情况，未超过 8 个小时不算连续工作。工程技术工作具有连续性强的特点，必要时一天工作十几个小时甚至更长的时间，这是工作性质所致，要完全避免是不大可能的。但长期如此，必将严重危害工程技术人员的身心健康。因此，统计工作必须从动态上反映这方面的情况，为各级领导和有关部门了解此类问题提供帮助。

如前所述，由于工程技术工作的性质所致，工程技术人员往往要加班加点。但这些加班加点往往时间长短不同，对人体健康的危害程度也存在差别，所以研究工程技术人员的连续工作时间应从两个方面进行，一是反映连续工作时间的长短，二是反映连续超过 8 小时工作的频繁程度。主要有以下两个指标。

1. 平均工作日长度

平均工作日长度是指报告期内平均每个工作日工作的小时数，它是反映连续工作时间长短的指标。其计算公式为：

$$平均工作日长度=\frac{报告期每天工作小时数之和}{报告期制度工作日数}$$

2. 连续工作日比重

连续工作日比重是指报告期内连续工作的日数与制度工作日数的比值，反映连续超过 8 小时工作的频繁程度。其计算公式为：

$$连续工作日比重=\frac{报告期连续工作的日数}{报告期制度工作日数}\times 100\%$$

（四）辅助工作时间

工程技术工作从其工作内容上可以分为主要工作和辅助工作两项内容，因而工作时间也应分为主要工作时间和辅助工作时间。很多单位为了充分发挥工程技术人员的作用，往往为他们配备助手，帮助他们完成一些辅助工作，以便他们可以腾出更多的时间用于主要工作。但是，鉴于目前的条件，更多的工程技术人员没有助手，辅助工作也必须由他们自己完成，这样势必减少他们用于主要工作的时间。虽然从事一定的辅助工作是必要的，但用于辅助工作的时间过多也是一种时间损失。因此，要研究工程技术人员的时间利用情况，就必须观察辅助工作时间与主要工作时间的关系，以便反映他们真正工作的时间分配状况，为采取必要措施，使他们有尽可能多的时间用于主要工作提供依据。可以计算辅助工作时间比重来反映工程技术人员工作时间分配的状况。其计算公式为：

$$辅助工作时间比重=\frac{辅助工作时间}{全部工作时间}\times 100\%$$

（五）家务劳动时间

研究工程技术人员的时间利用状况，不仅要观察工作时间的利用状况，还应反映非工作时间的利用情况。在非工作时间分配中，家务劳动时间是观察的重点之一。工程技术人员如果需要花费大量的时间做家务，这样不仅影响他们的工作，而且影响他们的业务学习和知识更新。因此，从社会角度来说，应有针对性地提高家务劳动的社会化水平，把工程技术人员从繁重的家务劳动中解放出来，以便他们有更多的时间用来提高业务技术水平并全身心地投入工作。

反映工程技术人员家务劳动占用时间的状况，可以用绝对数，即家务劳动占用的时间数来反映，也可以通过计算家务劳动时间占全部非工作时间的比重来反映。

（六）闲暇时间的分配

闲暇时间又称个人可自由支配时间，闲暇时间的多少及构成是表明人们生活水平与生活方式的重要资料。不同的人群，闲暇时间的分配是不同的，工程技术人员闲暇时间分配的一个重要方面就是业务学习和进修，这是十分必要的。但是，工程技术人员长年紧张工作，如果大部分闲暇时间又用来进修，得不到必要的放松和休息，就会影响身体健康。因此，应为业务学习与进修任务重的工程技术人员在工作时间内安排一定的进修时间，以保证他们能较为合理地分配闲暇时间。反映工程技术人员闲暇时间分配的一个指标是业务进修时间比重。其计算公式为：

$$业务进修时间比重=\frac{业务进修时间}{闲暇时间}\times 100\%$$

闲暇时间分配的另一个方面，就是观察其教育子女的时间比重。工程技术人员一般多为知识分子，他们更注重对子女的教育，除了进修时间之外，教育子女是他们闲暇时间分配的重要方面。所以，还应计算工程技术人员教育子女的时间占闲暇时间的比重，以全面反映他们闲暇时间分配状况。其计算公式为：

$$教育子女的时间比重=\frac{教育子女占用的时间}{闲暇时间}\times 100\%$$

【思考题和计算题】

1. 简述生活日分配的概念和基本方向。
2. 简述生活日分配统计的主要任务。
3. 简述工作时间的含义和计量单位的表述。
4. 为什么工作时间构成分别用工日和工时表述？
5. 简述企业工作时间利用程度的基本指标。
6. 如何分析企业工作时间的损失？
7. 试编制企业工作时间平衡表。
8. 为什么要研究非工作时间分配？
9. 分析非工作时间分配采用的统计指标。
10. 如何分析工程技术人员的时间利用？
11. 某企业计算期有关生产工人的时间资料如下。

每日人数：1—8 日 800 人、9—15 日 820 人、16—22 日 810 人、23—31 日 815 人；制度公休日：6 日、7 日、13 日、14 日、20 日、21 日、27 日、28 日；实际全体工人公休日加班：7 日、27 日；全日缺勤 450 工日；全日停产 100 工日，其中被利用停工 80 工日；全日非生产 210 工日；日劳动生产率为 4 000 元，日平均工资为 112 元。

计算和分析：（1）生产工人劳动时间利用程度；（2）劳动时间未充分利用的损失。

12. 利用题 11 的相关资料和下述补充资料。实行一班制，规定每天工作 8 小时；非全日缺勤 1 060 工时；非全日停工 1 520 工时，其中利用停工 410 工时；非全日非生产 910 工时；工作日加点 1 020 工时；小时劳动生产率为 500 元，小时平均工资为 14 元。

计算和分析：（1）生产工人劳动时间利用程度；（2）劳动时间未充分利用的损失。

13. 利用题 11 和题 12 的有关资料和下述补充材料（按工时计算的全日和非全日合计）。病假 2 310 工时，事假 1 970 工时；停电 1 400 工时，任务不足 200 工时，等待原材料 520 工时，等待工具 200 工时；抢险救灾 1 120 工时，开会 450 工时，学习 320 工时，参加植树 620 工时，其他 80 工时。

要求：编制企业生产工人工作时间平衡表。

14. 运用题 11 和题 12 的资料。

病假 2 310 工时，事假 1 970 工时，工伤 320 工时；停电 1 400 工时，任务不足 200 工时，等待原材料 520 工时；抢险救灾 1 120 工时，开会 450 工时，学习 320 工时，全民植树 620 工时，其他 80 工时。

计算该企业的加班加点相关指标。

第四章　劳动环境与劳动保护统计

学习要点

劳动环境与劳动保护统计的任务。

劳动环境的内容，劳动环境的评价指标。

劳动保护措施及现行标准，劳动保护措施项目的核算及费用统计，劳动安全监察机构及人员配置研究。

安全生产检查及连续安全生产时间的核算；工伤事故的分类、统计核算范围、规模核算频繁程度和严重程度分析，以及损失分析。

法定职业病，职业病受检率、发生程度、严重程度以及经济损失的分析。

第一节　劳动环境与劳动保护统计的意义

一、劳动环境与劳动保护的重要性

任何形式的社会劳动，劳动环境和劳动保护都是不能被忽视的。马克思指出："因为工人的一生绝大部分时间都是在生产过程中度过的，所以，生产过程的条件大部分也就是工人的能动生活过程的条件，是工人生活的条件。"① 改善劳动生产条件，营造一个优良美好的劳动环境，保护劳动者在劳动过程中的身心健康，使劳动者保持愉悦的心情和充足的劳动安全感，不仅关系到劳动者的切身利益，同时也是社会文明进步的充分体现，是社会生产和国民经济可持续发展的有力保证。

劳动保护和安全生产是关系国计民生的一项大事，政策性、社会性和群众性都很强，影响到人们生产和生活的方方面面，需要全社会的齐心协力，切实将劳动环境的改善、劳动保护工作水平的提高和安全生产工作抓紧抓好，提高劳动保护和安全生产水平。

我国在劳动环境的整治、劳动保护和安全生产工作上下了很大功夫，采取了一系列重要措施，特别是推动了劳动保护安全立法工作，在劳动保护和安全生产工作法治化、

① 马克思恩格斯全集（第25卷）[M]. 北京：人民出版社，1974：102.

标准化和制度化等方面取得了瞩目的成果。在《中华人民共和国宪法》和《中华人民共和国刑法》等法律中，专门规定有与劳动环境、劳动保护和劳动安全相关的内容。同时，国家制定了许多专门的法律和法规条例，如《中华人民共和国劳动法》《中华人民共和国安全生产法》《中华人民共和国职业病防治法》以及各项安全技术标准等。从政府职能部门到各企业、各单位，形成了一个紧密完整的安全生产、劳动保护工作网络。

一般而言，生产过程中存在着不安全和不卫生的因素，可能使劳动者受到伤害。例如，工人在生产过程中，有可能被机器轧伤、落物击伤、烧伤或触电受伤，以及被有毒物质伤害染上职业病等。劳动保护的要务就是在发展经济和推动生产的同时，积极改善劳动环境，优化劳动条件，变危险为安全、变有害为无害、变紊乱肮脏为整齐清洁、变笨重为轻便，做到文明生产、安全生产。营造优良劳动环境，保证安全生产，积极防止和减少各种工伤事故和职业病的发生，保障从业人员劳动安全。

二、我国劳动保护工作的组织管理

劳动保护的本意是保护劳动者在劳动和生产中的安全与健康。"劳动保护"一词是由恩格斯率先提出的。他在 1845 年 2 月发表的《共产主义在德国的迅速发展》一文中写道："章程的基础当然是共产主义的原则——组织劳动、保护劳动，使它不为资本的势力所侵害。"①

劳动保护工作，是为保障劳动者在生产和工作中的安全与健康，在法律、技术、设备、组织制度和教育等方面采取的一整套综合措施。它包括的内容有：劳动保护方针、政策、法规、制度和组织管理措施；安全技术，伤亡事故的调查、分析、报告和处理；劳动卫生；合理的工作时间与休假制度；女职工及未成年工的劳动保护特殊措施等。

安全第一，即生产必须安全，安全为了生产。这一点要充分体现在生产劳动过程中，要把对劳动者的保护放在首要位置。为了确保落实，国家制定并实施了一系列劳动安全法规。

我国劳动保护工作采取的是专业管理与群众参与管理相结合，人力资源社会保障部门、安全生产部门、产业部门和基层单位分工负责的组织管理体制。各级各单位设置工作机构，配置专门工作人员从事劳动保护专项管理和具体的运行操作。

三、劳动环境与劳动保护统计的任务

第一，反映劳动安全保护与劳动环境治理的法规、政策、方针、规程和条例的贯彻

---

① 马克思恩格斯全集（第 2 卷）[M]. 北京：人民出版社，1957：593.

实施情况，为研究、分析和总结贯彻实施工作提供可靠依据。

第二，表明劳动环境治理及各项指标的达标情况，分析其对劳动者的影响程度。

第三，描述安全生产情况，观察安全生产大检查工作的开展状况，研究劳动生产的安全条件，计算和分析工伤事故的发生情况，说明工伤事故的规模和严重程度，探析工伤事故发生的种种原因，提出减少工伤事故发生的应对措施。

第四，反映劳动保护措施现状。计算实施劳动保护措施的项目数与费用，检查劳动保护措施项目及费用计划的实际执行结果。

第五，说明职业病的发生与发展状况。反映各种职业病新染病者的规模，以及患病总规模，分析职业病的严重程度，揭示职业病发病的工龄界限及发病趋势，为减少和减轻职业病的危害、保障劳动者的健康和制定对策提供重要的依据。

第六，反映女职工和未成年工的劳动保护特殊措施的制定与贯彻实施情况。

第二节　劳动环境统计

一、劳动环境的意义

企业劳动者从事生产劳动和工作，应该有良好的工作环境和劳动条件以及充足的空间。

（一）劳动环境的含义

劳动环境是指在劳动和工作过程中，涉及劳动者安全、卫生和劳动强度等的各种因素，如厂房建筑、通道、仓库和其他劳动场所的采光、通风、温度、湿度、除尘和防噪等安全卫生设施。营造优良的劳动环境，是保障生产正常运行的必要条件和基础，是企业坚持“以人为本”的理念、保护劳动者的重要表现。

（二）劳动环境的内容

劳动环境包括生产过程、劳动过程和工作环境中影响劳动安全与卫生的各方面因素。

1. 生产过程因素

（1）化学因素，指生产性毒物和有害气体等。

（2）物理因素，指气象条件、温度、湿度、振动、光污染、噪声和超声波等。

（3）生产因素，指某些致害的微生物、致病的寄生虫等。

2. 劳动过程因素

（1）劳动组织制度，如劳动时间、工作班次安排，工种配置与衔接和休息时间的规定。

（2）工艺流程、作业安排和劳动强度。

（3）劳动者身体器官与系统的紧张程度，如视力、听力下降和肢体的疲乏等。

（4）使用的劳动工具是否方便灵巧，以及体位状况等。

3. 生产环境因素

（1）生产场所的设计与布局，如生产场地选择，厂区整体布局和车场、作业地的布置安排。

（2）卫生技术设施，如通风设施、除尘防噪设施，照明装置及采光布置等。

（3）安全防护设备和设施，如防爆、防坠落、防撞击、防触电和防灼伤等的设施。

（4）劳动者个人防护用品的发放、使用制度及实际贯彻实施情况。

对劳动环境及其条件的观察，有助于揭示存在的种种相关因素及其影响，评估劳动保护的技术组织措施的实现与效果，以保证劳动者有舒适、安全的劳动工作环境，保护劳动者的劳动能力和身心健康。

二、社会劳动环境的分析

每个企业都处于社会大环境中，它们所处的社会环境，都在直接或间接地对它们施加影响。所以，对企业周边环境的分析，要从社会劳动环境的角度给予观察和评估。

（一）社会文明程度

企业面对的社会文明，主要是指公民的公德意识，集体主义精神，尊老扶幼、助人为乐、疾恶如仇和与人为善等的社会风气。这些风气在全社会蔚然成风，将会形成一个文明社会，为企业营造良好的社会劳动环境。

社会文明程度，可以通过如下指标体现，如评选出的文明单位数、推选出的模范家庭数、公推出的见义勇为人数、各类志愿者人数、各类“十佳”先进人物人数等，还可通过犯罪率尤其是青少年犯罪率等来体现。

（二）城乡绿化情况

“绿水青山就是金山银山”，保护自然生态的良性循环，对广大劳动者和城乡居民的生产生活有着十分重要的意义。

森林覆盖率、城镇居民人均拥有绿化面积、植树造林的参与率、植树成活率等都可以体现出城乡的绿化程度。

（三）大气、水质和土壤的治理程度

大气、水和土壤等都是人们赖以生存和发展的条件与基础。因此，要保护环境，尽量减少对大自然的污染。

考核这方面情况的指标有以下三类。

（1）大气、水质和土壤污染面积或受影响的人口数量。

（2）大气、水质和土壤污染治理程度，包括治理面积、转化面积和经济效果，“空气质量指数”和等级，全年保持优良天数和天气优良率。

（3）有害物质含量的超标率。包括水、大气和土壤中的有害物质含量的超标程度。

三、劳动环境的分析和评价

（一）生产作业区绿化情况分析

营造优良的生产作业环境和整洁的空间，对于企业的文明生产、劳动条件的改善、劳动生产安全的保障、产品质量的提高、企业良好形象的树立都是极为重要的。用于评价厂区生产作业现场环境的指标主要有以下两个。

1. 花草树木覆盖程度指标

$$\text{花草树木覆盖率}=\frac{\text{厂区林木花草种植面积}}{\text{厂区占地面积}}\times 100\%$$

2. 按企业从业人员计算的人均绿化面积指标

$$\text{人均绿化面积占有率}=\frac{\text{厂区林木花草种植面积}}{\text{全厂从业人员数}}\times 100\%$$

（二）生产作业场地空气有害物质浓度的评价

生产作业现场，如车间、施工现场等，它们的空气质量控制是以单位体积内的某种物质含量浓度为依据的。企业设计作业卫生标准，一定要符合法定要求。生产作业场地空气有害物质含量的监测要经常化和制度化，观察其是否达到法定标准，及时分析有害物质产生的原因并采取对应措施。

1. 空气含尘浓度的表示方法

（1）每立方米空气中所含粉尘的质量数，以毫克每立方米表示，如大气中二氧化硫

的含量为60~80毫克每立方米。

（2）每立方厘米空气中所含粉尘的粒数，以粒每立方厘米表示，如空气中花粉含量为80粒每立方厘米。

2. 超标倍数

在日常的监测中，将用生产作业现场的空气样品测得的结果，与规定的最高浓度标准比较，浓度超过国家法定最高标准的倍数，即为“超标倍数”。超标倍数的高低，表明空气污染的严重程度。其计算公式为：

$$超标倍数=\frac{空气实测浓度-法定最高标准浓度}{法定最高标准浓度}$$

3. 超标率

评价劳动环境污染程度，可采用超标率指标。超标率是指受检样品（水、土壤等）总数中，超过允许浓度标准的样品所占的比重。其计算公式为：

$$超标率=\frac{超过允许浓度标准的样品数}{实际测量的样品总数}\times 100\%$$

（三）生产设备状况分析

生产作业现场配置和使用的生产设备，必须经常处于完好状态，为劳动者的作业活动提供安全保障，严禁设备“带病”运转。事实证明，生产设备“带病”运转，无异于在生产劳动过程中埋藏一颗定时炸弹，威胁生产安全。因此，提高生产设备的完好程度是改善劳动环境的一项重要措施。

1. 生产设备完好程度指标

$$设备完好率=\frac{技术完好的设备数量}{已安装设备数量}\times 100\%$$

2. 生产设备发生故障停开程度指标

生产设备发生故障停开时间及程度，同样可表现其完好状况及其对劳动环境所造成的负面影响。

$$设备故障率=\frac{生产设备故障停开台时}{生产设备制度开动台时}\times 100\%$$

生产设备故障停开台时，指生产设备发生故障实际停开的台时累计。公式中的“生产设备制度开动台时”的计算公式为：

$$\begin{array}{l}生产设备制\\度开动台时\end{array}=已安装设备台数\times制度工作天数\times工作日制度小时数-计划检修实用台时$$

（四）劳动保护防护设施达标分析

营造企业优良环境和劳动条件，每个企业必须做到生产作业场地整齐、照明设施完善、采光通风良好、通道标志明显、厂区道路平整硬化等。对此，必须定期进行监督检查，使各项指标都能够符合规定要求。表现达标情况的核算指标，即达标率的计算公式为：

$$达标率=\frac{符合标准的检查点数}{实际检查点总数}\times 100\%$$

（五）个人防护用品的发放与使用分析

在生产作业活动中，企业为了防止意外伤害和各种职业病的危害，以及保护劳动者的劳动安全和身心健康，会依据安全操作规程等规定要求，发放给劳动者劳动防护用品，并督促劳动者使用，如手套、绝缘鞋、电气焊面罩和工作服等。归劳动者个人使用的劳动防护用品的作用有局限性，从劳动保护的全局考虑，这仅是一项辅助性措施，但不可或缺。正确的劳动保护原则是：备齐与正确使用安全保护装置设施，改善大环境，并借助个人劳动防护用品保护劳动者的安全。

劳动者个人防护用品的实施效果如何，可以通过计算如下指标予以反映。

1. 个人劳动防护用品发放状况指标

我们可以从发放的品种和发放人数两方面进行计算。

（1）按发放品种计算

$$个人防护用品发放率=\frac{防护用品实际发放种数}{防护用品应该发放种数}\times 100\%$$

（2）按发放人数计算

$$个人防护用品发放率=\frac{防护用品实际发放人数}{防护用品应该发放人数}\times 100\%$$

2. 个人劳动防护用品实际使用情况指标

$$个人防护用品使用率=\frac{实际使用防护用品人数}{领取防护用品人数}\times 100\%$$

第三节　劳动保护措施统计

一、劳动保护措施的意义

（一）广义的劳动保护措施

在生产、劳动过程中采取的所有措施，都是为了保障劳动者健康、平安和顺利地进行劳动和生产活动，这就是劳动保护措施的广义内容。广义的劳动保护措施的内容，有经常性的措施，有突击性的措施，有技术性的措施，有组织管理性的措施，还有涉及宣传教育性的措施等。所以，只要在生产、劳动过程中，一切有利于保护劳动者身心健康和安全的措施，都是劳动保护措施的组成部分。

按《安全技术措施计划的项目总名称表》的要求，劳动保护措施共分 4 大类 40 项，主要内容如下。

1. 安全技术

安全技术措施是为消除事故根源，保护工人的安全和健康所采取的各种技术、组织措施的总称。一般包括厂房、设备的合理布局，安全无害生产工艺的选择，改造有事故隐患的设备，鉴定新产品的安全性能等。

安全技术措施在标准中列出 17 项，如防护装置、保险装置、信号装置、自动停车装置、防止触电装置和各种安全防爆装置等。

安全技术措施按其性质分为：电气安全技术、起重安全技术、焊接安全技术、防火防爆安全技术、锅炉压力容器安全技术、机械加工安全技术、冶炼安全技术、矿山安全技术、建筑安全技术、运输安全技术、烟花爆竹安全技术、石棉安全生产技术和乡镇煤矿安全技术等。

2. 工业卫生

工业卫生技术措施是指为了组织安全生产和做好劳动保护工作、改善劳动条件，对工业生产劳动的各种组成因素的适宜程度，有害物质的浓度、含量等所确定的措施。这些措施主要有：通风设施、照明采光设施、空气防尘及净化设施、防暑降温设施、消除有害健康的消毒隔离设施、防振动与噪声设施等共 12 项。

3. 辅助房屋及设施

辅助房屋及设施是指有关保障劳动者的身心健康和卫生所必需的房屋及设施，如淋浴室、更衣室、消毒室、室外作业取暖保温设施、女职工卫生室等6项。

4. 宣传教育

宣传教育是指为增强劳动者的安全意识，保证“安全第一、预防为主、综合治理”的安全生产方针的落实所进行的安全技术教育和劳动保护宣传活动。例如，编写安全技术教材、购置图书仪器设备、开办有关的培训班，以及举办劳动保护方面的展览会等5项活动。

（二）狭义的劳动保护措施

在生产过程中，为了保护劳动者的安全和身心健康所采取的有关技术性和组织性的措施，称为劳动保护措施。这些措施是根据实际需要和可能，有步骤、有计划地采用和实施的。

每个企业在编制生产经营销售计划时，必须对劳动保护措施的安排作出打算，提出一定时期内应采取的技术项目和组织性手段，在经费、人力、设备和材料方面确保这些项目的实施。

劳动保护措施统计的主要内容是：计算劳动保护措施项目及其付诸实施的实物成果，核算劳动保护措施费用的发生额，检查和分析劳动保护措施计划的贯彻执行情况等。

二、劳动保护措施项目的核算

（一）劳动保护措施项目名称表

劳动保护措施项目是指在生产过程中，为改善劳动生产环境和条件，防止工伤事故和职业病的发生而采取的具体的技术性和组织性措施项目。

为了更好地实行对劳动保护措施的经常性管理，便于统一反映劳动保护措施的实施与运作情况，必须统一制定劳动保护措施项目名称表。劳动保护措施项目名称表是统计核算劳动保护措施实施情况的依据，是保证统计资源统一完整和有可比性的基础，因此，必须科学地规定并严格地执行。劳动保护措施项目的统计研究，需注意应与为其他目的而采取的措施严格区分开，例如：

第一，为了改进生产采取的措施，企业新建、改建而列入固定资产投资的安全措施，企业采用新技术、新设备的相应安全措施等，均不列为劳动保护措施项目统计的范围；

第二，属于集体福利事业的职工食堂、公共浴室和休养所等，应注意须与“辅助房屋及设施”的项目加以区别；

第三，个人防护用品及专用肥皂、药品和饮料等，属于劳动保护的日常使用范围，另有专门核算，不包括在劳动保护措施项目名称表中。

（二）劳动保护措施项目施工情况的核算

劳动保护措施项目在计算期内的施工情况，应根据其不同进度和完成情况分别进行观察和研究。一般情况是按“个”加以计量，对于某些房屋设施则按平方米计量，某些容器按立方米计量，视具体情况而定。

1. 施工项目的计算

（1）新开工项目数量，这是指计算期内实际正式新开工的劳动保护措施项目的个数或面积数。

（2）继续施工项目数量，这是指以前时期已开工，而在本期继续施工的劳动保护措施项目的数量。

（3）停止施工项目数量。这是指已开工但因故在本期停止施工的劳动保护措施项目数量。这个指标有两种核算口径：一是本期施工过因故在本期停止实施的项目；二是以前已停止施工，而在本期继续停止施工的项目。通常采用第一种计算口径反映其停止施工规模。

（4）期末在施工项目数量，这是指计算期最后一天正在施工，尚未完工转入下期继续施工的项目数量，用来说明目前施工规模的大小。

2. 完工项目的计算

完工项目是指按规定或设计的施工内容，在计算期全部完成，经过验收合格，具备交付使用条件的劳动保护措施项目。

计算期完工项目数量，说明了在本期内已经实现的，并能发挥效益的劳动保护措施的规模或总量。依据此指标，可以检查和评价劳动保护措施项目计划的施工完成程度。

3. 施工项目和完工项目的经济关系

本期施工项目＝本期新开工项目+本期继续施工项目

期末在施工项目＝本期新开工项目+本期继续施工项目－本期完工项目－本期停止施工项目

根据上述关系式，可以核对有关指标的准确性，或者用于推算。

（三）劳动保护措施项目施工计划的完成情况分析和评价

劳动保护措施统计核算的重要方面之一，就是对劳动保护措施项目施工计划的执行情况进行评价与分析。其任务主要是：评价总体的执行结果，分析在执行过程中出现的问题，寻找原因，确定利害关系，总结经验教训。

整体检查劳动保护措施项目施工计划的执行结果，用劳动保护措施项目实现程度指标体现。其计算公式为：

$$劳动保护措施项目实现程度=\frac{实际完工的项目数}{计划规定完工的项目数}\times 100\%$$

计算此指标时，分子和分母的核算口径必须保证可比性，即分子已完工的项目一定是计划要求完工的项目，而计划外的实际完工项目不能列入其中，避免模糊计划规定项目的真实完成情况。

在计划的施工过程中，为了掌握和了解执行情况，做到均衡有节奏，保证计划要求的项目和内容能达到预期的目的、按时兑现，必须检查其施工进度。因此，应采用计划进度的检查方法，计算自年初起劳动保护措施项目累计实现程度指标。其计算公式为：

$$累计实现程度=\frac{自年初至本期止实际完工的项目数}{全年计划完工的项目数}\times 100\%$$

评价劳动保护措施项目的交付使用与发挥效益的情况，可以采用劳动保护措施项目完工率指标予以反映。其计算方法有两种。

一是按本期实际施工项目计算，其计算公式为：

$$劳动保护措施项目完工率=\frac{本期实际完工项目数}{本期实际施工项目数}\times 100\%$$

二是按本期止累计施工项目计算，其计算公式为：

$$劳动保护措施项目完工率=\frac{自年初至本期止累计完工项目数}{自年初至本期止累计施工项目数}\times 100\%$$

三、劳动保护措施费用统计

为优化劳动环境、改善劳动条件、切实做好劳动保护工作，国家和企业每年都要支付大量的劳动保护措施费用。研究劳动保护措施费用情况，对有效、合理地节约经费，认真贯彻“少花钱、多办事”的原则，具有十分重要的意义。

（一）劳动保护措施费用的内容

劳动保护措施费用是用于保护劳动者在生产劳动或工作过程中安全和健康方面的全部费用，但不包括纳入固定资产投资额中的劳动保护设施所支付的费用。

劳动保护措施费用总额是代表劳动保护工作量的重要综合性指标之一。计算劳动保护措施费用总额，不论其经费来源如何，只要是具有劳动保护性质的支出，均应包括在内。劳动保护措施费用总额的主要内容如下。

1. 实施劳动保护措施项目支付的费用

实施劳动保护措施项目支付的费用是指采取安全措施、工业卫生技术措施方面的费用，这些费用是按劳动保护措施计划的规定而实际发生的，是劳动保护措施总费用的重要组成部分。

2. 个人劳动保护用品费用

个人劳动保护用品费用是由日常生产费用负担的，其作用是保护劳动者在生产劳动中的安全，因而应计入劳动保护费用总额。

3. 保健食品费用

保健食品费用是为保护劳动者在特殊工作条件下劳动或工作的健康而支付的费用，如高温、化学毒物、放射等工作环境。

4. 其他劳动保护费用

其他劳动保护费用主要是用于女职工和未成年工的保护费用，还有安全宣传教育及组织等工作所支付的费用。

（二）劳动保护措施费用完成额的核算

劳动保护措施费用完成额是指一定时期内，实施劳动保护措施所支付并实现的费用。这是以货币形式反映劳动保护措施的实施规模的综合性指标，反映已经完成的劳动保护措施项目的工作量。

通常，劳动保护措施费用是由具有专用基金性质的固定资产更新基金支付的，坚持专款专用原则。企业更新改造基金的来源包括企业固定资产的变价收入、主管部门调拨调剂的其他基金等。

劳动保护措施费用完成额，包括与劳动保护措施有关的设备、工具、器具的购置费，建筑安装工程费及其他有关费用。在统计核算时，应注意：第一，设备、工具、器具的购置费用，应当按验收入库核定的依据计算；第二，建筑安装工程费用，按计算期实际完成的建筑安装工作量计算；第三，为了统一计算价格口径，便于检查计算的实际执行情况，在计算劳动保护措施费用完成额指标时，一般应按预算价格计算。

为了准确核算劳动保护措施费用完成指标，需注意划清其与其他费用的界限，以免造成遗漏和误算。应注意：第一，划清劳动保护措施费用同固定资产投资、大修理基金、生产资金，以及更新改造基金中的其他用途资金的界限；第二，发放给个人使用的劳动保护用品，虽然目的是保护劳动者的安全和健康，但是属于经常开支，直接计入生产费用，所以在处理上，不作为劳动保护措施费用完成额计算。

（三）劳动保护措施费用计划执行情况的检查

在实施过程中，必须按计划规定的内容和要求支付费用，这对于合理使用资金，真正发挥劳动保护措施费用的有效功能具有重要意义。因此，需要经常检查和监督劳动保护措施费用计划的实际执行情况。这种检查监督，一是在执行过程中进行，二是在执行终止后进行，所以常采用以下两种分析指标。

1. 劳动保护措施费用计划执行进度的检查监督

通常，劳动保护措施费用计划是按年度确定的，为了保证年度计划的顺利实现，就应了解每月或每季度的实际进度情况，观察各阶段的执行结果与时间进度是否适应。也就是说，实施中要注意节奏，以保证年计划的最终实现。其计算公式为：

$$\text{劳动保护措施费用计划实行实际进度}=\frac{\text{自年初至计算期止累计完成费用额}}{\text{全年费用计算控制额}}\times100\%$$

2. 劳动保护措施费用计划的执行结果评价

每年终了，应对劳动保护措施费用计划的执行结果进行总结评价，说明实际完成程度。劳动保护措施费用计划和劳动保护措施项目计划是一致的，所以，费用的完成额和项目的完成量要匹配。一般情况下，实际费用使用不能突破计划所确定的范围。评价指标的计算公式为：

$$\text{年度劳动保护措施费用计划完成程度}=\frac{\text{全年费用实际完成额}}{\text{全年费用计划控制额}}\times100\%$$

四、固定资产投资中的劳动保护措施实现情况分析

营造优良的劳动环境，应从项目开始兴建时就抓起，从可行性研究、立项、设计、建设施工到投产交付使用，劳动保护措施项目要和主建设项目与单项工程同步进行。没有配套相应的劳动保护措施项目，不得立项、施工和竣工投产交付使用。这对环境保护、劳动者保护、项目效益的实现，都是至关重要的。

检查监督同步实施情况，可以采用如下指标予以反映。

（一）固定资产投资项目与劳动保护措施项目配套实现程度指标

这个指标应从固定资产投资项目（又称建设项目）立项和设计阶段就着手考察。其计算公式为：

$$配套实现程度=\frac{劳动保护措施已配套的建设项目数}{建设项目立项数}\times100\%$$

（二）固定资产投资的劳动保护措施项目的资金到位指标

配套的劳动保护措施项目的资金，应随建设项目资金同步到位，以保证项目的实施和有效兑现。该指标的计算公式为：

$$配套资金到位率=\frac{已到位的劳动保护措施资金}{应到位的劳动保护措施资金}\times100\%$$

对已到位的劳动保护措施资金，应考察其用于劳动保护项目的情况，是否发生挤占挪用等。其计算公式为：

$$配套资金挤占率=\frac{挤占挪用的劳动保护措施资金}{已到位的劳动保护措施资金}\times100\%$$

（三）劳动保护措施项目同步完成指标

建设项目中，单项工程竣工投产交付使用，同时，配套的劳动保护措施项目也应一齐完工。检查分析其完工情况，可以计算同步完工率指标予以反映。其计算公式为：

$$同步完工率=\frac{已同步完成的工程竣工项目个数}{应同步完成的工程竣工项目个数}\times100\%$$

五、女职工和未成年工劳动保护统计

女职工和未成年工有其自身的特殊性，在生产劳动中，必须特别加强对他们的劳动保护工作。认真做好这项工作，对女职工和未成年工在生产劳动中的安全与健康、聪明才智的发挥、积极性的调动、合法权益的保障有着重要意义。

（一）女职工劳动保护统计研究

从全国职工队伍看，女职工的比重在40%以上，在各行业、部门分布不均。对女职工劳动保护工作状况展开统计分析研究，着重在以下三个方面。

1. 劳动保护硬件措施的落实情况

硬件措施主要指女职工卫生室、哺乳室、托儿所、幼儿园等妇幼卫生设施的设置和利用程度及其服务质量和水平。

2. 女职工的工种配置和调整情况

工种的配置要注意女性的特点，做到“男女有别”，不能片面强调所谓“一视同仁”，如重体力、低温寒冷作业、高温高空作业和有毒作业等工种，不适宜安排女职工。

3. 适应女职工特点的劳动组织和工作制度的改善情况

例如，某些行业的“四班三运转”制度、半日工作制度、哺乳期延长休假制度等的推行，对于提高女职工的劳动效率、减轻女职工的劳动强度、增强女职工的身体素质有着很积极的作用。

（二）未成年工劳动保护统计

未成年工是指18周岁以下的劳动者，更应加强对他们的劳动保护。对未成年工的劳动保护统计分析研究的内容，主要包括工作日制度、工种配置和劳动条件、加班加点情况等，以保护未成年工的安全和身心健康。

第四节　工伤事故统计

安全生产工作的社会性和群众性很强，涉及劳动者的生产和生活的各个方面。总结我国安全生产工作的实践，所取得的基本经验包括：各级领导要在思想上真正把安全工作放在第一位，建立健全安全生产责任制，贯彻执行“安全第一、预防为主、综合治理”的方针，从政策、法规、制度和舆论等方面认真落实，逐步形成全民的安全意识。

工伤事故统计，要从正反两个方面反映生产作业中的安全状况，显示无事故安全生产时间的延续情况，观察和分析工伤事故的发生态势，计算受伤人员的规模，研究工伤事故的严重程度、造成的原因和酿成的种种后果，揭露安全工作中的薄弱环节和隐患，深入查找诱因，为制定有效的防范对策提供可靠依据，尽量减少事故的发生。

一、安全生产检查统计

安全生产检查是对企业和作业现场安全生产状况的监督手段，有定期和不定期两种形式。实践证明，这种检查对于安全生产工作的落实，减少、消除和最大限度避免事故的发生，是一项相当有力的措施。安全生产检查的内容有：全面视察各单位劳动保护和安全生产的情况，总结交流劳动保护工作的经验和成果，查处安全隐患，促使各单位及时采取得力措施，将事故消灭于萌芽之中。

（一）接受安全生产检查单位情况的核算

接受安全生产检查的单位，称为受检单位。在计算期内接受过安全生产检查的单位有多少，说明了安全生产检查的实施规模。

从理论上讲，所有有关单位都应接受安全生产检查，但在实际上，由于种种原因，还有检查不到的死角。所以，还需扩大安全生产检查的普及程度。为此，需要计算受检率指标。其计算公式为：

$$受检率=\frac{计算期已接受检查的单位数}{计算期应该检查的单位数}\times 100\%$$

对安全生产检查被遗漏单位，事后要进行补充检查。反映补充检查程度的指标是补查率指标。其计算公式为：

$$补查率=\frac{计算期补充检查的单位数}{计算期漏查的单位数}\times 100\%$$

（二）评价受检单位的安全生产工作质量

通过安全生产检查，对受检单位的安全生产工作质量给予综合评估，褒扬先进单位，督促后进单位弥补不足。对于各单位安全生产工作质量，根据具体要求和评比标准，可以区分为“良”“合格”“差”三类。计算各类单位在全部受检单位中的比重，可以说明安全生产的基本状况，据此进行分类指导。

$$安全生产合格率=\frac{检查合格及以上的单位数}{全部受检单位数}\times 100\%$$

（三）安全生产检查出的事故隐患分析

1. 事故隐患的含义

事故隐患是指在完成作业过程中，存在的一种对劳动者的安全有潜在威胁和危险的现象。这种潜在威胁和危险有两种情况：一是操作人员没有遵守企业制定的安全操作规程或标准的安全操作方法所引起的不安全行为，据统计分析，75%~80%的工伤事故是由于操作人员的不安全行为引起的；二是操作人员在进行作业时，一切外界条件所具有的潜在危险性的不安全条件，例如，不适宜的环境条件（高温、潮湿、粉尘、噪声、有害气体），生产设备、装置、机械有缺陷，操作用具、辅助工具、防护设施有缺陷等，这些都有诱导事故发生的可能。安全生产检查，无论是定期的或不定期的，主要是为了及时发现事故隐患苗头，以便采取有效措施，消除事故隐患。

2. 事故隐患件数的计算

在安全检查中查出的事故隐患，查出一件就计算一件。实际上，隐患件数的多少，反映了企业安全生产工作的质量状况。

对于事故隐患，可按原因、性质和分布等进行分类研究，暴露薄弱环节，引起重视，这有利于区分轻重缓急，及时妥善处置。

3. 事故隐患严重程度的分析

观察事故隐患的严重程度，通过平均每个受检单位查出的事故隐患件数，以及未遂事故发生件数等指标来表示。其计算公式为：

$$\text{平均每个受检单位事故隐患件数}=\frac{\text{检查出的事故隐患总件数}}{\text{全部受检单位数}}$$

未遂事故是没有伤害操作人员或未造成损失的突发事件，以及采取应急措施、尚未形成灾害的事件。当然，这已到了临界危险线，其出现说明安全生产存在着危险。分析未遂事故严重程度，除了计算各单位的未遂事故数外，也需表明一般状况，运用平均每个单位、每百人未遂事故件数等指标来反映。其计算公式为：

$$\text{平均每个受检单位未遂事故件数}=\frac{\text{各单位发生未遂事故总件数}}{\text{全部受检单位数}}$$

$$\text{每百人出现未遂事故件数}=\frac{\text{未遂事故总件数}}{\text{从业人员总人数}}\times 100$$

二、连续安全生产时间的核算

为实现安全生产，企业普遍建立了有关安全生产的制度，例如，安全责任制，安全教育制度，安全检查制度，伤亡事故统计报告制度，易燃、易爆、有毒物品管理制度，消防制度，司机、司炉工、电工等特殊工种考核持证制度，交接班制度和防护用品管理发放制度等。要反映这些制度的落实情况和综合考核企业安全生产的效果，可通过观察企业的无事故情况的连续时间来说明。

（一）连续安全生产时间的界定

连续安全生产意指不发生任何事故的连续生产活动。连续生产的一般界定，是自开始作业日起，按日历天数累计至事故发生前一日止的时间。从安全生产愿望出发，这种无事故时间越长，越有利于劳动者、企业和社会，反映出全社会安全意识越强，企业的劳动保护工作质量越高。

核算连续安全生产时间，是以发生事故为终止期限的，即出现事故时，这一次的连续时间计算终结，下一次的连续安全生产时间，从事故后重新作业之日再开始累计。

（二）连续安全生产时间指标的具体表示

第一，从空间范围看，一般是以企业为核算单位，但就具体情况，可大可小，如按班组、工段、车间、分厂，或者主管局、地区、企业集团等核算。当然，范围越大，难度越大。

第二，按时间表现形式，通常用“连续安全生产天数”（或连续无事故日）表示，此外，还可以用“安全生产月（或季或年）”反映。

第三，按事故性质，除了表现“无事故天数”外，也可着重反映“无重大事故天数”。

第四，用产量或工作量表示，如煤矿企业的“无事故采煤吨数”，交通运输企业的“安全行车千米数”等。

三、工伤事故统计

工伤事故是安全生产的大敌，工伤事故的出现，直接危害到劳动者的生命安全与身心健康。工伤事故的频繁程度和严重程度，是衡量劳动保护工作水平的标准。国家极为关心广大劳动者在生产作业中的安全和健康，除了制定和要求贯彻有效的保障措施外，还特别制定了关于工人和职员伤亡事故的报告制度，详细规定对工伤事故进行调查、登记、统计和报告的要求及具体办法。对工伤事故的统计分析，必须严格遵守职工伤亡报告制度的有关规定。

（一）工伤事故的定义

工伤事故是指在生产作业现场发生的与生产有关的，致使工人和职员的人身受到突然伤害或导致其死亡的事故。

正确判定构成工伤事故的条件，是进行工伤事故统计核算的前提。依据定义、人员范围（是否为企业职工）、事故发生地点（是否在生产作业现场）、事故原因（是否为生产过程中的危险因素诱发）、对人体的影响（是否使人体受伤）、对生产过程的影响（是否使作业立即中断）等构成工伤事故的条件是相互联系的，因此，在进行工伤事故统计观察与分析时，需注意以下四点问题。

第一，虽在企业生产区域外执行企业生产工作任务，但因施工作业条件不良造成职工的伤亡，是工伤事故。

第二，虽是企业职工受到伤害，但是非因工伤亡，如一般疾病的死亡、职工受企业指派执行与生产无关的任务而受到伤害（如体育比赛）等，不作为工伤事故对待。

第三，在企业生产作业中，本企业职工以外的人员，因工伤事故而造成的伤害，不作为本企业工伤事故核算，应另外单独表示。

第四，急性中毒事故按工伤事故处理，这是指生产作业现场发生的生产性急性中毒而造成伤亡的事故。

（二）工伤事故的分类方法

工伤事故发生后，应对工伤事故的原因进行科学分析，以利于认真总结事故的教训，制定预防措施。因此，需对工伤事故展开分类研究。主要的分类方法有以下五种。

1. 按伤害原因分类

工伤事故的出现，往往是由于生产过程中存在的各种危险因素造成的。按职工直接遭受伤害的原因将事故分类，有利于分析鉴定种种不同危险因素导致的不同事故，查清容易发生事故的敏感点，从而适时采取对策消除隐患。因此，这是一种十分重要的工伤事故分类方法。在实际调研活动中所说的“事故种类”，就是这种分类方法的具体体现。

按被伤害的直接原因分类，工伤事故可分为20种：（1）物体打击；（2）车辆伤害；（3）机械伤害；（4）起重伤害；（5）触电；（6）淹溺；（7）灼烫；（8）火灾；（9）高处坠落；（10）坍塌（建筑物和堆置物的倒塌）；（11）冒顶片帮；（12）透水；（13）放炮；（14）火药爆炸；（15）瓦斯爆炸；（16）锅炉爆炸；（17）容器爆炸；（18）其他爆炸；（19）中毒和窒息；（20）其他伤害。

2. 按生产管理不善的原因分类

工伤事故的发生，固然是由生产中的危险因素造成的，然而，这种危险因素以及由此潜在转化成的现实事故，大都是生产管理不善诱发的结果。因此，事故发生的原因还应从生产管理方面去查找。

按生产管理不善的原因，工伤事故可分为11类：（1）防护、保险、信号等装置缺乏或有缺陷；（2）设备、设施、工具、附件有缺陷；（3）个人防护用品缺乏或有缺陷；（4）施工现场光线不足或工作地点及通道环境不良；（5）没有操作规程制度或制度不健全；（6）劳动组织不合理；（7）对现场工作缺乏指导或指导有错误；（8）设计有缺陷；（9）不懂操作技术知识；（10）违反操作规程或不遵守劳动纪律；（11）其他。

3. 按伤害程度分类

根据工伤人员被伤害程度的差异，工伤事故可分为如下三类。

（1）轻伤。职工因工受伤后，经医务部门诊断确定休息1个工作日及以上但尚未达到重伤程度的伤害。

（2）重伤。职工因工受伤后，经医务部门诊断为残废或可能导致残疾，在具体判定时职工工伤和致残等级从重到轻依据《劳动能力鉴定 职工工伤与职业病致残登记》

（GB/T 16180—2014）分为十级。

（3）死亡。职工在工伤事故中死亡，包括事故发生时的死亡，工伤事故发生后一个月内抢救无效的死亡等。

4. 按工伤事故损失工作日分类

依据每次工伤事故损失工作日多少，可将工伤事故划分为三类。

（1）轻伤事故，工作日损失 1~104 日。

（2）重伤事故，工作日损失 105~5 999 日。

（3）死亡事故，工作日损失 6 000 日及以上，并有人员死亡的。

5. 按工伤事故严重程度分类

根据一次工伤事故死亡人数分为以下两类。

（1）重大伤亡事故，每次死亡 1~2 人。

（2）特大死亡事故，每次死亡 3 人及以上。

6. 按造成经济损失的大小分类

依据每次事故造成的经济损失不同分为以下四类。

（1）一般损失事故，经济损失小于 1 万元。

（2）较大损失事故，经济损失 1 万~10 万元。

（3）重大损失事故，经济损失 10 万~100 万元。

（4）特大损失事故，经济损失在 100 万元及以上。

7. 按工伤事故伤害人数多少分类

每次工伤事故伤害人数是不一样的，按其伤害人数多少分为：

（1）单人事故，即同时伤害 1~2 人的事故；

（2）多人事故，指同时伤害 3 人及 3 人以上的事故。

（三）工伤事故的统计核算范围

企业工伤事故的统计核算范围，是企业职工在劳动生产和工作过程中发生的与生产或工作有关的伤亡事故，包括急性中毒事故。需要注意的是，根据《工伤保险条例》规定，在抢险救灾等维护国家利益、公共利益活动中受伤视同工伤。

（四）工伤事故的规模核算

1. 工伤事故次数

工伤事故次数是指在一定时期内，企业发生的工伤事故的累计次数。它表明了企业工伤事故出现的一般规模。

2. 工伤人数

工伤人数是指在一定时期内，企业发生工伤事故而使职工负伤、致残和死亡的总人数。工伤人数指标是按人计算的，在一个计算期内，一名职工无论前后因工受伤多少次，只能按一人计算。

工伤人数还可分别表示负伤人数和死亡人数的情况。

3. 工伤人次数

工伤人次数是指企业在一定时期内，由于工伤事故导致负伤和死亡的累计数量。一名职工在同一计算期内，因工伤事故重复多次受到伤害，就按若干人次计算。它综合了工伤事故次数和受害人数的情况，可以反映企业工伤事故发生的总规模。

4. 非永久性丧失劳动能力时间指标

由于工伤事故使职工暂时失去劳动能力，无法从事生产和工作的劳动时间，称为非永久性丧失劳动能力时间，通常被称为“歇工时间”，一般以工日为计算单位。

计算时，将每个受伤人员的歇工工日汇总，就形成了企业在计算期内的歇工工日指标。计算这个指标时需注意：第一，丧失劳动能力是非永久性的，若受伤人员经医疗卫生部门诊断为永久丧失劳动能力，则从确诊之日起，不再计算歇工工日；第二，丧失劳动能力的时间，必须是连续性的，即从负伤休息日开始，到治愈正式上班前止的连续歇工时间；第三，公休时间，在计算非永久性丧失劳动能力时间指标时不包括在内。

非永久性丧失劳动能力时间指标，因在具体运用时经济内容的差异，需分别计算“计算期工伤歇工工日”和“工伤伤愈人员歇工工日”两项指标。

（1）计算期工伤歇工工日。它是指计算期内，企业发生的工伤事故使受伤人员实际歇工工日的总和，包括本期发生的工伤事故造成的实际歇工工日、前期发生的工伤事故在本期继续休息的工日。它表明了由于工伤事故的发生而造成的本期工作时间损失的总量。

（2）计算期工伤伤愈人员歇工工日。它是工伤伤愈人员从受伤休息的工日起到本期伤愈、恢复工作日前止，连续休息的工日总和。因为它是以伤愈人员为核算载体的，所以反映了受伤人员被伤害的严重程度。

计算期工伤歇工工日与计算期工伤伤愈人员歇工工日之间存在着经济关系，其关系式为：

$$\begin{matrix}\text{计算期工伤}\\\text{歇工工日}\end{matrix}=\begin{matrix}\text{计算期工伤伤愈}\\\text{人员歇工工日}\end{matrix}-\begin{matrix}\text{计算期工伤伤愈}\\\text{人员前期歇工工日}\end{matrix}+\begin{matrix}\text{计算期工伤未愈}\\\text{人员本期歇工工日}\end{matrix}$$

（五）工伤事故的频繁程度分析

研究和分析一定时期内企业工伤事故对全体职工的波及范围，以及工伤事故反复发生的情况，可以采用工伤事故频繁程度来说明。

1. 每千名职工工伤事故次数

每千名职工工伤事故次数以工伤事故总次数和职工平均人数作比，说明工伤事故发生的频繁程度。其计算公式为：

$$每千名职工工伤事故次数=\frac{工伤事故总次数}{职工平均人数}\times 1\,000$$

2. 每千名职工工伤人数

每千名职工工伤人数以工伤总人数和职工平均人数作比，说明工伤事故的扩散程度。其计算公式为：

$$每千名职工工伤人数=\frac{工伤总人数}{职工平均人数}\times 1\,000$$

3. 工伤频率

工伤频率以工伤总人次数和职工平均人数作比，说明企业工伤事故出现的强度。其计算公式为：

$$工伤频率=\frac{工伤总人次数}{职工平均人数}\times 100\%$$

4. 每千名职工工伤歇工率

每千名职工工伤歇工率以计算期工伤歇工总工日和职工平均人数作比，说明工伤事故发生的强度。其计算公式为：

$$每千名职工工伤歇工率=\frac{工伤歇工总工日}{职工平均人数}\times 1\,000$$

5. 每千名职工重大死亡事故次数

每千名职工重大死亡事故次数以重大死亡事故总次数和职工平均人数作比，说明企业出现重大死亡事故的影响程度。其计算公式为：

$$每千名职工重大死亡事故次数=\frac{重大死亡事故总次数}{职工平均人数}\times 1\,000$$

（六）工伤事故严重程度分析

研究和分析一定时期内，工伤事故的严重程度，可以采用工伤事故严重程度指标来说明。

1. 每次工伤事故受伤人数

（1）平均每次工伤事故受伤害人数是工伤总人次数和工伤事故总次数作比的结果，可以说明一定时期内事故的严重性。其计算公式为：

$$平均每次工伤事故受伤人数=\frac{工伤总人次数}{工伤事故总次数}$$

（2）平均每次工伤事故受重伤人数是重伤总人数和工伤事故总次数作比的结果，可以说明职工受伤的严重程度。其计算公式为：

$$平均每次工伤事故重伤人数=\frac{重伤总人数}{工伤事故总次数}$$

（3）平均每次重大伤亡事故受重伤人数。其计算公式为：

$$平均每次重大伤亡事故受重伤人数=\frac{受重伤总人数}{重伤、死亡事故总次数}$$

（4）平均每次重大伤亡事故死亡人数。其计算公式为：

$$平均每次重大伤亡事故死亡人数=\frac{死亡总人数}{重伤、死亡事故总次数}$$

后两个指标，着重说明了企业工伤事故的严重程度和安全生产管理工作的失调状况。

2. 工伤死亡比率

（1）死亡率，它表明职工因工伤事故的死亡密度，是工伤事故死亡总人数和全部职工平均人数进行对比的结果。其计算公式为：

$$工伤死亡率=\frac{工伤事故死亡总数}{全部职工平均人数}\times 1\ 000‰$$

（2）工伤事故死亡指数，它是指在一亿工作小时内，直接置身于生产或工作中的死亡概率，又称为“一亿工时死亡率”。国际上把事故死亡的发生概率作为系统的危险性指标。

工伤事故死亡指数以一亿工时为单位，假设每人每天工作 8 小时，除去节假日，每人每年工作 2 500 小时，一生工作 40 年，那么 1 000 人这样工作正好为一亿小时。我国有些地区采用此指标测算工业系统的危险性情况。

3. 负伤严重度（或负伤严重率）

负伤严重度指标表明工伤人员受伤的严重程度，可用平均每名受伤人员休息天数表示，即休息天数越多，说明受到的伤害越严重。具体有两种表示形式。

（1）计算期平均每名伤愈者歇工总天数。这是按伤愈人员在工伤期间的全部歇工时间计算的，所以，能清楚地表明工伤人员实际受到伤害的程度。因此，从一般意义上说，歇工时间越长，受到的伤害越严重，恢复劳动能力的困难就越大。其计算公式为：

$$平均每名伤愈者歇工总天数=\frac{伤愈人员全部歇工工日}{伤愈总人数}$$

（2）计算期平均每名受伤者休息天数。这是按计算期内工伤人员暂时丧失劳动能力的休息天数计算的。无论是本期工伤休息的，或是前期工伤而在本期继续休息的，均应计算在内。它表明在本期内平均每名受伤者连续休息的时间。该指标值只能等于或小于本期制度工作天数，否则就是错误的。其计算公式为：

$$平均每名受伤者休息天数=\frac{本期负伤者歇工总工日}{本期工伤负伤人数}$$

4. 工伤歇工率

工伤歇工工日和本期制度工作日作比，称为工伤歇工率。它从工作时间损失的角度揭示工伤事故对企业的危害程度。其计算公式为：

$$工伤歇工率=\frac{本期工伤歇工工日}{本期制度工作日}\times100\%$$

（七）工伤事故的损失分析

企业出现工伤事故，会给企业造成种种损失，容易引起生产秩序的混乱，破坏生产节奏的均衡，诱发各种费用的扩支；同时，给企业职工笼罩上阴影，增加了其心理的压力和身体的痛苦。

1. 工伤事故经济损失

工伤事故经济损失包括直接经济损失和间接经济损失两大类。

（1）直接经济损失。直接经济损失的内容有：①人身伤亡后支付的医疗护理费、受伤人员的工资及补助费、丧葬及抚恤费、补助和救济费；②善后处理费用，包括处理事故的事务性费用、现场抢救费、现场清理费、事故罚款和赔偿费；③各种财产损失价值，包括固定资产损失价值和流动资产损失价值等。

（2）间接经济损失。间接经济损失的内容有：①事故造成的停产和减产损失；②资源损失；③造成环境污染的赔款和罚款；④补充新职工的培训费用；⑤因事故影响造成的其他损失等。

2. 工伤事故经济损失的核算

直接经济损失，可根据本期已支付的数额核算。除计算总损失额外，还可分别计算各项损失额。关于固定资产损失价值，一般按净值计算，有特殊情况时可用原值表示。

间接经济损失，该指标在计算期内是难以确定的，常以间接经济损失相当于直接经济损失的 4~7 倍的经验数据来估算。对于减产、停产损失和利润损失，可运用有关资料推算。

（1）减产、停产损失指标

减产、停产损失量=工伤工作时间损失总量×劳动生产率

（2）利润损失指标

利润损失量=工伤工作时间损失总量×单位工作时间生产利润额（创利率）

关于工伤事故经济损失的核算，国外有许多不同的方法，现介绍其中常用的两种方法。

（1）海因利希事故损失计算法

直接经济损失：间接经济损失=1：4

直接经济损失是通过申请，由保险公司支付的金额。根据实际赔偿支付金额，运用公式可推算出间接经济损失数额。

（2）西蒙兹事故损失计算法

$$\text{事故总损失}=\frac{\text{直接经}}{\text{济损失}}+\frac{\text{间接经}}{\text{济损失}}=\frac{\text{保险费}}{\text{用赔付}}+A\times\frac{\text{停工受}}{\text{伤人数}}+B\times\frac{\text{受伤后}}{\text{住院人数}}+C\times\frac{\text{急救治}}{\text{疗人数}}+D\times\frac{\text{无伤害}}{\text{事故次数}}$$

A、B、C、D 分别代表各项的单位损失费用。

3. 工伤事故损失的比较效益分析

在生产过程中，完全消灭事故是不可能的，而一旦发生事故，就会造成生命和财产的损失。一次工伤事故导致的人员伤亡或财产损失的数值，表示了一定程度上的损失严重度，损失越大，反映事故越严重。在一定时间内，事故发生越频繁，损失也越大。在一定周期内，事故出现的次数称为频率。因此，将上述两个因素综合考虑，可以判断出事故的损失情况，其关系式表示为：

损失率=严重率×频率

损失率的计量单位，以货币为单位表示财产损失，以人数为单位表示人员死亡和受伤情况。

比较效益的分析，是确定事故损失金额和技术措施费用的最佳结合点（总和最低）。为降低一定的损失率，必须增加一定的技术措施费用，两者的最佳结合点是人们认为没有必要花更多的钱去减少目前存在的损失率。否则，即使技术措施费用多支付了，也于事无补。这个最佳结合点，称为安全指标。作为具体的安全指标，会因时因地而不同。

（八）工伤事故的处理分析

企业发生的各种工伤事故，不论大小都应该按规定认真进行登记、统计和调查处理。

对每件事故都应采取“三不放过”的态度，即事故没有查清原因不放过，有关人员和群众没有汲取教训不放过，没有防范措施不放过。为了分析事故情况，通常可采用比较分析法和分组分析法等找差距，查明工伤事故发生的诱导因素和制约因素，从而研究与发现工伤事故产生的规律，以利于消除薄弱环节，提高劳动安全生产水平。

第五节　职业病统计

生产劳动是人类的基本活动。人们每天在进行着各种生产劳动，各种生产劳动都有具体的劳动条件，它包括生产过程、劳动过程和生产环境三个方面，每一方面又都伴随着许多因素，这些与生产有关联的因素统称为生产性因素，或称职业性因素。这些因素中，除了对劳动者健康有利的因素外，还有对劳动者身体健康和劳动能力不利的有害因素，这些有害因素产生在劳动生产的各个方面，称为生产性有害因素，或称职业性有害因素。这些职业危害可以形成职业病，严重威胁劳动者的身心健康。消除职业危害、防治职业病，是保证企业职工身体健康、提高劳动生产率的重大举措。我国历来对从事有毒有害作业的职工十分关心，实行领导、技术人员和群众三结合，群策群力，针对生产性有害因素的来源和危害，从技术、组织、卫生保健三个方面采取综合治理措施，不断改善劳动条件，消除或减弱有害因素，使之不超过国家规定的标准，从而控制职业病，保护广大职工的健康。

一、职业病的基本含义和法定职业病

（一）职业病的一般概念

广义的职业病，泛指一切由生产性有害因素引起的疾病，它包括的范围异常广泛，各行各业都可能有本行业的职业病。例如，从事煤矿及非煤矿山井下作业，铸造翻砂、陶瓷等作业的工人染上的矽肺；从事冶炼铅金属、制作蓄电池作业者的铅中毒；从事冶金等高温高热作业工人患的热射病；接触放射性生产作业工人患的放射性疾病，等等。

（二）法定职业病

法定职业病具有立法上的意义和一定的范围，一般是指国家政府主管部门用法律或文件明文规定的职业病。

我国规定，凡是法定职业病患者，在治疗和休养期间，以及经医疗后确定为残疾，

或治疗无效而死亡时，均须按有关劳动保险条例的规定给予应享受的待遇。

（三）法定职业病的种类

自20世纪50年代以来，对法定职业病的种类和范围，国家陆续作了严格而又具体的规定。2013年，国家多部委共同印发了《职业病分类和目录》，将法定职业病分为10类。

第一类是职业性尘肺病及其他呼吸系统疾病，第二类是职业性皮肤病，第三类是职业性眼病，第四类是职业性耳鼻喉口腔疾病，第五类是职业性化学中毒，第六类是物理因素所致职业病，第七类是职业性放射性疾病，第八类是职业性传染病，第九类是职业性肿瘤，第十类是其他职业病。

法定职业病的诊断是政策性很强的工作。因此，确诊法定职业病时，要把职工的职业病与常见病、多发病严格区别开来。职业病的确定，由医疗卫生机构、工会组织和人力资源社会保障部门共同进行。

二、职业病的调查①

人们在劳动作业中所接触的各种生产性有害因素，会对人体造成种种影响，但不一定使人罹患职业病。要造成不良影响，还须具备几个方面的条件，首先是有害因素的强度（或称剂量），其次是人体接触有害因素的机会、方式和程度，最后是接触有害因素的人本身的身体素质，以及当时劳动作业现场的情况。所以，企业对于职业病的发生、发展情况，要定期、有计划和有组织地进行专门调查，以利于早发现、早治疗、早治愈。

对企业职业病的观察，通常采用普查方式，在全部职工中逐一检查，筛查出职业病患者，从而了解和掌握职工患职业病的情况，以及各种职业病的分布状况。职业病的普查是极为严肃的工作，一定要严格按政策、规定和有关程序行事，加强组织领导、宣传教育和监督检查等工作，如实反映职业病现状，保证取得准确、完整的第一手资料，以便进一步分析，及时采取措施，满足防病、治病和保护职工健康的客观要求。

反映职业病普查的工作效果和检查的普及程度，一般采用“受检率”指标。其计算公式为：

$$受检率=\frac{实际接受检查的人数}{应该接受检查的人数}\times 100\%$$

一般来说，应该接受检查的应该是全部职工，这样取得的职业病调查资料才是全面、真实和可信的。但是，在实际执行中，会由于各种不可预料的原因，造成职工漏检。因

① 本书以下述及的职业病相关内容，如无特殊说明，均为法定职业病这一范畴。

此，评价职业病普查工作的质量和判断职业病普查资料的可信程度，必须用计算出的受检率来衡量。一般情况下，受检率指标值等于或大于90%时，职业病普查结果是可信的，是具有实际价值的。

三、职业病现状的核算

职业病的现状，在不同企业有迥然相异的表现。通过职业病的普查，结合日常的诊断，取得流行的法定职业病种类、各种职业病的病例、实际患法定职业病的患者数等信息，从整体上观察职业病的发生、发展规模。

反映企业法定职业病现状的指标有以下几种。

（一）流行的法定职业病的种类

企业在某一时期内，实际会存在一种或多种法定职业病的流行情况。因此，各企业应按实际流行的法定职业病种类，列出明细，并运用流行的职业病种类指标予以表示。在计算期内，实际发现并经确诊为法定职业病的，均需计算。

（二）各种职业病患者数指标

各种职业病患者数，是按计算期依规定确诊的职业病患病人数计算的。由于核算的角度不同，必须分别计算以下三个指标。

1. 新发现患某种职业病人数

企业在计算期内普查或日常诊断出的初次患职业病的病人累计数。它说明了企业职业病的扩散和波及面的扩大情况。

2. 职业病治愈人数

在计算期内，职业病患者经过治疗和休养后，被判定痊愈并恢复劳动能力的人数。

3. 职业病患病人数

企业在计算期内患某种职业病的实际人数，包括在计算期内新确诊的患病人数和前期确诊本期尚未治愈的患病人数，它反映了企业某种职业病的患病总规模。

这几个指标之间的关系式是：

$$\text{本期职业病患病人数}=\begin{matrix}\text{上期职业病}\\\text{患病人数}\end{matrix}+\begin{matrix}\text{本期新发现职}\\\text{业病患病人数}\end{matrix}-\begin{matrix}\text{本期职业病}\\\text{治愈人数}\end{matrix}$$

（三）职业病死亡总人数

职业病死亡总人数，是按计算期内因职业病医治无效而死亡的人数计算的。但要和因其他疾病治疗无效死亡区别开来。

（四）职业病病例数

计算期职业病病例数，是企业在本期内实际患有各种职业病的病例总数。它包括本期新发现的、死亡的和痊愈的各种职业病病例数。该指标的计量单位是“病例”。一个人患一次或一种职业病，就是一个病例；一个人患两种职业病，就是两个病例。因此，病例数的计算是以发病次数为依据的。

为了分析职业病的发生、发展状况与趋势，可以分别计算本期新发现病例数、痊愈病例数、死亡病例数和未愈病例数等指标。这几个指标之间的关系式是：

$$期末未愈病例数=\begin{matrix}上期末未\\愈病例数\end{matrix}+\begin{matrix}本期新发现\\病例数\end{matrix}-\begin{matrix}本期痊愈\\病例数\end{matrix}-\begin{matrix}本期死亡\\病例数\end{matrix}$$

四、职业病发生程度的分析

对企业的各种职业病发生、发展情况，发病的密度、时间及其在职工中的危害情况，应该进行综合分析，以正确评估形势。

（一）职业病发病率

职业病的发病率，是从事某种劳动作业的职工新染上某种职业病的人员所占的比重，表明在一定时期内某种职业病发生的严重程度。实际计算时，可按职业病病种分别计算列式。其计算公式为：

$$职业病发病率=\frac{某种职业病新发现病例数}{从事某种作业职工人数}\times 1\ 000‰$$

（二）职业病患病率

职业病的患病率，是从事某种劳动作业的职工中正在患某种职业病的人员所占的比重，表明某种职业病在劳动者中的严重程度。其计算公式为：

$$职业病患病率=\frac{某种职业病实有病例}{从事某种作业职工人数}\times 1\ 000‰$$

职业病的发病率和患病率的可信程度，都可采用“受检率”指标给予评定，即受检率等于或大于90%时，这两个指标反映的实际情况是可信的。

（三）某种职业病受检人患病率

每次职业病普查时，企业要反映接受检查的全体人员中实际发现患有职业病的人员所占比重，可运用某种职业病受检人患病率指标表示。在某种情况下，受检人患病率可以用来代替职业病患病率，以揭示职业病对有关作业人员的危害面状况。其计算公式为：

$$\text{某种职业病受检人患病率}=\frac{\text{受检人患职业病人数}}{\text{接受检查的人数}}\times 1\ 000‰$$

（四）职业病发病时间的分析

不同职业病的发病时间是不同的，它们都有自己的发病规律。观察和研究各种职业病的发病时间，对于适时调整某些劳动作业的连续劳动时间，减轻和预防职业病对职工的危害，具有现实意义。

职业病发病时间用发病工龄表示。发病工龄是指劳动者从事某种易染职业病的生产作业时起，到发现和确诊患职业病时止的工作年限。职业病的发病工龄分为最早发病工龄、最晚发病工龄和平均发病工龄。

1. 最早发病工龄

最早发病工龄是指从事某种生产作业的人被确诊患职业病的最短年限。它代表某种职业病发病工龄的下限。

2. 最晚发病工龄

最晚发病工龄是从事某种生产作业的人被确诊患职业病的最长年限。它代表某种职业病发病工龄的上限。

职业病最早发病工龄与最晚发病工龄之间的作业工龄是职业病发病的危险工龄，它警示生产作业的组织者与调度者，要特别注意从事易染职业病作业的劳动者连续劳动时间的安排，要设法避过这个危险工龄。

3. 平均发病工龄

平均发病工龄表明某种职业病发病的一般作业连续劳动时间。计算时，可采用算术平均数、众数或中位数表示。以算术平均数表示的计算公式为：

$$\text{平均发病年龄}=\frac{\sum(\text{发病工龄}\times\text{患病人数})}{\text{某种职业病实际患病人数}}$$

五、职业病严重程度分析

职业病对职工的危害程度是不可低估的，需要对职业病患者进行积极治疗，应尽量减少和缓解患病者的痛苦，促进其早日康复、重返劳动岗位。分析职业病的严重程度，评价治疗效果，可用一些综合指标反映。

（一）职业病治愈率

反映职业病治疗和调养效果的指标是存活比例与痊愈比例。治愈率又称病愈率，表明职业病患者经过精心治疗和积极调理休养后的痊愈人数在职业病患病总人数中的比重，说明职业病的轻重程度，是评价医治诊疗结果的根据。其计算公式为：

$$职业病治愈率=\frac{某种职业病痊愈人数}{某种职业病患病总人数}\times100\%$$

（二）职业病病残率

某些职业病会对人体的某些主要器官的功能造成损害，使其失去正常的活动能力，导致部分或全部丧失劳动能力，如晚期的矽肺（尘肺的一种）。表明此种职业病危害的严重程度用病残率指标表示。其计算公式为：

$$职业病病残率=\frac{某种职业病痊愈后丧失劳动能力人数}{某种职业病患病总人数}\times100\%$$

（三）职业病痊愈者平均患病天数

职业病患者患病时间的长短，反映了职业病的轻重程度和对患者造成痛苦的程度。其计算公式为：

$$职业病痊愈者平均患病天数=\frac{\sum（某种职业病患病天数\times痊愈人数）}{某种职业病痊愈总人数}$$

式中的患病天数是从确诊之日始，到确定痊愈止的日历天数。

（四）职业病的死亡情况分析

研究某种职业病对职工生命的威胁程度，分析某种职业病的严重状况，可以通过职业病病人的死亡率表示。

第一，按可能染上某种职业病的人员计算总死亡率，其计算公式为：

$$总死亡率=\frac{某种职业病死亡人数}{可能患某种职业病人数}\times1\ 000‰$$

第二，按实际患某种职业病的人数计算特殊死亡率，其计算公式为：

$$特殊死亡率=\frac{某种职业病死亡人数}{某种职业病实际患病人数}\times1\ 000‰$$

特殊死亡率和职业病患病率的不断降低，表明总死亡率的降低。其关系式是：

$$总死亡率=特殊死亡率\times职业病患病率$$

某一特定劳动者群体，他们死于某种职业病的实际人数与预期死亡人数的比值，称为标准化死亡比。它用于在不同地区或不同单位之间进行比较。如果不同地区均按同一标准地区的年龄和性别死亡率，求出不同地区的标准化死亡比，就可以用这几个地区的标准化死亡比直接比较，从而消除各地区人员年龄和性别构成不同的影响，以便正确评估职业病严重程度。

（五）职业病构成比重

分析各种职业病及其轻重程度的分布状况，以表明职业病的严重性，可用职业病构成比重分析指标表示。例如，尘肺按其病情轻重分为三期，一期较轻，而三期较重。若观察尘肺的严重情况，则可以用某期尘肺率表示。

$$某期尘肺率=\frac{某期尘肺病例数}{尘肺总病例数}\times100\%$$

六、职业病经济损失分析

企业职工患职业病，会给企业和职工带来十分不利的结果。这里着重分析其对企业造成的经济损失，一般运用如下指标表示。

（一）劳动时间损失指标

职工患职业病，往往要停止工作并进行治疗和休养，对企业而言，这些时间是无法利用而被损失掉的时间。计算劳动时间损失量，是从职业病诊断休息日开始，至病愈恢复工作为止的病休时间，按工日计算，但不包括公休日。

还可以进行劳动力损失当量分析，即计算损失劳动力人数，其计算公式为：

$$劳动力损失当量=\frac{职业病患者病休总工日}{计算期制度工作天数}$$

也可分析职业病劳动时间损失比率，说明其损失程度，其计算公式为：

$$职业病劳动时间损失比率=\frac{职业病患者病休总工日}{计算期制度工作工日}\times100\%$$

（二）企业减产（或减收）损失指标

1. 减产的实物量指标

生产单一产品的企业，如煤矿等企业可采用减产的实物量指标，其计算公式为：

减产的实物量=职业病患者病休工日×日实物劳动生产率

2. 减产的价值量指标

减产的价值量指标的计算公式为：

减产的价值量=职业病患者病休工日×日增加值劳动生产率

3. 减少收入指标

减少收入指标可以采用销售收入或利润指标表示，如：

销售收入减少量=职业病患者病休工日×平均每工日销售收入

（三）企业工资损失指标

工资损失指标可按企业实际支付的职业病病休工资计算。为了简化，可采用日平均工资推算。其计算公式为：

工资损失总额=职业病病休工日×日平均工资

（四）其他费用损失指标

其他费用的损失，主要是治疗、休养、伙食补助和困难补助等的支付，这笔费用无论出自什么科目，都需企业直接或间接支付，所以，这个指标可综合反映其损失总额。计算时以实际支付额为根据。

（五）损失比率指标

将损失费用总额与企业生产费用总支出进行对比，计算其损失的比率。其计算公式为：

$$损失比率=\frac{工资损失+其他费用损失}{企业生产费用总支出}\times 100\%$$

【思考题和计算题】

1. 简述劳动环境的内容。
2. 简述企业劳动环境的评价指标。
3. 狭义的劳动保护措施包括什么？
4. 简述劳动保护措施的施工项目与完工项目的经济关系。
5. 简述劳动保护措施费用总额的组成。
6. 如何评价企业的安全生产检查？

7. 工伤事故有几种分类方法？核算范围是什么？

8. 如何计算工伤事故的规模和频繁程度？

9. 简述工伤事故的严重程度和损失的分析指标。

10. 简述法定职业病及分类方法。

11. 简述职业病统计分析方法的内容。

12. 某企业集团某年工伤事故发生情况如下。工伤次数：21 次；工伤人数：32 人；工伤人次：156 人次；工伤歇工工日：507 工日；本期伤愈人员：20 人；全部歇工工日：405 工日；职工平均人数：1 450 人。

计算和分析：该年工伤事故的严重程度。

13. 运用题 12 的资料和如下资料：本年制度工作日 254 天；日劳动生产率：3 920 元，日创利润：900 元。

计算和分析：(1) 工伤歇工率；(2) 工伤事故造成的经济损失。

14. 某公司计算期职业病情况如下：本期全部实有职业病病例 185 例，其中本期新增 60 病例；本期痊愈 50 病例；从事某种作业职工 1 536 人。

计算和分析：职业病发生程度指标和治愈率。

15. 前述公司该期职业病死亡 1 人，实患职业病 185 人。

计算和分析：职业病死亡程度。

16. 前述公司同期职业病患者病休 3 600 工日，平均日工资 130 元，平均每工日销售收入 4 250 元，本期制度工作 77 工日；职业病造成的其他费用损失 10 125 元，公司总生产费用 4.02 亿元。

计算和分析：经济损失指标。

第五章 劳动生产率与劳动效益统计

● 学习要点

劳动生产率和劳动效益的内涵和联系。

劳动生产率指标和劳动效益指标的计算。

劳动生产率指数的正指标与逆指标。

劳动生产率指数体系由可变组成指数、固定组成指数和结构影响指数组成，是分析企业劳动生产率变动的基本方法。

影响企业劳动生产率变动的主要因素分析。

工业企业、建筑企业劳动生产率指标的计算和分析。

企业劳动效益的统计指标。

第一节 劳动生产率与劳动效益统计的意义

一、劳动生产率与劳动效益的关系

劳动生产率是指劳动者在一定时间内生产产品的能力，或者指劳动者生产一定的产品所消耗的劳动量。劳动生产率指标是用劳动者的劳动成果与相应的劳动消耗量的比值来表示的。

劳动效益与劳动生产率既有区别又有联系。从广义上讲，劳动效益包含劳动生产率；从狭义上讲，劳动效益仅指劳动者为社会提供的实际收益，不包含劳动生产率。本章讨论的劳动效益是指狭义的劳动效益。

劳动效益指标是用劳动者在物质生产过程中所得的实际收益与相应的劳动消耗量的比值来表示的。这里的实际收益不同于实际收入，实际收入指劳动者生产的所有产品经销售后实现的总价值，用销售量和销售价格的乘积来核算；而实际收益则是指实际收入中扣除成本后的纯收入，也就是通常所说的盈利部分。

从以上定义可以看出，劳动生产率指标与劳动效益指标在量上有很大的差别。一是计算劳动效益指标的分子是总产品价值中扣除了成本的盈利，它总是小于总产品价值；

二是由于受生产预测与决策、市场供求变化等因素的影响，有时总产品中会有部分产品不能转化为社会价值，也就不能在实际收益中得到体现。因此，劳动生产率指标始终是大于劳动效益指标的（仅就正指标而言）。至于劳动生产率与劳动效益两种指标间确切的数量关系，将在后面进行讨论。

两者除了在数量上存在大小关系外，虽然都是反映劳动者的劳动效率，即人力资源的利用效率，但是劳动效益更能适应市场经济体制的需要，更能直观地反映企业（或国家）的人力资源所带来的实际收益；而劳动生产率则只能反映人力资源的生产效率，不能明确反映企业经营成果。

在企业的生产经营活动中，必须兼顾劳动生产率和劳动效益的提高。如果一味地注重劳动生产率的增长，而没有提高劳动效益，那么劳动生产率越高，投入相同的劳动，积压的商品也越多，浪费也就越严重；反过来，如果企业劳动效益较高，而劳动生产率却较低，每位劳动者创造的少量价值即使全部转化为社会价值，也不能满足社会需求。这两种情况均是企业人力资源的浪费。只有当劳动生产率和劳动效益保持适当的比例时，才能说企业人力资源实现了合理的利用。

二、劳动生产率和劳动效益统计的意义

企业劳动生产率和劳动效益统计是指通过收集企业劳动生产率和劳动效益方面的信息，为企业领导者提供咨询以及为国家和社会对企业进行监督提供服务的一项工作。无论是从企业内部还是外部来看，这都是十分必要的。

从企业内部看，劳动生产率是确定报酬的依据，同时也为企业决策提供了依据。一般情况下，劳动生产率指标与劳动效益指标在数量上是不能相差太大的；否则，说明企业产品积压情况严重，这就提醒企业决策者要注意产品的销售。如果两者相差过小，就要考虑本单位劳动生产率是否过低，抑或是产品供给是否小于市场需求。若是前者，则需采取各种有效措施提高劳动生产率；若是后者，则有必要适量扩大生产，增加产量满足市场需求，以取得最大经济效益。此外，企业劳动生产率和劳动效益统计也是企业制定劳动定额的依据。

从企业外部看，这两项指标是考核企业人力资源利用情况的重要指标。高素质的人力资源是企业进行生产建设的最大优势。通过考核企业的这两项指标，制定相应的政策，能够促使企业自觉、充分合理地发挥人力资源的优势。

三、劳动生产率和劳动效益统计的任务

劳动生产率和劳动效益统计的任务主要是通过对劳动生产率和劳动效益方面的资料

进行收集、整理、分析，为企业提高经济效益服务。具体地讲，有以下五点内容。

第一，计算企业劳动生产率和劳动效益水平。

第二，计算劳动生产率的增长速度。

第三，研究决定劳动生产率变化的各种因素及其影响程度。

第四，研究和分析劳动生产率的变化对社会总产量及生产占用劳动力变动的影响。

第五，研究劳动效益的影响因素及其与劳动生产率的数量关系。

四、劳动生产率与劳动效益的一般计算公式

劳动生产率与劳动效益均有两种计算方式。第一，用单位活劳动消耗量的产品产量或实际收益来表示。其计算公式为：

$$劳动生产率=\frac{产品总量}{活劳动消耗量}$$

$$劳动效益=\frac{实际收益}{活劳动消耗量}$$

由于单位活劳动消耗量所带来的产品产量或实际收益与劳动生产率或劳动效益成正比，统计上称其为正指标。

第二，用单位劳动产品产量或实际收益的活劳动消耗量来表示。其计算公式为：

$$劳动生产率=\frac{活劳动消耗量}{产品总量}$$

$$劳动效益=\frac{活劳动消耗量}{实际收益}$$

由于单位产品产量或实际收益所消耗的活劳动量与劳动生产率或劳动效益成反比，统计上称其为逆指标。

正指标和相应逆指标的经济意义是完全一致的。也就是说，增加单位时间内的产品产量或实际收益与减少单位产品产量或实际收益的活劳动消耗量是一样的含义。从纯数学的角度来看，相应的正、逆指标互为倒数。

五、劳动生产率指标与劳动效益指标统计与计算的原则

在劳动生产率指标和劳动效益指标统计计算过程中，要严格遵循可比性原则。具体表现在如下三方面。

第一，分子与分母在时间范围上要具有一致性。也就是说产品产量或实际收益必须与活劳动消耗量的统计同时起止。需要注意的是，统计时间跨度太长时，应以不变价格

来计算实际收益和产品价值量。

第二，分子和分母在空间范围上要具有一致性，即都发生于同一企业内部。

第三，分子和分母在计算口径和范围上也必须一致，均由同一主体发生。即劳动产品总量或实际收益与活劳动消耗量均系同一劳动主体发生，不能交叉统计，以免造成重复计算，影响结果的准确性。

以上三个条件缺一不可，否则将影响整个统计结果的可信度。

第二节　工业企业劳动生产率的计算

工业企业劳动生产率是企业的工业产品产量与活劳动消耗量的比率。但是，工业企业的产品产量和其活劳动消耗量的表现形式有多种，如工业产量指标有实物量指标、价值量指标和生产工作量指标等；工业活劳动消耗量，可能是企业全部从业人员、全部职工、生产工人的，等等。因此，视研究目的和要求的不同，对于工业企业劳动生产率水平，应计算不同产量指标表示的劳动生产率、不同人员范围的劳动生产率、不同时间单位的劳动生产率等。

一、不同产量指标表示的劳动生产率

表明工业企业生产成果的产量指标有三大类：产品实物产量指标、产品价值量指标和生产工作量指标。这些指标可进一步细分为：混合实物产量指标、标准实物产量指标、工业总产值、工业净产值、工业增加值和生产工作量等。与之相对应，就应计算不同产量指标下的劳动生产率。

（一）实物劳动生产率

1. 基本计算方法

工业企业在一定时期内生产的产品实物产量与活劳动消耗量的比值，为实物劳动生产率指标。其计算公式为：

$$实物劳动生产率=\frac{产品实物产量}{活劳动消耗量}$$

在计算产品实物产量时，需要注意：第一，计入实物产量的产品，应是符合质量标准的合格品；第二，必须是办好入库手续的正式入库产品；第三，必须是计算期截止时刻的产品产量；第四，计算的实物产量，其产品名称、核算范围、计量单位和计算方法

等，应按《工业产品生产许可证管理目录》等文件的规定确定。

实物劳动生产率指标比较形象、直观，能够准确和具体地表现劳动者的产品生产能力，有利于生产同类产品的不同企业或地区之间进行比较。通过对比，清楚地观察不同企业、地区在同类产品生产上的差异，从而促进竞争、共同提高。此外，实物劳动生产率还可以用于国际比较。

在计算实物劳动生产率时，会涉及企业的半成品和外购零部件的处理，如果仅简单计算产品总量直接汇总，势必会产生外购零部件越多、企业劳动生产率越高，半成品越多、企业劳动生产率越低的失真现象。因此，计算产品实物产量时，必须消除这两种情况的影响。

2. 具体运用

在具体计算实物劳动生产率指标时，可分别按照混合实物产量与标准实物产量进行计算。

（1）按混合实物产量计算的实物劳动生产率。通常用于核算产品品种单一的工业企业的劳动生产率，如钢铁、电力、采煤、制碱和纺织等企业。这些企业实物劳动生产率的具体计算方法列举如下：

$$\text{炼钢工人人均合格钢生产量}=\frac{\text{合格钢生产量}}{\text{炼钢工人平均人数}}$$

$$\text{电厂工人人均发电量}=\frac{\text{发电量}}{\text{电厂工人平均人数}}$$

$$\text{采煤工人人均采煤量}=\frac{\text{原煤产量}}{\text{采煤工人平均人数}}$$

$$\text{制碱工人人均制碱量}=\frac{\text{纯碱产量}}{\text{制碱工人平均人数}}$$

$$\text{织布工人人均坯布产量}=\frac{\text{棉布下机混合产量}}{\text{织布工人平均人数}}$$

（2）按标准实物产量计算的实物劳动生产率。工业企业产品，有的名称和用途一样，但往往规格或原材料用量会有所不同，在计算产品实物产量时，可以不分型号规格，直接将其汇总得出总产量，即混合产量，如将不同功率的拖拉机，直接按自然台数汇总的总台数计算。但是产品的混合产量只能一般说明某类产品的实物产量或规模大小。所以，按混合产量计算企业劳动生产率水平，将使企业间的实物劳动生产率指标失去可比性。同类产品中不同规格或原材料用量各异的产品在生产中花费的劳动和最终的使用价值有很大差别，使得这一指标也很难反映企业的劳动生产率水平。为了解决这一问题，需将同类产品中不同规格或不同原材料用量的产品的产量，折算为标准规格的实物产量后，再计算劳动生产率。

所谓标准实物产量，是指将使用价值相同而规格不同的产品，按不同的折算系数换算为某一标准规格的产品的产量。例如，将不同载重量的卡车数量折算为标准载重量的卡车数量。标准实物产量的计算方法有两种。

一是折算系数法，即将一个单位的一般产品折算为若干单位的标准产品。其计算公式为：

$$折算系数=\frac{产品的实际规格}{标准产品的规格}$$

$$标准实物产量=\sum(各种规格产量\times折算系数)$$

例如，某年化肥厂生产的三种氮肥，其含氮量是不相同的，规定统一按含氮量 100%的标准折算产量。该厂某年氮肥的混合产量为 19 600 吨，折合成含氮 100%的标准氮肥产量为 3 886 吨，见表 5-1。

表 5-1　　某年化肥厂产量

产品名称	产量（吨）	含氮量（%）	折算系数	标准实物产量（吨）
碳酸氢氨	15 000	16.8	0.168	2 520
硫酸铵	3 000	21.0	0.210	630
尿素	1 600	46.0	0.460	736
合计	19 600	—	—	3 886

注：标准实物产量=产量×折算系数。

二是折合比例法，即将多少单位的一般规格产品折算为一个单位的标准产品。其计算公式为：

$$折合比例=\frac{标准产品的规格}{产品的实际规格}$$

$$标准实物产量=\sum(各种规格产量\div折合比例)$$

例如，某年皮革厂各种皮革产量资料，见表 5-2。

皮革厂年产皮革，混合产量为 24 万张，折合成牛皮的产量为 11.5 万张。当标准实物产量换算出来后，就可以计算劳动生产率的标准实物量指标。其计算公式为：

$$标准实物劳动生产率=\frac{按标准实物计算的产品产量}{活劳动消耗量}$$

表 5-2　　某年皮革厂产量

产品名称	产量（张）	折合牛皮标准比例	标准实物产量（张）
羊皮	100 000	5	20 000
猪皮	90 000	2	45 000
牛皮	50 000	1	50 000
合计	240 000	—	115 000

（二）价值量劳动生产率

为了综合测定企业生产不同产品的平均劳动生产率水平及其变化情况，必须运用以货币计量产品产量的价值量指标。产品产量的价值量指标通常有工业总产值、工业净产值、工业增加值、工业销售产值、新产品产值和出口交货值。这些都可以用来计算劳动生产率，但它们代表的经济内容是有所区别的。

1. 按工业总产值计算的劳动生产率

工业总产值是工业企业在计算期内生产的以货币形式表现的工业产品总量，代表工业企业生产的最终总成果。它包括：本期生产的成品价值，对外加工费收入和自制半成品和在制品期末、期初的差额价值。工业总产值是按工厂法原则计算的。所谓工厂法原则，是指以工业企业作为一个整体，按企业工业生产活动的最终成果计算，企业内部不允许重复计算。工业总产值是产品的总价值，包括了转移价值和新创造价值。按工厂法原则计算的工业总产值是一项重要的产量指标，它反映了产品的完全价值，因而，按工业总产值计算的劳动生产率指标，具有综合反映企业生产多种产品的劳动生产效率的优点，运用范围广泛。其计算公式为：

$$\text{工业总产值劳动生产率}=\frac{\text{工业总产值}}{\text{活劳动消耗量}}$$

企业工业总产值是按完全价值表现的，它包含了转移价值，所以存在着一定的局限性：（1）工业总产值容易受产品原材料转移价格的影响，因而用来说明企业工作量不太准确；（2）工业总产值不受工业企业生产起点或生产结构变化的影响，但上述变化会影响工业总产值指标本身的应用效果；（3）工业总产值受专业化和协作化程度的影响，所以用来研究企业发展速度会有失偏颇。工业总产值的局限性必然会给劳动生产率指标带来一定影响，因此，工业总产值劳动生产率只是一种纯生产性指标，不能准确反映企业的经济效益状况，只能粗略地表现企业的劳动生产率水平。

2. 按工业净产值计算的劳动生产率

工业净产值是指企业在计算期内新创造的价值。与工业总产值相比，工业净产值不包括转移价值。工业净产值是按现行价格计算的，其计算公式为：

$$按现行价格计算的工业净产值=\begin{matrix}按现行价格计算\\的工业总产值\end{matrix}-\begin{matrix}按现行价格计算\\的物质消耗价值\end{matrix}$$

按工业净产值计算的劳动生产率，其计算公式为：

$$工业净产值劳动生产率=\frac{工业净产值}{活劳动消耗量}$$

工业净产值劳动生产率水平显示了企业劳动者新创造价值的水平。工业净产值是按现行价格计算的，所以受价格与税收的影响较大，它是一项经营性指标。一般来说，工业净产值劳动生产率会比工业总产值劳动生产率更实际一些。

工业净产值与工业总产值关系密切。工业净产值确切反映企业生产增长与物质消耗节约两方面的成果。工业净产值的增长，一是要靠工业总产值的增长，二是要靠物质消耗的不断降低与节约。工业净产值劳动生产率水平的提高，有赖于工业总产值劳动生产率水平的提高和物质消耗比重的下降。这种经济关系用计算公式表示为：

$$工业净产值劳动生产率=工业总产值劳动生产率\times净产值率$$

$$\frac{工业净产值}{活劳动消耗量}=\frac{工业总产值}{活劳动消耗量}\times\frac{工业净产值}{工业总产值}$$

3. 按工业增加值计算的劳动生产率

工业企业增加值是指企业通过生产活动增加到其工业产品中的价值，即企业从事工业生产活动所追加的产品价值量。就企业而言，工业增加值是由企业新创造价值（$V+M$）和企业固定资产折旧价值（C_1）等组成的。C_1+V+M 是企业在生产活动过程中增加到产品中的价值量。工业增加值的计算方法有生产法和分配法两种。

（1）生产法。生产法的计算是从企业生产角度，即从增加值的形成角度考虑的。它可以通过从工业总产值中扣除生产过程投入使用的中间产品价值（包括实物与劳务的耗用）求得。其计算公式为：

$$工业增加值=企业总产值-企业生产中间投入$$

$$C_1+V+M=(C_1+C_2+V+M)-C_2$$

企业生产中间投入（C_2）是企业生产活动中消耗掉的外购产品和对外支付的有关费用。

（2）分配法。分配法的计算，是从生产要素所有者获得收入，或从生产要素使用者支付成本的角度计算工业增加值的，故又被称为收入法或成本法。其计算公式为：

$$工业增加值=固定资产折旧+劳动者报酬+生产税净额+营业盈余$$

运用分配法计算时，一定要计入固定资产折旧价值，不要将支付给非物质性劳务部门的劳务费用计入其中，如支付给银行的利息等。

按工业增加值计算的劳动生产率，对于促进企业提高经营管理水平有着十分积极的作用。其计算公式为：

$$工业增加值劳动生产率=\frac{工业增加值}{活劳动消耗量}$$

工业增加值劳动生产率与工业总产值劳动生产率之间的经济联系，可用如下计算公式表示：

$$工业增加值劳动生产率=工业总产值劳动生产率\times增加值率$$

$$\frac{工业增加值}{活劳动消耗量}=\frac{工业总产值}{活劳动消耗量}\times\frac{工业增加值}{工业总产值}$$

工业总产值劳动生产率、工业增加值劳动生产率与工业净产值劳动生产率等指标之间的经济联系，可用以下计算公式表示：

$$工业净产值劳动生产率=工业总产值劳动生产率\times增加值率\times净产值比重$$

$$\frac{工业净产值}{活劳动消耗量}=\frac{工业总产值}{活劳动消耗量}\times\frac{工业增加值}{工业总产值}\times\frac{工业净产值}{工业增加值}$$

前述计算公式说明，物化劳动的节约和技术构成的变化都会对劳动生产率的升降产生不可忽视的影响。

4. 按工业销售产值计算的劳动生产率

企业的工业销售产值是指以货币表现的工业企业在一定时期内销售的本企业生产的工业产品总量。它包括：已销售的成品、半成品价值，对外提供的工业性作业价值和对本企业基本建设部门、生活福利部门等提供的产品、工业性作业及自制设备的价值。工业销售产值是按现行价格计算的。

工业销售产值劳动生产率的计算公式为：

$$工业销售产值劳动生产率=\frac{工业销售产值}{活劳动消耗量}$$

这个指标说明了企业每消耗单位活劳动实现的工业产品销售量。通过这一指标，可以从企业营销角度观察劳动生产率水平所体现的效益。

5. 按新产品产值计算的劳动生产率

新产品是指采用新技术原理和新设计构思研制、生产的全新产品，或在结构、材质、工艺等某一方面比老产品有明显改进，能够显著提高产品性能或扩大使用功能的产品。

新产品产值一般是按实际价格计算的。

新产品产值劳动生产率的计算公式为：

$$新产品产值劳动生产率=\frac{新产品产值}{研发生产新产品活劳动消耗量}$$

这个指标说明了投入新产品研发生产的劳动量，从而反映出从事新产品研发生产的劳动者的劳动效率水平。

6. 按出口交货值计算的劳动生产率

出口交货值是指工业企业交给外贸部门或自营（委托）出口、用外汇价格结算的批量销售、在国内或在边境批量出口等的产品价值，还包括外商来样、来料加工、来件装配和补偿贸易等生产的产品价值。按出口交货值表示的劳动生产率，从一定意义上说明了企业参与经济一体化的程度。其计算公式为：

$$出口交货值劳动生产率=\frac{出口交货值}{相应的活劳动消耗量}$$

（三）生产工作量劳动生产率

企业的产量指标，除了用实物形式与货币形式表现外，还可以用生产工作量形式表现。生产工作量是用定额工时表现的产品产量。一般来说，对于企业不同品种的产品产量，若以实物量统计，往往无法折算汇总；若以价值量指标来统计，又会受到市场供求变化与价格波动的影响；但是将不同产品产量，按工时定额折算成实际完成的定额工时并汇总，然后与生产这些产品的实际耗用工时相比，计算出用定额工时表现的劳动生产率，就会避免前述的问题。生产工作量劳动生产率的计算公式为：

$$生产工作量劳动生产率=\frac{实际完成定额工时（产量）}{生产实际耗用工时总量}$$

$$实际完成定额工时（产量）=\sum（各种产品实物产量\times定额工时）$$

计算生产工作量劳动生产率指标的意义有：第一，有时可以用来代替总产值劳动生产率指标，以消除总产值所固有的某些特点对劳动生产率水平的影响；第二，有些企业产品品种繁多、规格复杂，计算生产工作量并以此计算劳动生产率，较为方便和实用。

同时，还应注意到它的局限性。同类产品的工时定额在各企业不会是同一水平，因为各企业在生产管理和劳动技术装备水平上是存在差异的。生产工作量劳动生产率在各企业之间的可比性值得商榷，对于企业之间的横向应用比较意义不大。所以，该指标一般用于企业内部的纵向比较。

二、不同人员范围的劳动生产率

在个体劳动占主导的情况下，每一个劳动者都直接作用于劳动对象并产出一定量产品。因此，计算劳动生产率，可以直接用产品产量和劳动耗用量之比得出。这种计算没有人员范围的考虑，因为人员范围只有一种。然而，随着劳动过程的社会化，劳动生产过程的分工与协作不断强化，生产劳动和它的负担者（劳动者）的概念与范围也在日渐交融与扩大，所以，劳动生产率的人员范围不会仅限于一种，而会有不同人员范围的劳动生产率。

工业企业的劳动者人员范围有：基本生产工人（或称基本工人）、生产工人、直接生产人员、职工与从业人员等。因此，视研究目的和任务的不同，应分别计算各种人员范围的劳动生产率。

（一）基本生产工人劳动生产率

企业的基本生产工人是指在企业的基本生产车间直接从事工业产品生产作业的工人。一般而言，基本生产工人是制约企业劳动生产率水平的主要因素。研究企业劳动生产率，应率先观察基本生产工人劳动生产率水平。基本生产工人的劳动生产率直接反映其各种素质水平，如技术水平、劳动熟练程度和责任感等；也体现着企业的劳动技术装备程度、工艺水平、生产流程的衔接、劳动程度和劳动组织状况等。基本生产工人劳动生产率指标的计算公式为：

$$基本生产工人劳动生产率=\frac{产品产量}{基本生产工人平均人数}$$

在生产单一产品的情况下，公式中的产品产量通常用产品实物产量指标表示；在生产多种产品的情况下，则多用工业总产值指标表示；在机械制造企业，则会用生产工作量指标表示。

（二）生产工人劳动生产率

企业进行生产活动，既要有直接从事工业主产品生产活动的基本生产工人，也需配置服务于主产品生产的辅助生产工人，如机修工、产品零件搬运工、工具修理制造工等。辅助生产工人与基本生产工人组成了生产工人。所以，计算生产工人劳动生产率指标是非常必要的。其计算公式为：

$$生产工人劳动生产率=\frac{产品产量}{生产工人平均人数}$$

对企业生产工人劳动生产率水平的分析，有助于综合评价企业的生产经营管理工作、工艺设计、技术革新和劳动管理等。

了解生产工人劳动生产率与基本生产工人劳动生产率的关系，对于了解基本生产工人和辅助生产工人的配置状况有帮助。一般情况下，生产工人中辅助生产工人必不可少，但比例需适度。其计算公式为：

$$生产工人劳动生产率=基本生产工人劳动生产率\times基本生产工人比重$$

$$\frac{产品产量}{生产工人平均人数}=\frac{产品产量}{基本生产工人平均人数}\times\frac{基本生产工人平均人数}{生产工人平均人数}$$

（三）直接生产人员劳动生产率

企业职工按其工作岗位或劳动性质可被分为六类。其中工人、学徒和工程技术人员（除去从事技术管理工作的工程技术人员）是直接生产人员，因为他们处于生产第一线，直接从事工业生产活动。直接生产人员劳动生产率的计算公式为：

$$直接生产人员劳动生产率=\frac{产品产量}{直接生产人员平均人数}$$

直接生产人员劳动生产率，与生产工人劳动生产率水平、基本生产工人劳动生产率水平以及生产工人和基本生产工人的配置有着密切关系。它们之间的经济联系用关系式表示为：

$$直接生产人员劳动生产率=生产工人劳动生产率\times生产工人所占比重$$

$$\begin{matrix}直接生产人员\\劳动生产率\end{matrix}=\begin{matrix}基本生产工人\\劳动生产率\end{matrix}\times\begin{matrix}基本生产工人在\\生产工人中所占比重\end{matrix}\times\begin{matrix}生产工人在直接\\生产人员中所占比重\end{matrix}$$

$$\frac{产品产量}{直接生产人员平均人数}=\frac{产品产量}{生产工人平均人数}\times\frac{生产工人平均人数}{直接生产人员平均人数}$$

$$\frac{产品产量}{直接生产人员平均人数}=\frac{产品产量}{基本生产工人平均人数}\times\frac{基本生产工人平均人数}{生产工人平均人数}\times\frac{生产工人平均人数}{直接生产人员平均人数}$$

（四）职工劳动生产率

职工劳动生产率是指按企业全部职工计算的劳动生产率，又称为全员劳动生产率。这个指标综合表明了企业生产经营工作的质量，是全面评价企业的重要依据之一。职工劳动生产率的计算公式为：

$$职工劳动生产率=\frac{产品产量}{职工平均人数}$$

按企业职工计算劳动生产率时，分母有两种口径，一是全部职工，二是扣除其他人员后的“准全部职工”。其他人员包括长期脱产学习、长期病休和援外等人员，这类人员虽然劳动关系在企业或由企业支付工资，但与企业生产并没有多大关系。所以，扣除其他人员计算的职工劳动生产率，可以用于评价企业生产状况和进行动态比较，以及在企业之间进行横向比较，使之更接近实际。职工劳动生产率与直接生产人员劳动生产率结合研究，对于评价企业人员编制、控制非生产人员的配置、合理利用企业人力资源等具有十分重要的意义。

职工劳动生产率与其他人员的劳动生产率的关系可表述为：

$$职工劳动生产率=直接生产人员劳动生产率\times（1-其他人员比重）$$

$$\frac{产品产量}{职工平均人数}=\frac{产品产量}{直接生产人员平均人数}\times\frac{直接生产人员平均人数}{职工平均人数}$$

$$\begin{matrix}职工劳动\\生产率\end{matrix}=\begin{matrix}基本生产工人\\劳动生产率\end{matrix}\times\begin{matrix}基本生产工人在生\\产工人中所占比重\end{matrix}\times\begin{matrix}生产工人在直接生\\产人员中所占比重\end{matrix}\times\begin{matrix}直接生产人员在\\职工中所占比重\end{matrix}$$

$$\frac{产品产量}{职工平均人数}=\frac{产品产量}{基本生产工人平均人数}\times\frac{基本生产工人平均人数}{生产工人平均人数}\times\frac{生产工人平均人数}{直接生产人员平均人数}\times\frac{直接生产人员平均人数}{职工平均人数}$$

从上述关系式分析，要提高全部职工的劳动生产率水平，除了提高基本生产工人的劳动生产率水平外，还应合理配置企业各类人员，压缩不必要的人员数量，充分合理地使用好企业人力资源。

（五）企业从业人员劳动生产率

按工业企业全部从业人员计算的劳动生产率，称为企业从业人员劳动生产率。这个劳动生产率指标，能够全面、真实地反映企业人力资源劳动生产效率的高低。其计算公式为：

$$企业从业人员劳动生产率=\frac{产品产量}{企业从业人员平均人数}$$

当企业不存在雇用境外人员、再就业的离退休人员、第二职业人员等情况时，企业从业人员与企业职工的构成基本一致。因此，企业从业人员劳动生产率指标和职工劳动生产率指标，在数值上基本是相等的。

三、不同劳动时间单位表示的劳动生产率

企业劳动生产率的计算，可以采用不同的时间单位。时间单位有小时、日、月、季度和年五种。

（一）小时劳动生产率指标

每个生产工人一个作业小时的产品生产量，称为小时劳动生产率。它说明了生产工人在纯劳动时间内的劳动效率或生产产品的能力。小时劳动生产率的高低，反映了生产工人的技术水平和装备程度，可以用来核定与检查生产工人个人或班组生产定额的执行情况，为制定与修改生产定额提供真实可靠的数据。小时劳动生产率的计算公式为：

$$\text{小时劳动生产率}=\frac{\text{产品产量}}{\text{生产工人全部实际工作工时}}$$

公式中分母的全部实际工作工时为从事工业产品生产作业所实际耗用的全部工时，既包括制度内实际工作工时，也包括制度外实际耗用工时（用于产品生产耗用的加班加点劳动时间）。

这个时间单位的劳动生产率指标，可以用于计算生产工人和基本生产工人的劳动生产率。

（二）日劳动生产率指标

日劳动生产率可以反映平均每一个生产工人或基本生产工人在一个工作轮班的时间内生产的产品数量，表明了生产工人或基本生产工人在一个工作日内的劳动效率。日劳动生产率水平的高低，除了取决于小时劳动生产率水平外，还会受到工作日利用程度，即非全日缺勤、非全日停工和非全日非生产时间的影响。因此，日劳动生产率是衡量工人生产班组的管理状况、评价生产工人工作日的利用程度和分析具体影响因素，以及检查和修订班组劳动定额的重要依据。其计算公式为：

$$\text{日劳动生产率}=\frac{\text{产品产量}}{\text{生产工人全部实际工作工日}}$$

计算日劳动生产率指标时，分母的生产工人全部实际工作工日是工业生产活动的全部实际耗用工日，包括制度内实际耗用工日和制度外实际耗用的工日，如公休日加班工日。

计算生产工人或基本生产工人的劳动生产率，都可采用日劳动生产率指标。日劳动生产率与小时劳动生产率的关系密切，用关系式表示为：

$$日劳动生产率=小时劳动生产率\times工作日实际长度（小时）$$

$$\frac{产品产量}{生产工人全部实际工作工日}=\frac{产品产量}{生产工人全部实际工作工时}\times\frac{生产工人全部实际工作工时}{生产工人全部实际工作工日}$$

（三）月劳动生产率指标

一个劳动者在一个工作月的劳动时间内生产工业产品的数量或劳动效率，称为月劳动生产率。它能够综合体现劳动者平均每月生产产品的能力。月劳动生产率水平直接受到日劳动生产率水平的影响，同时还会受到工作月劳动时间利用程度的影响。换言之，一个工作月内，全日缺勤、全日停工和全日非生产工日的多少，都将影响月劳动生产率水平。因此，合理安排工作时间，维护生产经营秩序、改革劳动组织、加强劳动管理工作、充分利用劳动时间等，都是提高月劳动生产率的重要途径。其计算公式为：

$$生产工人月劳动生产率=\frac{产品产量}{生产工人月平均人数}$$

$$职工月劳动生产率=\frac{产品产量}{企业职工月平均人数}$$

生产工人月劳动生产率与日劳动生产率的关系可通过如下关系式表现：

$$月劳动生产率=日劳动生产率\times工作月实际长度（天）$$

$$\frac{产品产量}{生产工人月平均人数}=\frac{产品产量}{生产工人月实际工作工日}\times\frac{生产工人月实际工作工日}{生产工人月平均人数}$$

$$\begin{matrix}生产工人月\\劳动生产率\end{matrix}=\begin{matrix}生产工人小时\\劳动生产率\end{matrix}\times\begin{matrix}生产工人工作日\\实际长度（小时）\end{matrix}\times\begin{matrix}生产工人工作月\\实际长度（天）\end{matrix}$$

（四）季劳动生产率指标

按季度计算企业劳动生产率，可以表明平均每个劳动者一个季度的产品生产数量。当然，这里所表明的是一个季度三个月的综合情况和有关各种因素影响的程度。其计算公式为：

$$季劳动生产率=\frac{季度产量}{季度平均人数}$$

在计算季劳动生产率时，可以分别计算不同人员范围的季劳动生产率，但应依不同研究目的而定。

季劳动生产率不是其所包含的三个月份各自的月劳动生产率的简单相加。因为每个月的产量和相应投入的劳动量存在着差异，这种差异实际上是各月劳动生产率的差异，所以不能简单相加。季劳动生产率的计算公式为：

$$季劳动生产率=\frac{\sum(各月劳动生产率\times各月平均人数)}{\sum(各月平均人数)/3}$$

$$=\frac{各月产量之和}{季度平均人数}=\frac{季度产量}{季度平均人数}$$

（五）年劳动生产率指标

按全年计算的企业劳动生产率指标，可以说明企业在一年内平均每个劳动者生产的成果，反映一个日历年度中企业的人均劳动生产效率。计算时期越长，影响劳动生产率的因素就会越多，分析就会更加复杂和多变。其计算公式为：

$$年劳动生产率=\frac{全年产品产量}{劳动者年平均人数}$$

视情况不同，可以计算企业不同人员范围的年劳动生产率。通常计算全部职工或企业从业人员的年劳动生产率。

同季劳动生产率指标一样，年劳动生产率不是简单将四个季度劳动生产率相加，同样，也不是12个月劳动生产率的简单相加。

若要观察生产工人的年劳动生产率与小时劳动生产率和工作时间利用程度的关系，就必须遵循有关计算原理，即应从全年角度考虑。其关系式为：

$$年劳动生产率=\begin{matrix}全年小时\\劳动生产率\end{matrix}\times\begin{matrix}年工作日实际\\长度（小时）\end{matrix}\times工作年实际长度（天）$$

$$\frac{全年产品产量}{生产工人年平均人数}=\frac{全年产品产量}{全年生产工人实际工作工时}\times\frac{全年生产工人实际工作工时}{全年生产工人实际工作工日}\times\frac{全年生产工日实际工作工日}{生产工人年平均人数}$$

第三节　劳动生产率动态分析

一、劳动生产率动态分析的一般方法

（一）研究劳动生产率变动的意义

劳动生产率是反映一个国家或地区经济发展水平的重要标志。从企业方面观察，研究和分析劳动生产率的变动，对于企业增强竞争力和提高经济效益，具有十分重要的意义。

在研究劳动生产率的静态状况，即计算劳动生产率水平的基础上，对劳动生产率的动态变动、在各个时期的升降变化及其幅度、变动趋势进行统计分析，有利于发现各种影响因素及其影响程度。

（二）劳动生产率动态分析的一般方法

研究劳动生产率在不同时期的变化，一般采用统计指数分析方法编制和计算劳动生产率指数。劳动生产率指数是两个不同时期的劳动生产率水平的比率，它能够表明劳动生产率水平在时间上的变动趋势，从而能对该趋势进行深入研究和分析。

劳动生产率水平有两种表述形式，即劳动生产率正指标和劳动生产率逆指标。因此，对应的劳动生产率指数也是两种，即劳动生产率正指标与劳动生产率逆指标。

1. 劳动生产率正指标

劳动生产率正指标是两个不同时期的产量指标表现的劳动生产率水平的比值。其计算公式为：

$$\text{劳动生产率指数 } K_q=\frac{\text{报告期产量 } Q_1}{\text{报告期劳动耗用量 } T_1}\div\frac{\text{基期产量 } Q_0}{\text{基期劳动耗用量 } T_0}$$

$$=\frac{\text{报告期劳动生产率正指标 } q_1}{\text{基期劳动生产率正指标 } q_0}$$

在统计分析中，往往采用劳动生产率正指标编制劳动生产率指数。

2. 劳动生产率逆指标

劳动生产率逆指标是两个不同时期的劳动量指标表现的劳动生产率水平的比值。劳动生产率逆指标的计算方法有两种。

（1）第一种计算方法

$$劳动生产率指数 K_t = \frac{报告期劳动耗用量 T_1}{报告期产量 Q_1} \div \frac{基期劳动耗用量 T_0}{基期产量 Q_0}$$

$$= \frac{报告期劳动生产率逆指标 t_1}{基期劳动生产率逆指标 t_0}$$

这种方法计算出的劳动生产率（K_t）与劳动生产率正指标（K_q）是互为倒数的。

$$K_t = \frac{1}{K_q} \quad 或 \quad K_q = \frac{1}{K_t}$$

由于 $$t_1 = \frac{1}{q_1} \quad t_0 = \frac{1}{q_0}$$

所以 $$\frac{t_1}{t_0} = \frac{1}{q_1} \div \frac{1}{q_0} = \frac{1}{q_1} \times \frac{q_0}{1} = \frac{q_0}{q_1}$$

（2）第二种计算方法

$$劳动生产率指数 K_t' = \frac{基期劳动耗用量 T_0}{基期产量 Q_0} \div \frac{报告期劳动耗用量 T_1}{报告期产量 Q_1}$$

$$= \frac{基期劳动生产率逆指标 t_0}{报告期劳动生产率逆指标 t_1}$$

这种方法计算出的劳动生产率指数（K_t'）与劳动生产率正指标指数（K_q）是一致的、相等的。即：

$$\frac{t_0}{t_1} = \frac{1}{q_0} \div \frac{1}{q_1} = \frac{1}{q_0} \times \frac{q_1}{1} = \frac{q_1}{q_0}$$

$$K_t' = K_q$$

由于劳动生产率水平指标有实物劳动生产率、价值劳动生产率和生产工作量劳动生产率之分，所以劳动生产率指数也有实物劳动生产率指数、价值劳动生产率指数和生产工作量劳动生产率指数三种。这些指数所反映的经济内容多少有所差别，因而它们在各种经济统计分析中的作用是不一样的，必须依据不同的研究目的和任务，正确地加以运用。

二、劳动生产率指数体系

劳动生产率是平均指标，劳动生产率指数是反映其平均变动程度的指数。实际上，这类平均指标指数，除了分析总平均水平的变化外，还应分析各类人员的劳动生产率水平的平均变动，以及各类人员结构变化对劳动生产率变动的影响。所以，要分析企业劳动生产率水平的变化，必须分别计算劳动生产率可变组成指数、固定组成指数和结构影响指数，编制由它们组合的劳动生产率指数体系。

（一）劳动生产率指数的三种形式

1. 劳动生产率可变组成指数

劳动生产率可变组成指数又称为企业劳动生产率总指数，可以说明企业劳动生产率总的平均变动趋势。企业劳动生产率总指数包含了企业各组成部分劳动生产率水平的变化以及企业各组成部分，即企业结构的变化。前者是对企业劳动生产率水平变化的实质性影响，而后者则是企业劳动生产率水平变化的结构性影响。

劳动生产率可变组成指数的计算公式为：

$$\bar{K}_{\bar{q}}=\frac{\bar{q}_1}{\bar{q}_0}=\frac{\sum q_1T_1}{\sum T_1}\div\frac{\sum q_0T_0}{\sum T_0}$$

$$=\frac{\sum q_1\frac{T_1}{\sum T_1}}{\sum q_0\frac{T_0}{\sum T_0}}$$

式中，$\bar{K}_{\bar{q}}$ 为劳动生产率可变组成指数；$\bar{q}_1$、$\bar{q}_0$ 为报告期和基期企业劳动生产率平均水平；q_1、q_0 为报告期和基期企业各组成单位的劳动生产率水平；T_1、T_0 为报告期和基期企业各组成单位的人数；$\frac{T_1}{\sum T_1}$、$\frac{T_0}{\sum T_0}$ 为报告期和基期企业各组成单位的人员在企业中所占的比重。

从上述公式可以看出，企业两个时期劳动生产率水平的变动，既受企业各组成单位劳动生产率水平变动的影响，又受各组成单位人数在企业中所占比重变化的影响。

2. 劳动生产率固定组成指数

劳动生产率固定组成指数，反映企业各组成单位劳动生产率水平的平均变动程度。编制这个指数时，应将各组成单位人员在企业中所占的比重固定在报告期，消除各组成单位人员比重变化的影响，准确表明各组成单位劳动生产率变动对企业劳动生产率变动的影响。这种影响被称为是对企业劳动生产率变动的实质性的影响。其计算公式为：

$$\bar{K}_q=\frac{\sum q_1T_1}{\sum T_1}\div\frac{\sum q_0T_1}{\sum T_1}=\sum q_1\frac{T_1}{\sum T_1}\div\sum q_0\frac{T_1}{\sum T_1}$$

分子项是企业报告期的实际劳动生产率水平，分母项是按报告期企业的人员结构考虑的基期劳动生产率水平。因此，分子项与分母项的差异，完全是由企业各组成单位两个不同时期劳动生产率水平变动引起的。

3. 劳动生产率结构影响指数

劳动生产率结构影响指数是用来分析企业总体结构变动对企业劳动生产率水平变化的影响程度的。编制结构影响指数时，应将企业各组成单位的劳动生产率水平固定在基期，消除其劳动生产率水平变动的影响，仅表明各组成单位人员所占比重的变化对企业劳动生产率变动的影响。这种影响被称为是对企业劳动生产率变动的结构性影响。其计算公式为：

$$\bar{K}_{\frac{T}{\sum T}}=\frac{\sum q_0T_1}{\sum T_1}\div\frac{\sum q_0T_0}{\sum T_0}=\sum q_0\frac{T_1}{\sum T_1}\div\sum q_0\frac{T_0}{\sum T_0}$$

分子项是按基期生产力水平计算出的企业报告期劳动生产率水平；分母项是企业基期实际劳动生产率水平。可见，分子项与分母项的差异，完全是由两个不同时期企业各组成单位人员的比重变动所引起的。

（二）劳动生产率指数体系

企业的劳动生产率可变组成指数、劳动生产率固定组成指数和劳动生产率结构影响指数三者之间存在十分紧密的经济关系，它们组合成的指数“群”，就是用来分析企业劳动生产率动态变化的企业劳动生产率指数体系。这个指数体系可以表述为：

劳动生产率可变组成指数=劳动生产率固定组成指数×劳动生产率结构影响指数

$$\bar{K}_{\bar{q}}=\bar{K}_q\times\bar{K}_{\frac{T}{\sum T}}$$

$$\frac{\bar{q}_1}{\bar{q}_0}=\frac{\sum q_1T_1}{\sum T_1}\div\frac{\sum q_0T_0}{\sum T_0}$$

$$=\left(\frac{\sum q_1T_1}{\sum T_1}\div\frac{\sum q_0T_1}{\sum T_1}\right)\times\left(\frac{\sum q_0T_1}{\sum T_1}\div\frac{\sum q_0T_0}{\sum T_0}\right)$$

上述的指数体系关系式，表明了用相对数形式体现它们之间存在的关系。

若从绝对数看，它们三者之间的关系可表述为：

$$\frac{\sum q_1T_1}{\sum T_1}-\frac{\sum q_0T_0}{\sum T_0}=\left(\frac{\sum q_1T_1}{\sum T_1}-\frac{\sum q_0T_1}{\sum T_1}\right)+\left(\frac{\sum q_0T_1}{\sum T_1}-\frac{\sum q_0T_0}{\sum T_0}\right)$$

这个关系式说明企业劳动生产率增减绝对额等于各组成单位劳动生产率水平变动影

响的升降绝对额与企业人员结构变动影响的升降绝对额的代数和。

例如，某企业两个车间的统计资料，见表 5-3。

表 5-3　　某企业两个车间的统计资料

	总产值（万元）		平均人数				劳动生产率（万元/人）		劳动生产率指数（%）
			基期		报告期				
	基期 Q_0 q_0T_0	报告期 Q_1 q_1T_1	人数（人） T_0	比重（%） $T_0/\sum T_0$	人数（人） T_1	比重（%） $T_1/\sum T_1$	基期 q_0	报告期 q_1	$\frac{q_1}{q_0}$
甲车间	10 800	24 000	1 200	40	2 000	50	9	12	133.3
乙车间	27 000	32 000	1 800	60	2 000	50	15	16	106.7
全厂	37 800	56 000	3 000	100	4 000	100	12.6	14.0	111.1

通过表 5-3 资料可以看出，甲乙两车间的报告期劳动生产率水平比基期分别提高了 33.3%和 6.7%，而全厂只提高了 11.1%。为什么会产生这样的差异呢？下面将通过计算来回答这个问题。

首先，计算全厂劳动生产率可变组成指数。

$$\bar{K}_{\bar{q}} = \frac{\dfrac{\sum q_1T_1}{\sum T_1}}{\dfrac{\sum q_0T_0}{\sum T_0}} = \frac{\dfrac{56\ 000}{4\ 000}}{\dfrac{37\ 800}{3\ 000}} = \frac{14.0}{12.6} \approx 111.1\%$$

这说明全厂劳动生产率水平提高了 11.1%，使全厂劳动生产率水平的绝对数从 12.6 万元/人增加到 14.0 万元/人，增加了 1.4 万元/人；全厂总产值增加 5 600 万元。

全厂劳动生产率水平的变动是由两个车间的劳动生产率水平和人员结构变动引起的。要分别了解各车间劳动生产率水平和人员结构变动对全厂劳动生产率变动的影响程度，还需借助于固定组成指数和结构影响指数的分析来实现。

其次，计算全厂劳动生产率固定组成指数。它可以反映甲乙两车间劳动生产率变动对全厂劳动生产率总变动的影响。

$$\bar{K}_{q} = \frac{\dfrac{\sum q_1T_1}{\sum T_1}}{\dfrac{\sum q_0T_1}{\sum T_1}} = \frac{14.0}{12.0} \approx 116.7\%$$

这说明甲乙两个车间劳动生产率水平平均提高了 16.7%；使全厂劳动生产率水平的

绝对数从 12.0 万元/人增加到 14.0 万元/人，增长了 2.0 万元/人；全厂的总产值增加了 8 000 万元。

最后，计算全厂劳动生产率结构影响指数。它反映甲乙两车间人员结构变动对全厂劳动生产率变动的影响。

$$\bar{K}_{\frac{T}{\sum T}}=\frac{\dfrac{\sum q_0T_1}{\sum T_1}}{\dfrac{\sum q_0T_0}{\sum T_0}}=\frac{12.0}{12.6}\approx 95.2\%$$

这说明甲乙两车间人员比重的变化，使全厂劳动生产率水平降低了 5%；绝对数从 12.6 万元/人降低到 12.0 万元/人，降低了 0.6 万元/人；全厂总产值下降 2 400 万元。

根据上述三种指数的计算和分析，我们对全厂劳动生产率的变化情况有了全面的了解：一方面，甲乙两车间劳动生产率水平分别提高了 33.3%和 6.7%，使全厂劳动生产率水平提高了 16.7%，从而使全厂劳动生产率水平的绝对数增加了 2 万元/人，总产值增长 8 000 万元；另一方面，由于劳动生产率水平高的乙车间人员比重下降了 10%，而劳动生产率水平低的甲车间人员比重却上升了 10%，从而导致全厂劳动生产率水平下降了 5%，绝对数下降了 0.6 万元/人，全厂总产值下降了 2 400 万元。这两方面共同作用的结果，使全厂劳动生产率总水平平均提高了 11.1%，绝对数增加了 1.4 万元/人，全厂总产值增加了 5 600 万元。

上述关系直观地表示如下。

以上三个指数的关系为：111.1%≈116.7%×95.2%

劳动生产率水平绝对数的关系为：1.4 万元/人=2.0 万元/人+（-0.6）万元/人

影响总产值绝对数的关系为：5 600 万元=8 000 万元+（-2 400）万元

作为企业的决策者，透过上述分析应明白：要提高全厂的劳动生产率水平，一定要重视企业人员结构的变化，劳动生产率水平高的人员比重的增大对全厂劳动生产率水平的增长有很大作用；或者说，要重视占企业人员比重大的单位的劳动生产率水平的提高。

三、影响企业劳动生产率变动的因素分析

影响企业劳动生产率水平的因素主要有三种：企业人员结构变动、生产工人工时利用情况和企业人均技术装备程度。下面分别进行研究。

（一）企业人员结构变动对劳动生产率影响的动态分析

这里讲的人员结构是指按基本生产工人、生产工人、全部职工等人员范围划分的。生产工人占全部职工比重对全员劳动生产率的影响，可用指数体系来分析。它们的关系如下：

全员劳动生产率指数=生产工人劳动生产率指数×生产工人在全部职工中的比重指数

$$\frac{q_1'T_1'}{q_0'T_0'}=\frac{q_1'T_1'}{q_0'T_1'}\times\frac{q_0'T_1'}{q_0'T_0'}$$

式中，q_1'、q_0'为报告期和基期生产工人劳动生产率水平；T_1'、T_0'为报告期和基期生产工人占全员比重。

上述关系式表明，全员劳动生产率变动受生产工人比重和生产工人劳动生产率水平两个因素影响。下面举例说明，见表 5-4。

表 5-4　　某工厂职工结构和劳动生产率统计资料

	产量（万吨）	职工结构			劳动生产率（吨/人）	
		全部职工（人）	生产工人（人）	生产工人比重（%）	全员	生产工人
基期	100	10 000	8 000	80	100	125
报告期	300	20 000	16 800	84	150	178. 5
指数（%）	—	—	—	105	150	142. 8

$$全员劳动生产率指数=\frac{q_1'T_1'}{q_0'T_0'}=\frac{150}{100}=150\%$$

这说明，全员劳动生产率水平提高了 50%，使全员劳动生产率水平绝对数从 100 吨/人增加到 150 吨/人，增加了 50 吨/人；总产量增加 100 万吨。这是生产工人劳动生产率水平提高和生产工人占全员比重提高两个因素共同作用的结果。

首先，分析生产工人劳动生产率提高对全员劳动生产率的影响。

$$生产工人劳动生产率指数=\frac{q_1'T_1'}{q_0'T_1'}=\frac{178.5\times84\%}{125\times84\%}=\frac{150}{105}\approx142.8\%$$

这说明生产工人劳动生产率水平提高了 42. 8%，使全员劳动生产率水平的绝对数从 105 吨/人提高到 150 吨/人，提高了 45 吨/人；总产值增加 90 万吨。

然后，计算生产工人占全部职工比重来分析生产工人比重变动对全员劳动生产率变动的影响。

$$生产工人占全部职工比重指数 = \frac{q_0'T_1'}{q_0'T_0'} = \frac{125 \times 84\%}{125 \times 80\%} = \frac{105}{100} = 105\%$$

这说明生产工人比重提高了 5%，使全员劳动生产率水平的绝对数从 100 吨/人提高到 105 吨/人，增加了 5 吨/人；总产量增加 10 万吨。

以上三个指数的关系为：150%≈142.8%×105%

劳动生产率绝对数的关系为：50 吨/人=45 吨/人+5 吨/人

影响总产量绝对数的关系为：100 万吨=90 万吨+10 万吨

（二）生产工人工时利用情况对劳动生产率的影响

企业月劳动生产率综合反映了生产工人纯劳动时间的劳动效率、劳动组织的合理程度以及制度工作工时的利用情况，所以，可以通过对月劳动生产率的考察来分析生产工人时间利用情况对劳动生产率的影响。

企业月劳动生产率水平受小时劳动生产率水平、实际工作日长度、实际工作月长度这三个因素的影响。它们的指数关系如下：

月劳动生产率指数=小时劳动生产率指数×实际工作日长度指数×实际工作月长度指数

为计算方便，用符号表示如下：

$$\frac{q_1}{q_0} = \frac{a_1b_1c_1}{a_0b_0c_0} = \frac{a_1b_1c_1}{a_0b_1c_1} \times \frac{a_0b_1c_1}{a_0b_0c_1} \times \frac{a_0b_0c_1}{a_0b_0c_0}$$

式中，q_1、q_0 为报告期和基期月劳动生产率水平；a_1、a_0 为报告期和基期小时劳动生产率水平；b_1、b_0 为报告期和基期的实际工作日长度；c_1、c_0 为报告期和基期的实际工作月长度。

下面以某企业资料为例说明，见表 5-5。

表 5-5　　某企业劳动生产率、工作日（月）长度统计资料

	基期	报告期	指数（%）
小时劳动生产率（件/人）	5	6	120
工作日长度（小时）	7.2	7.6	105.6
日劳动生产率（件/人）	36	45.6	126.6
工作月长度（日）	20	22	110
月劳动生产率（件/人）	720	1 003.2	139.3

对上述资料的计算分析如下。

$$月劳动生产率指数 = \frac{a_1b_1c_1}{a_0b_0c_0} = \frac{1\ 003.2}{720} \approx 139.3\%$$

由于月劳动生产率提高了 39. 3%，使月劳动生产率水平的绝对数从 720 件/人增加到 1 003. 2 件/人，增加了 283. 2 件/人。

$$\text{小时劳动生产率指数} = \frac{a_1b_1c_1}{a_0b_1c_1} = \frac{6 \times 7.6 \times 22}{5 \times 7.6 \times 22} = \frac{1\,003.2}{836} = 120\%$$

由于小时劳动生产率提高了 20%，使月劳动生产率水平的绝对数从 836 件/人增加到 1 003. 2 件/人，增加了 167. 2 件/人。

$$\text{工作日长度指数} = \frac{a_0b_1c_1}{a_0b_0c_1} = \frac{5 \times 7.6 \times 22}{5 \times 7.2 \times 22} = \frac{836}{792} \approx 105.6\%$$

由于工作日长度增加了 5. 6%，使月劳动生产率水平的绝对数从 792 件/人增加到 836 件/人，增加了 44 件/人。

$$\text{工作月长度指数} = \frac{a_0b_0c_1}{a_0b_0c_0} = \frac{5 \times 7.2 \times 22}{5 \times 7.2 \times 20} = \frac{792}{720} \approx 110\%$$

由于工作月长度增加了 10%，使月劳动生产率水平的绝对数从 720 件/人增加到 792 件/人，增加了 72 件/人。

上述四种增长指数的关系为：139. 3%≈120%×105. 6%×110%

劳动生产率水平绝对数的关系为：283. 2 件/人=167. 2 件/人+44 件/人+72 件/人

综上所述，月劳动生产率综合反映工人纯劳动时间内的劳动效率和劳动组织的合理程度等多方面情况，要想提高企业月劳动生产率水平，除依靠提高工艺、升级设备以及加强对生产技能培训提高小时劳动生产率外，还要相对增加工作日长度和工作月长度。这一措施的关键在于合理安排劳动，减少停工工时和提高出勤率等，而不是绝对延长工作时间。

（三）企业人均技术装备程度对劳动生产率的影响分析

劳动者技术装备水平的高低，在很大程度上决定了劳动者劳动生产率水平的高低。企业劳动者技术装备水平的指标一般有两种表现形式：其一，以价值量来表现的每个劳动者所装备的平均固定资产量；其二，以千瓦来表现的平均每个劳动者的动力装备程度。其计算公式如下：

$$\text{平均每个劳动者装备的固定资产} = \frac{\text{报告期固定资产原值}}{\text{报告期平均人数}}$$

$$\text{平均每个劳动者动力装备程度} = \frac{\text{报告期用于生产的企业总动力（千瓦）}}{\text{报告期平均人数}}$$

企业劳动者技术装备程度的提高，为提高劳动生产率创造了条件。但如果固定资产的利用程度不高，即使劳动者技术装备程度较高，企业劳动生产率仍难取得较好的结果。所以，考察企业劳动者技术装备对劳动生产率的影响时，还需考察固定资产的利用指标。同样，考察企业劳动者动力装备程度对劳动生产率的影响时，也需要考察每千瓦动力消耗所带来的产品产量指标。两者的计算公式为：

$$固定资产利用指标=\frac{产量（总产值）}{固定资产平均原值}$$

$$动力消耗带来的产量指标=\frac{产量（总产值）}{用于企业生产的总动力（千瓦）}$$

有了以上两方面的资料，就可以分别分析它们对劳动生产率的影响。

劳动生产率=劳动者技术装备程度指标×固定资产利用指标

上述关系形成一个指数体系：

劳动生产率指数=劳动者技术装备程度指数×固定资产利用指数

如果要分析劳动者动力装备程度对劳动生产率的影响，其方法与劳动者技术装备程度指标对劳动生产率的影响一样。

劳动生产率=劳动者动力装备程度指标×单位动力消耗带来的产量指标

劳动生产率指数=劳动者动力装备程度指数×单位动力消耗带来的产量指数

下面以某企业资料为例，见表 5-6。

表 5-6　　某企业相关生产统计资料

	产量（万吨）	平均人数（人）	固定资产原值（亿元）	固定资产利用程度（吨/万元，%）	人均固定资产（万元/人，%）	劳动生产率（吨/人，%）
基期	102	3 000	1. 26	80. 95	4. 2	340
报告期	200	4 000	2. 00	100. 00	5. 0	500
指数	—	—	—	123. 53	119. 05	147. 06
增（+）减（-）	+98	+1 000	—	+19. 05	+0. 8	+160

对表 5-6 可以进行如下分析。

（1）企业报告期比基期全员劳动生产率提高 47. 06%，绝对值增加 160 吨/人。

其中：企业劳动技术装备程度（人均固定资产占有）提高 19. 05%，影响全员劳动生产率水平增长 80. 95×（5. 0-4. 2），即 64. 76 吨；企业固定资产利用程度（每万元固定资产提供的产量）提高 23. 53%，影响全员劳动生产率水平增长（100. 00-80. 95）×5，即 95. 25 吨。

指数关系为：147. 06%=123. 53%×119. 05%

增加的绝对值关系式为：160 吨/人=95. 25 吨/人+64. 75 吨/人

（2）报告期比基期企业产量增产 96.08%，多生产 98 万吨。

其中：企业职工人员增长 33.33%，影响企业多生产 1 000×340，即 34 万吨；企业全员劳动生产率提高 47.06%，影响企业多生产 4 000×160，即 64 万吨。

指数关系为：196.08%＝133.33%×147.06%

增加的绝对值关系式为：98 万吨＝34 万吨+64 万吨

综合（1）（2）的分析，这些影响因素对企业产量的影响为：报告期比基期企业产量增加 96.08%，多生产 98 万吨。

其中：企业职工规模报告期比基期扩大 33.33%，是企业多生产（4 000－3 000）×340，即 34 万吨；企业劳动技术装备程度提高 19.05%，使企业多生产 4 000×（5.0－4.2）×80.95，即 25.9 万吨；企业固定资产利用程度提高 23.53%，使企业多生产 4 000×5×(100.00－80.95)，即 38.1 万吨。

指数关系为：196.08%＝133.33%×119.05%×123.53%

增加的绝对值关系式为：98 万吨＝34 万吨+25.9 万吨+38.1 万吨

四、劳动生产率变动对产量和劳动力数量的影响

企业提高劳动生产率的目的是提高经济效益，即增加产品产量或降低劳动消耗。下面讨论劳动生产率变化对产品产量和劳动力数量的影响，三者关系为：

产品产量＝劳动力数量×劳动生产率

下面以某企业资料为例说明，见表 5－7。

表 5－7　　某企业相关生产统计资料

	基期	报告期	指数
总产值（万元，%）	3 600	4 950	137.5
全部职工人数（人，%）	3 000	3 300	110
劳动生产率（万元/人，%）	1.2	1.5	125

第一，分析劳动生产率变动对产品产量的影响。该企业总产值从 3 600 万元增加到 4 950 万元，增加了 1 350 万元，这是企业人数增加了 10%以及劳动生产率增长了 25%共同作用的结果。具体分析劳动生产率变动对总产值的影响时，需假定全员人数在报告期未变后才可计算。计算过程为：

劳动生产率变动所带来的产值变化量＝（报告期劳动生产率－基期劳动生产率）×报告期人数

＝(1.5－1.2)×3 300＝990（万元）

这说明劳动生产率增长了25%，使总产值增加了990万元。

第二，分析劳动生产率变动对劳动力数量的影响。将关系式稍加变形，可得：

$$劳动力数量=\frac{产品产量}{劳动生产率}$$

以上关系式表明，在产品产量一定的条件下，劳动力数量与劳动生产率成反比，两者存在着此消彼长的关系。

仍用表5-7资料，报告期总产值比基期提高了37.5%，如果劳动生产率不变，则劳动力数量必须增加37.5%，即劳动力数量从3 000人达到4 125人，而实际上却只增加到3 300人，这就是说，由于劳动生产率提高了25%，企业可节约劳动力825人。

第四节　其他企业劳动生产率统计

一、建筑企业劳动生产率的计算

建筑企业是生产固定资产和实现固定资产投资的生产经营单位。一般而言，建筑企业生产经营活动的最终成果，从物质形态观察，就是作为固定资产的房屋建筑物；当然，还有以劳务形态出现的房屋建筑物修理等。

在建筑安装施工过程中，建筑产品的生产活动是在未来使用其产品的地点进行的，而生产作业地会经常移动。建筑企业生产的特点可归纳为：建筑产品生产周期长，并且是固定不能移动的；生产工人和施工机械流动性显著；建筑产品体积庞大等。

依据建筑企业生产的特点，建筑企业劳动生产率统计有其独有特征。建筑企业劳动生产率除了反映企业综合情况外，还有分部、分项的指标给予补充配合。例如，它的劳动生产率价值指标表明企业每个劳动者生产的建筑产品价值，但具体到某个工种的劳动生产率，就需要有主要工种的实物劳动生产率指标予以表示，这样才能较完整地说明建筑企业劳动生产率的情况。

（一）建筑企业劳动生产率的一般计算

1. 建筑企业劳动生产率正指标和逆指标的表示

建筑企业劳动生产率有正指标与逆指标两种表达形式。正指标用来表现企业的劳动生产率水平；逆指标用于安排施工作业计划、检查施工定额的实施和执行情况，以及为修订施工定额提供实际根据。

例如，瓦工劳动生产率的表示，正指标是：

$$平均每个工日完成的砌砖量=\frac{实际完成砌砖工程量}{实际耗用的瓦工工日数}$$

逆指标是：

$$平均每立方米砌砖消耗的工日=\frac{实际耗用的瓦工工日数}{实际完成砌砖工程量}$$

瓦工劳动生产率的正指标与逆指标是互为倒数的。从数学意义上论证，二者乘积为1。

2. 建筑企业劳动生产率实物量指标与价值量指标的表示

（1）建筑企业劳动生产率实物量指标。它是实际完成的实物工程量与消耗的相应劳动量作比的结果。这种指标在表达上直观、形象、具体，而且便于比较。建筑企业实物劳动生产率指标有主要工种实物劳动生产率和年均每人竣工面积两种具体指标。

主要工种的实物劳动生产率是按工种和分部分项工程计算的。一般情况下，建筑企业的主要工种有瓦工、抹灰工、木工和混凝土工。这些工种劳动生产率的高低，对于企业劳动生产率和工程施工进度及用工等都有着直接的影响。其计算公式为：

$$某工种每工日实际工程量=\frac{实际完成实物工程量}{某工程实际耗用总工日}$$

分工种计算，可以表明某一工种在分部分项工程阶段的劳动生产率。工种不同，工程量的实物形态不同，计量单位各异，所以各工种只能各自表述。主要工种实物劳动生产率指标在施工企业的基层单位或施工现场运用广泛，它是编制、检查施工作业计划，下达施工任务与核算施工劳动量，制定与修改施工定额以及检查施工定额的贯彻执行情况等的基本依据。

建筑企业年均每人竣工面积指标是按日历年度计算的实物劳动生产率指标。它是全年完成的房屋建筑竣工面积与建筑企业的年均人数作比的结果，表明企业在一年内平均每人竣工的房屋建筑面积。这里的人员，可以按企业全部从业人员计算，也可按企业的建筑安装工人计算。其计算公式为：

$$企业年均每人竣工面积=\frac{全年实际竣工的房屋建筑面积}{全年企业平均人数}$$

（2）建筑企业劳动生产率价值量指标。它能够反映建筑企业平均每人生产建筑业总产值的价值劳动生产率水平。建筑企业总产值，又称自行完成施工产值，是以货币表现的建筑安装企业在一定时期内生产的建筑安装产品的价值总和。建筑企业总产值包括建筑工程产品价值、设备安装工程产值、房屋构筑物修理产值、非标准设备制作产值等。建筑企业总产值（或施工产值）劳动生产率指标能够综合说明建筑企业的劳动生产率水平，以表示企业生产经营工作质量的状况。其计算公式为：

$$建筑企业总产值劳动生产率=\frac{建筑企业总产值}{企业平均人数}$$

劳动生产率的价值量也可以用竣工产值计算。企业的竣工产值是以货币表现的建筑业生产的成品价值。竣工产值通常以单位工程为对象，是单位工程按照设计所规定的工程内容全部完成并达到设计规定的交工条件，经有关部门检查验收鉴定合格的单位工程价值。竣工产值包括报告期竣工的单位工程从开工到竣工全部自行完成的价值。其计算公式为：

$$人均竣工价值=\frac{报告期竣工产值}{报告期平均人数}$$

竣工产值一般是按日历年度计算的。这个劳动生产率指标实际上是实物劳动生产率，即平均每人完成竣工面积的价值表现。

3. 建筑企业不同人员范围劳动生产率指标

建筑企业的人员可分为三个层次：第一层次是建筑安装工人，他们是在施工生产现场直接参加建筑安装施工活动的工人，相当于工业企业的基本生产工人；第二层次是生产工人，除了包括建筑安装工人外，还包括附属辅助生产工人和运输作业工人；第三层次是建筑企业全部从业人员，包括建筑安装工人、辅助生产和运输作业工人、工程技术人员、管理人员、服务人员和其他人员等。

（二）建筑企业劳动生产率的一般计算

1. 主要工种实物劳动生产率

建筑企业主要工种实物劳动生产率指标及其计算公式如下。

（1）瓦工实物劳动生产率的计算

$$瓦工每工砌砖量=\frac{实际完成砌砖工程量}{瓦工实际耗用总工日}$$

（2）抹灰工实物劳动生产率的计算

$$抹灰工每工抹灰面积=\frac{实际完成抹灰工程量}{抹灰工实际耗用总工日}$$

（3）木工实物劳动生产率的计算

$$木工每工制作安装模板量=\frac{实际完成模板制作安装工程量}{木工实际耗用总工日}$$

（4）混凝土工实物劳动生产率的计算

$$混凝土工每工浇筑混凝土量=\frac{实际混凝土浇筑工程量}{混凝土工实际耗用总工日}$$

$$每工人工土方量=\frac{实际完成土方工程量}{土方实际耗用总工日}$$

2. 企业平均每名从业人员完成竣工面积

$$年均每人完成房屋竣工面积=\frac{全年房屋建筑实际竣工面积}{企业从业人员年平均人数}$$

3. 企业的建筑业总产值劳动生产率

（1）按企业从业人员计算的全员劳动生产率的计算

$$全员劳动生产率=\frac{建筑业总产值}{全员从业人员平均人数}$$

（2）按企业生产工人计算的生产工人劳动生产率的计算

$$生产工人劳动生产率=\frac{建筑业总产值}{生产工人平均人数}$$

（3）建筑安装工人劳动生产率的计算

$$建筑安装工人劳动生产率=\frac{建筑业总产值}{建筑安装工人平均人数}$$

上述三个不同人员范围的劳动生产率指标的经济联系可表示为如下关系式：

企业全员劳动生产率=生产工人劳动生产率×生产工人占从业人员比重

$$企业全员劳动生产率=\frac{建筑安装工人}{劳动生产率}\times\frac{建筑安装工人}{占生产工人比重}\times\frac{生产工人占}{从业人员比重}$$

二、商品流通企业劳动生产率的计算

（一）商品流通企业劳动生产率的含义

商品流通企业劳动生产率是商品流通企业的销售工作量与对应的劳动消耗量作比的结果，表明每名从业人员在一定时期内平均完成的商品流通工作量，或者完成单位商品流通工作量实际消费的劳动量。不断提高商品流通企业的劳动生产率，可以相对节约商品流通占用的劳动力，加速商品周转，缩短流通的时间；同时，也可以相对降低商品流通费用，使企业获得较好的经济效益。

商品流通企业的劳动生产率，应分别按批发贸易企业、零售贸易企业和餐饮企业计算。科学计算企业劳动生产率水平，有利于研究其劳动生产率的变动趋势，揭示其变动的影响因素，挖掘潜力，促进企业的持续发展。

（二）商品流通企业劳动生产率的一般计算

1. 实物劳动生产率

经营商品比较单一的商品流通企业，如食盐专营企业、煤炭销售企业等，应计算其实物劳动生产率。其计算公式为：

$$人均商品销售量=\frac{某种商品销售量}{从业人员平均人数}$$

2. 价值劳动生产率

对于批发、零售与餐饮企业，其销售经营商品种类繁多，要综合反映劳动生产率水平，往往按其商品销售额计算劳动生产率。

在商品流通企业，可以按业务人员范围计算其劳动生产率水平，其计算公式为：

$$业务人员人均完成销售额=\frac{实际商品销售额}{业务人员平均人数}$$

按企业全部从业人员计算的全员劳动生产率，其计算公式为：

$$企业从业人员人均实际销售额=\frac{实际商品销售额}{从业人员平均人数}$$

3. 每万元商品销售额占用的从业人员人数指标

这是从每个企业的全部从业人员观察，平均每实现万元商品销售额，实际使用的从业人员人数。其计算公式为：

$$每万元销售额占用从业人员人数=\frac{企业从业人员平均人数}{企业完成的商品销售总额}\times 10\ 000$$

4. 售货员劳动效率指标

一定时期内顾客的客流量与售货员人数之比，能够反映售货员的劳动效率情况。其计算公式为：

$$售货员劳动效率=\frac{营业时间的顾客总流量（人）}{售货员平均人数}$$

三、交通运输企业劳动生产率的计算

（一）铁路运输企业劳动生产率指标

1. 劳动生产率实物量指标

（1）人均货物运送量。按铁路运输企业货物运送量计算，其计算公式为：

$$企业从业人员人均货物运送量=\frac{企业货物运送量}{企业从业人员平均人数}$$

$$企业货物运送量=发送货物吨数+接运货物吨数$$

（2）人均完成货物周转量。按铁路运输企业管理范围计算，其计算公式为：

$$企业从业人员人均完成货物周转量=\frac{企业实际货物周转量}{企业从业人员平均人数}$$

$$企业实际货物周转量=\sum（每批货物重量\times每批货物运送距离）$$

$$=实际运送货物吨数\times货物平均运送距离$$

（3）机车乘务人员人均行走千米数。其计算公式为：

$$机车乘务人员人均行走千米数=\frac{机车行走总里程（千米）}{机车乘务人员平均人数}$$

2. 价值劳动生产率

按全路运输收入计算的全员劳动生产率指标。其计算公式为：

$$人均运输收入=\frac{全路运输总收入}{从业人员平均人数}$$

（二）公路运输企业劳动生产率指标

1. 按公路货运量计算

公路货运量可以用三种指标表示，即发送货物吨数、到达货物吨数和运送货物吨数。它们都可用于计算公路运输企业的劳动生产率。其计算公式为：

$$人均货物运送吨数=\frac{实际运送货物吨数}{从业人员平均人数}$$

2. 按公路货物周转量计算

公路货物周转量是指一定时期内公路运输企业实际完成运输过程的货物总运输量。其计算公式为：

$$公路货物周转量=\sum（每批货物重量\times每批货物运送距离）$$

按货物周转量计算劳动生产率，其计算公式为：

$$人均货物周转量=\frac{公路货物周转量}{从业人员平均人数}$$

3. 按公路客运周转量计算

公路客运周转量是在一定时期内实际运送的旅客人数与其相应旅客的运送距离的乘积。其计算公式为：

$$公路旅客周转量 = \sum(实际运送旅客人数 \times 运送距离)$$

表明客运公司的劳动生产率水平的计算公式为：

$$人均旅客周转量 = \frac{公路客运周转量}{从业人员平均人数}$$

（三）民用航空运输企业劳动生产率指标

计算民用航空运输企业从业人员的劳动生产率，可用民用航空总周转量指标表示。这个总周转量指标综合了货运和客运的全部工作量。

$$民用航空总周转量 = 旅客周转量 + 行李周转量 + 邮件周转量 + 货物周转量$$

$$旅客周转量 = 旅客运输量 \times 旅客重量 \times 航距$$

旅客重量的换算：国际航线成人旅客每人 75 千克；国内航线成人旅客每人 72 千克；儿童及婴儿分别按成人的 1/2 和 1/10 计算。

$$行李周转量 = 行李重量 \times 航距$$

$$邮件周转量 = 邮件重量 \times 航距$$

$$货物周转量 = 货物重量 \times 航距$$

用总周转量计算民用航空运输企业劳动生产率的公式为：

$$人均周转量 = \frac{实际完成民用航空总周转量}{民航企业从业人员平均人数}$$

四、邮政通信企业劳动生产率的计算

邮政通信企业的劳动生产率是按邮政通信总量来计算的。邮政通信总量是以货币表示的邮政通信企业产品量的总和。邮政通信企业产品有函件、机要文件、包件、汇票、报刊发行、邮政快件、特快专递、邮政储蓄、集邮、公众电报、用户电报、传真、长途电话、出租电路、市话无线寻呼、移动电话、分组交换数据通信、出租代维等。

邮政通信总量可以通过各类邮政通信企业产品的实物产量，分别乘以相应的不变价格汇总得出。其计算公式为：

$$邮政通信总量 = \sum(邮政企业产品实物产量 \times 不变价格) + 出租代维及其他业务收入$$

邮政企业劳动生产率的计算公式为：

$$企业全员劳动生产率 = \frac{邮政通信总量}{企业从业人员平均人数}$$

实际计算时，邮政企业与电信企业需要分别计算。

第五节　劳动效益统计

一、劳动效益指标的核算

劳动效益指标是实际收益与活劳动消耗量之间作比的结果，表明每投入单位活劳动消耗量所能获得的实际收益或新创造的价值量。

一般情况下，企业在对劳动效益进行评价和分析时，可以通过两种方式计算劳动效益指标，即劳动效益直接指标与劳动效益间接指标。

（一）劳动效益直接指标

劳动效益直接指标是通过企业在一定时期内的利润总额与其相应的从业人员人数作比来表现的，即企业平均每个从业人员创收的利润额，通常被称为人均创利率指标。其计算公式为：

$$人均创利率=\frac{利润总额}{从业人员平均人数}$$

人均创利率，可以分别按月、季或年计算。分子项的企业利润总额，有两种不同的计算方法：一种是按企业实际生产的产量范围计算的生产利润总额；另一种是按企业产品销售量范围计算的实现利润总额。两种利润总额的计算角度不同，各有其现实意义。

若企业各个时期的产品生产量与销售量比较均衡，计算人均创利率时，用生产利润总额或实现利润总额，其实际结果不会有太大出入。但是，企业月与月之间的销售量，以及每月的生产量与销售量往往处于不平衡状态。如果用人均实现创利率指标来考核企业的劳动效益水平，在及时性与准确性等方面会受到一定影响，但可以反映企业的实际效益状况；而用人均生产创利率指标来衡量，虽然可以保证及时与准确，但只能反映企业潜在（或生产）的效益状况。所以，经比较发现，人均实现创利率指标能更好地反映企业实际投入所取得的效益，更好地体现企业的经济效益水平。将企业的人均生产创利率指标和人均实现创利率指标进行比较，可以在一定程度上揭示企业决策以及售后服务等方面的问题。

计算人均创利率的企业利润总额指标，存在着是采用现行价格计算，或是按不变价格计算的问题。如果按不变价格计算，可以消除价格变动因素的影响，避免因企业人为提高价格而造成劳动效益虚高的假象。由于不变价格需在一段时间内保持相对稳定，这会使得某些价格难以满足社会经济发展的客观要求。因而在统计分析过程中，对此要有充分估计。

（二）劳动效益间接指标

在对企业的劳动效益分析评估时，劳动效益直接指标——人均创利率是基本的指标，因为它直接呈现了单位劳动投入量创造的经济效益。但是，在进一步分析时，还需要联系工资支付和产值的工资含量，计算劳动效益间接指标。

劳动效益间接指标主要有工资利润率和百元产值工资含量两种。

1. 工资利润率

企业从业人员人数与支付给从业人员的工资总额是匹配的。所以，企业工资利润率指标可以间接反映企业的劳动效益水平。工资利润率是企业工资总额与利润总额作比的结果，说明了企业支付工资后所能获得的收益。工资利润率的计算公式为：

$$工资利润率=\frac{利润总额\ M}{工资总额\ V}$$

计算结果说明，每支付 1 元工资获得的利润越多，劳动效益就越好。

分子项的利润总额（M），视研究目的，可以分别采用生产利润总额或者实现利润总额计算，但为了确保企业之间的可比性，这些指标应与人均创利率指标采用的项目保持一致。

工资利润率的逆指标是利润工资率指标，它是从利润角度考虑，每生产（或实现）1 元利润实际支付的工资额。这个指标值越少，表明劳动效益越好。工资利润率与利润工资率是互为倒数的，都是表明劳动效益高低的间接指标。

$$工资利润率=\frac{1}{利润工资率}$$

2. 百元产值工资含量

这个劳动效益间接指标是企业从产量角度考察，以工资支付为标志的劳动投入量。平均每生产百元产值工资支付越多，表明其活劳动投入越多，一般而言，劳动效益就越差。

百元产值工资含量，可以分别采用总产值、增加值和净产值计算：

$$百元总产值工资含量=\frac{工资总额}{总产值}\times 100$$

$$百元增加值工资含量=\frac{工资总额}{增加值}\times 100$$

$$百元净产值工资含量=\frac{工资总额}{净产值}\times 100=\frac{V}{V+M}\times 100$$

百元净产值工资含量的逆指标是每百元工资支付新创造的价值，即工资净产值率指标。它可用如下计算式表示：

$$工资净产值率=\frac{V+M}{V}=\frac{V}{V}+\frac{M}{V}=1+工资利润率$$

百元净产值工资含量与工资净产值率是互为倒数的，因此，

$$\frac{V}{V+M}=\frac{1}{\frac{V+M}{V}}=\frac{1}{1+\frac{M}{V}}$$

$$百元净产值工资含量=\frac{1}{1+工资利润率}$$

从上式可以看出，百元净产值工资含量多少，取决于工资利润率的高低，两者呈反向变动趋势。在实际工作中，这两个劳动效益间接指标的作用是一致的。

3. 人均创利率与工资利润率的联系

劳动效益直接指标与劳动效益间接指标有着密切联系。了解和认识它们之间的关系，有助于了解企业的工资支付。

人均创利率与工资利润率的关系式为：

$$\begin{aligned}人均创利率&=\frac{实现利润总额}{从业人员平均人数}\\&=\frac{实现利润总额}{工资总额}\times\frac{工资总额}{从业人员平均人数}\\&=工资利润率\times 平均工资\end{aligned}$$

上述关系式可改写为：

$$工资利润率=\frac{人均创利率}{平均工资}$$

从人均创利率与工资利润率的关系式中可以清楚地看出二者之间的变动关系。

第一，若平均工资与人均创利率同幅度增长，则工资利润率为零增长，即工资利润率不变化。

第二，若平均工资增长速度快于人均创利率增长速度，则工资利润率下降。

第三，若平均工资增长速度慢于人均创利率增长速度，则工资利润率上升。

二、劳动效益指标的动态分析

（一）工资支付效益方面的变动分析

人均创利率的变动取决于工资利润率的变动和平均工资的变动。工资利润率提高，工资水平维持现状，则人均创利率就会升高。这种动态分析，可以通过编制劳动效益指数体系来实现。劳动效益指数体系表述如下：

$$人均创利率指数=工资利润率指数\times平均工资指数$$

$$\frac{报告期人均创利率}{基期人均创利率}=\frac{报告期工资利润率}{基期工资利润率}\times\frac{报告期平均工资}{基期平均工资}$$

依据劳动效益指数体系展开绝对额的分析：

$$企业人均创利率增减额=报告期人均创利率-基期人均创利率$$

$$\begin{array}{c}企业工资利润率变\\动影响的增减额\end{array}=（报告期工资利润率-基期工资利润率）\times报告期平均工资$$

$$\begin{array}{c}企业平均工资变\\动影响的增减额\end{array}=（报告期平均工资-基期平均工资）\times基期工资利润率$$

（二）劳动生产率方面的变动分析

人均创利率指标与劳动生产率指标的关系密切，显示了劳动效益变动在很大程度上受劳动生产率变动的影响。换句话说，劳动生产率的提高为提升劳动效益创造了条件。劳动效益与劳动生产率组成的指标体系可表述为：

$$劳动效益直接指标=净产值劳动生产率\times利润占净产值比重\times利润实现程度$$

$$\frac{实现利润总额}{从业人员平均人数}=\frac{净产值}{从业人员平均人数}\times\frac{生产利润总额}{净产值}\times\frac{实现利润总额}{生产利润总额}$$

从上述指标体系可以看出，人均创利率受到净产值劳动生产率、利润占净产值比重与利润实现程度三方面的影响。

根据这套指标体系进行动态分析，其指数体系可表述为：

$$劳动效益直接指标指数=净产值劳动生产率指数\times利润比重指数\times利润实现程度指数$$

$$\frac{报告期人均创利率}{基期人均创利率}=\frac{报告期净产值劳动生产率}{基期净产值劳动生产率}\times\frac{报告期利润占净产值比重}{基期利润占净产值比重}\times\frac{报告期利润实现程度}{基期利润实现程度}$$

根据这套劳动效益指数体系进行人均创利率变动影响因素的绝对额分析：

企业人均创利率增减额=报告期人均创利率-基期人均创利率

$$\text{企业净产值劳动生产率变动影响的增减额}=\left(\frac{\text{报告期净产值}}{\text{劳动生产率}}-\frac{\text{基期净产值}}{\text{劳动生产率}}\right)\times\frac{\text{报告期利润占}}{\text{净产值比重}}\times\text{报告期利润实现率}$$

$$\text{企业利润占净产值比重变动影响的增减额}=\left(\frac{\text{报告期利润占}}{\text{净产值比重}}-\frac{\text{基期利润占}}{\text{净产值比重}}\right)\times\frac{\text{基期净产值}}{\text{劳动生产率}}\times\text{报告期利润实现率}$$

$$\text{企业利润实现程度变动影响的增减额}=(\text{报告期利润实现率}-\text{基期利润实现率})\times\frac{\text{基期净产值}}{\text{劳动生产率}}\times\frac{\text{基期利润占}}{\text{净产值比重}}$$

例如，某企业的有关资料，见表 5-8。

表 5-8　　某企业创利和工资情况表

	报告期（元）	基期（元）	指数（%）
平均每人创利	1 978.6	1 965.4	100.68
每元工资创利	0.20	0.21	95.24
平均工资	9 893.0	9 359.0	105.71

从表 5-8 中可以看出，人均创利率指数体系为：

$$100.68\%=95.24\%\times105.71\%$$

该企业报告期平均每人创利比基期提高 0.68%，绝对额增加 13.2 元（1 978.6-1 965.4）。其中，每一元工资支付创利下降 4.76%，绝对额影响减少 98.93 元［（0.20-0.21）×9 893.0］；平均工资提高 5.71%，绝对额影响增加 112.14 元［（9 893-9 359）×0.21］。

【思考题和计算题】

1. 怎样理解企业劳动生产率与劳动效益的经济关系。
2. 简述劳动生产率与劳动效益统计的任务。
3. 简述劳动生产率与劳动效益的一般计算方法的表述。
4. 劳动生产率与劳动效益两指标的计算，为什么必须遵循可比性原则？
5. 简述用哪些产量指标表述工业企业劳动生产率。
6. 为什么有不同人员范围的工业企业劳动生产率？
7. 简述工业企业劳动生产率的时间单位。
8. 简述编制工业企业劳动生产率指数体系的作用。
9. 简述如何分析工业企业劳动生产率的变化。
10. 简述建筑安装企业常用的劳动生产率指标。

11. 为什么要计算企业劳动生产效益指标，如何计算？

12. 怎样研究企业劳动效益变化？

13. 某企业年生产及人员资料见表 1、表 2。

表 1　　某企业生产统计表

	全年合计
工业增加值（万元）	59 100
产量实物量（套）	29 550

表 2　　某企业人员资料表

	职工	直接生产人员	生产工人	基本工人
年末人数（人）	1 200	1 010	910	820
年平均人数（人）	1 182	1 004	850	780

计算：(1) 实物量指标的劳动生产率；(2) 工业增加值指标的劳动生产率。

14. 某企业某时期的资料见表 3。

表 3　　某企业生产及人员资料表

	工业增加值（万元）	全月职工平均人数（人）	其中生产工人平均人数（人）	生产工人全月实际作业工日	全月实际作业工时
报告期	17 556	1 100	836	16 720	127 072
基期	15 000	1 000	750	14 250	106 875

计算：(1) 生产工人劳动生产率及其变化对全员劳动生产率的影响；(2) 生产工人劳动时间利用的变化对其劳动生产率的影响。

15. 某总厂及分厂的有关资料见表 4。

表 4　　某总厂及分厂的生产及人员资料表

	全员劳动生产率（元）			职工平均人数（人）		生产总价值（万元）	
	报告期	基期	指数（%）	报告期	基期	报告期	基期
	q_1	q_0	q_1/q_0	T_1	T_0	q_1T_1	q_0T_0
全厂							
一分厂	120 000	90 000		2 500	1 600		
二分厂	160 000	150 000		2 500	2 400		

计算：总厂劳动生产率总指数、固定组成指数和结构影响指数，并将上表补充完整。

16. 根据题 15 的资料，分析总厂劳动生产率是如何受到两个分厂的影响。

17. 根据题 15 的资料，分析劳动生产率和职工人数等的变化及其如何影响总厂生产总价值的变化。假若劳动生产率维持基期水平，那么将需要配置多少人员？

18. 某企业的产量、工人及装备总动力资料见表 5。

表 5　　某企业产量、工人及装备总动力统计表

	总产量（吨）	生产工人平均人数（人）	生产用总动力（万千瓦）	单位动力产量（吨/万千瓦）	人均动力装备量（万千瓦/人）	劳动生产率（吨/人）
报告期	24 000	4 000	4 800	5	1.2	
基期	12 000	3 000	3 000	4	1.0	
指数（%）						

分析：（1）动力装备程度和动力利用程度对劳动生产率的影响，并将上表补充完整；（2）人员的变化和生产用总动力装备的变化如何影响总产量的变化？（3）若维持基期的劳动生产率水平，报告期需要配置多少人员？

19. 某工业企业的净产值、利润等资料见表 6。

表 6　　某工业企业净产值、利润等统计表

	净产值（万元）	生产利润总额（万元）	实现利润总额（万元）	职工平均人数（人）	工资总额（万元）
报告期	24 750	5 500	5 100	2 200	15 562
基期	21 320	5 200	5 000	2 000	12 890

计算和分析：（1）相关指标；（2）人均创利率如何受到相关因素变化的影响。

20. 依据题 19 的有关资料：（1）计算分析现实利润总额是怎样变动的；（2）分析工资支付效益对人均创利的影响。

21. 依据题 19 的相关资料，分析影响净产值变化的主要因素。

22. 利用表 5-6 的资料，分析企业产量增加，如何因人均固定资产（技术装备程度）和固定资产利用程度等的变动的影响。

第六章　劳动定额统计

学习要点

劳动定额的概念，了解工时定额、产量定额和看管定额。

劳动定额统计的任务。

评价劳动定额的执行情况，分别按产品和劳动者进行核算；了解劳动者小时劳动定额完成程度指标和全员劳动定额综合完成程度指标。

通过分析劳动定额水平高低程度、劳动定额水平均衡度、企业劳动条件与劳动时间影响程度和劳动定额不同完成程度的分组等，说明劳动定额的实施结果。

评定企业劳动定额管理水平的指标及其计算方法。

第一节　劳动定额统计的意义

一、劳动定额的概念和形式

（一）劳动定额的概念

劳动定额是在一定生产技术组织的情况下，规定劳动者为完成单位合格产品或一定工作量应消耗劳动时间的标准数量；或者规定在单位时间内应生产的合格品量或完成的工作量的标准。例如，某种零件劳动定额规定 1 工时应加工 5 件，或者 1 件零件的加工时间为 0.2 工时。由此，劳动定额可以被认为具有定额劳动生产率性质。

（二）劳动定额的形式

就劳动定额而言，一般可以按工作性质不同将其划分为不同的形式。其中，工时定额与产量定额是两种基本的表现形式。此外，还有看管定额等。

1. 工时定额

工时定额，又称时间定额，是对生产单位合格产品的劳动时间消耗量规定的标准。一般用每件产品消耗多少劳动时间表示。

2. 产量定额

产量定额，是对单位时间内生产合格产品的数量规定的标准。往往用每一单位劳动时间完成的合格品产量表示。

3. 看管定额

看管定额，又称设备看管定额，规定劳动者在劳动时间内应看管或操作的生产设备的数量标准，一般用每人看管的设备台数表示。如每个纺纱工在作业轮班时间内，应看管细纱机台数等。

二、劳动定额统计的重要性

劳动定额是企业管理的一项重要基础性工作，企业在编制生产经营计划、组织生产、优化劳动组合、开展评比、搞好合理分配时，都必须以劳动定额作为有力依据。

劳动定额统计工作是劳动定额管理的基本环节之一。做好这项工作，对于加强劳动定额和企业管理，提高企业生产经营水平，具有极为重要的意义。企业劳动定额统计的重要性表现在以下五方面。

第一，劳动定额统计是组织生产和协调各工种之间关系的依据。企业组织生产经营活动必须依据生产、劳动、成本和销售等计划开展，而编制这些计划，又应根据劳动定额分别确定生产任务总量、劳动力需要量及各工种完成生产任务所需要的劳动者人数。通过劳动定额统计，可以及时掌握劳动定额的完成情况，为及时修改劳动定额，最终确定企业的各项计划提供必要的资料。

第二，劳动定额统计是考核劳动者劳动效率和调动劳动积极性的手段。先进合理性是劳动定额的特点之一，通过劳动定额统计，可以及时了解劳动定额的完成情况，确切反映劳动人员实际达到的定额水平，从而达到调动劳动者劳动积极性的目的。

第三，劳动定额统计是组织劳动竞赛，开展评比活动与表彰先进的重要工具之一。劳动定额是企业衡量和考核从业人员生产工作成绩的重要标准。企业通常在开展劳动竞赛的过程中，通过劳动定额统计分析劳动者的贯彻实施情况，衡量其劳动成果，评价完成质量的优劣与贡献的大小。

第四，劳动定额统计是肯定劳动者的劳动成果、核算定员、核定工资与奖金的基本依据。劳动定额统计为计算劳动者的劳动成果、协调工种关系、调整定员编制、贯彻按劳分配原则、搞好企业的工资奖金管理工作等提供科学保证。

第五，劳动定额统计是进行经济效益分析的手段。通过劳动定额统计分析，进行一系列的经济核算工作，为节约各项费用、降低企业生产经营成本、获取最大利润、提高企业经济效益提供科学依据。

三、劳动定额统计的任务

劳动定额统计的具体任务是：第一，统计和计算实作工时与完成定额工时；第二，分析与评定劳动定额的完成情况；第三，计算和分析劳动定额水平；第四，统计与研究劳动定额管理工作方面的各项指标。

第二节　劳动定额完成情况统计

一、实作工时与定额工时的计算

（一）一般的计算表述

1. 实作工时

实作工时，又称实际消耗工时或实耗工时。它是指劳动者在一定生产技术组织条件下，为制作某种产品或完成某项作业所实际消耗的劳动时间。它是核算劳动定额完成情况的基本数据之一。

实作工时数据可以通过测时、写实等方法取得，但主要还是从原始记录中获取。统计实作工时，可以按劳动者个人的每日实作工时、班组成员的实作工时、车间每个班组的实作工时等进行汇总。为了节省工作时间，简化程序，可采用倒算法求出实作工时。其计算公式为：

实作工时=制度工作工时−缺勤工时−停工工时−非生产工时+停工被利用工时+加班加点工时

2. 定额工时

定额工时，又称完成定额工时，它是指劳动者在实际工作时间内，实际完成工作或生产的产品实物量以定额工时表现出来的产品产量。它是核算劳动定额完成情况的基本数据之一。

统计完成定额工时，是在计算劳动者个人或班组实际生产的产品实物量的基础上，用每种产品实物产量乘以相应的工时定额，再加以汇总而得出的。其计算公式为：

$$实际完成定额工时=\sum(各种产品实物产量\times产品的工时定额)$$

（二）具体的计算方式

实作工时与完成定额工时，可以分别以劳动者和产品为对象进行统计核算。

1. 以劳动者为对象的统计

以劳动者为对象的统计包括按作业者个人、作业班组、工段、车间和企业的统计核算。利用原始记录和工时台账，通过逐级整理汇总的方式获得完整的工时统计资料，用来考核劳动者及各生产单位的劳动效率与劳动成果，以利于合理组织生产和进行按劳分配。以劳动者为对象统计出的实作工时和定额工时，二者的对比结果即为劳动定额完成率，劳动定额完成率是考核劳动者绩效和衡量定额水平的依据。因此，在统计核算中，保持实作工时与完成定额工时两者统计口径的一致性和合理性，是非常重要的。

2. 以产品为对象的统计

企业核算工时，可以着重以主导产品、定向产品、批量生产产品为对象进行统计；单件小批生产的企业，可以定期或不定期对一些产品（零件、工序）作典型统计或抽样统计。产品实作工时和完成定额工时是修改产量定额或时间定额、核算产品成本费用的重要依据之一。

根据企业产品品种、生产批量、生产周期等的不同，可选择三种不同方法统计。

（1）按产品零件逐道工序汇总统计。由车间根据原始记录，将产品零件名称、定额工时、完成件数、实作工时等项目记入台账，企业根据车间的统计资料，按产品分工种（或分车间）汇总。这种统计方法，工作量很大，适用于生产稳定、品种不多、工序结构简单、生产周期较短的企业。

（2）按产品批次统计。要求各车间按照产品各批次生产的情况，分期分批向企业上报不同工种的产品实作工时和完成定额工时数据，企业记入台账并汇总。这种核算方法的工作量相对较少，所以适用于生产周期较短的小批量生产企业。

（3）按典型零件和重要工序统计。这种统计方法是指以在加工的产品中挑选出的关键零件、工种或工序为对象，分别按顺序进行统计汇总。它适用于生产周期较长、产品结构与工序或工艺方法均较复杂的企业。

二、产品劳动定额完成情况统计

在检查与计算劳动定额的实际完成情况时，同样可以分别以产品和劳动者为对象进行评价。

本书是以产品为对象，将加工某种产品（零部件）所完成的定额工时与实作工时相对比，以反映该产品（零部件）的定额水平。产品（零部件）的定额完成率，可以分别用产量定额和工时定额进行计算。

（一）按产量定额计算的定额完成率

以产品的产量定额为依据的统计，其计算公式为：

$$产品（零部件）产量定额完成率=\frac{实际完成某产品（零部件）产量}{该产品（零部件）产量定额}\times100\%$$

例如，某化肥厂生产某种化肥，班产量定额为 5 吨，三个轮班实际生产 16 吨，则该化肥产品的产量完成程度为：

$$产量定额完成率=\frac{16}{5\times3}\times100\%\approx106.67\%$$

（二）按工时定额计算的定额完成率

以产品的工时定额为依据的统计，其计算公式为：

$$产品（零部件）工时定额完成率=\frac{产品（零部件）完成定额工时}{该产品（零部件）实作工时}\times100\%$$

例如，某食品机械炊事用具厂制作 30 厘米×50 厘米规格的菜板，有划线、刨面、粘贴面三道工序，单件工时定额依次为：3.5 分、25 分、21.5 分。本批加工 10 件。完成后实作工时为：划线 30 分、刨面 200 分、粘贴面 170 分，见表 6-1。

表 6-1 工时计算表

产品	产量（件）	工序	划线	刨面	粘贴面	合计
菜板（30 厘米×50 厘米）	10	完成定额工时（分）	35	250	215	500
		实作工时（分）	30	200	170	400
		定额完成率（%）	117	125	126	125

$$产品工时定额完成率=\frac{500}{400}\times100\%=125\%$$

三、劳动者劳动定额完成情况统计

劳动者劳动定额完成情况统计，是指分别以个人、班组、车间、企业或工种为核算对象，将他们的完成定额工时与实作工时对比，反映每个工人、各生产单位和各工种完成定额的情况，并说明定额水平在各工种和各生产单位之间的均衡程度。统计研究劳动者劳动定额完成情况，计算的指标主要有劳动定额完成率、超额率和达额面等。

（一）劳动定额完成情况指标的计算

1. 个人劳动定额完成情况指标

（1）一个工人生产一种产品或完成某道工序时，其劳动定额完成程度可按产量定额或工时定额计算，且两种计算结果是一致的。

按产量定额计算的公式为：

$$产量定额完成率=\frac{单位时间内实际产量}{产量定额}\times 100\%$$

按工时定额计算的公式为：

$$工时定额完成率=\frac{完成定额工时}{实作工时}\times 100\%$$

劳动定额完成程度，可用超额率来表示：

$$超额率=定额完成率-100\%$$

（2）一个工人生产多种产品或从事多道工序的加工作业时，其劳动定额完成程度通常是按工时定额计算的。其计算公式为：

$$劳动定额完成率=\frac{\sum（工时定额\times 产品产量）}{实作工时}\times 100\%$$

2. 生产单位定额完成情况指标

生产单位包括班组、工段、车间和企业等。可以分别以不同生产单位为范围，计算其劳动定额完成率。计算方法主要有两种。

（1）综合计算法，即计算出生产单位在一定时期内完成的定额工时总和与实作工时总和，然后计算生产单位综合平均定额完成率。其计算公式为：

$$综合平均定额完成率=\frac{生产单位完成定额工时总和}{生产单位实作工时总和}\times 100\%$$

$$平均超额率=综合平均定额完成率-100\%$$

（2）分组计算法用以说明生产单位内部成员完成定额的情况。按这种方法计算，需要先按定额的完成程度对生产单位人员进行分组。其计算公式为：

$$各组平均定额完成率=\frac{\sum（各组定额完成率组中值\times 各组工人人数）}{\sum（各组工人人数）}\times 100\%$$

达额面的计算公式为：

$$达额面=\frac{达到与超过定额的人数}{达到与超过定额的人数+未达到定额的人数}\times 100\%$$

例如，某车间三月份的劳动定额完成程度分组资料，见表 6-2。

表 6-2　　某车间三月份劳动定额完成程度分组资料

定额完成率	分组	<80%	80%~100%	100%~120%	120%~140%	140%以上	合计
	组中值（X）	70%	90%	110%	130%	150%	—
工人人数（f）		5	10	60	15	10	100
Xf		3.5	9	66	19.5	15	113

$$各组平均定额完成率=\frac{\sum Xf}{\sum f}=\frac{113}{100}=1.13 \text{ 或 } 113\%$$

$$达额面=\frac{85}{100}\times 100\%=85\%$$

（二）计算劳动定额完成程度应注意的问题

1. 产品产量的范围

一般而言，计算劳动定额完成率采用的产品，必须是合格品，不包括废品。废品出现的原因，从工人角度观察，有工人过失造成的和非工人过失造成的两种情况。所以，在计算定额完成率时，应区别对待。

（1）计算个人劳动定额完成率时，工人过失造成的废品数量不计入产量，非工人过失造成的废品数量应计入产量。

（2）计算生产单位劳动定额完成率时，无论是工人过失还是非工人过失造成的废品，其数量都不能计入产量。

2. 工时定额的内容

工时定额是企业规定的在正常生产技术组织条件下生产单位产品应消耗的劳动时间标准。但是，在实际运行时，企业往往会出现异常情况，对工时定额会进行调整和追加。因此，除了有正常情况的基本定额外，还会有企业异常情况下对原定额的补充，即追加定额。计算劳动定额完成率时，对基本定额与追加定额会有不同的处理方法。

（1）计算个人劳动定额完成率时，工时定额应包括基本定额和追加定额两部分。

（2）计算生产单位劳动定额完成率时，工时定额只包括基本定额，对追加定额不予考虑。

3. 实作工时的内容

实作工时是生产产品所实际消耗的劳动时间。在计算劳动定额完成率时，除了用于生产产品的有效耗用时间外，还有无效的耗用时间，如缺勤、停工和非生产等的时间消耗，不同的计算方法对于这些时间消耗量的处理是有区别的。

（1）计算个人劳动定额完成率时，因为其目的是观察生产工人在纯工作时间内的劳动效率和实际完成定额的能力，所以应采用实际消耗工时来计算，即从事有定额工作的实际消耗工时。

（2）计算生产单位劳动定额完成率时，因为其目的是考核企业、车间等的生产工作质量，观察企业在现实的具体技术水平与管理水平条件下完成劳动定额情况，所以实作工时还应包括无定额工作工时、缺勤工时、停工工时和非生产工时，即制度工作时间。

（三）劳动定额完成程度指标的常用计算

在实际工作中，劳动定额完成程度指标的计算方法具体有以下两种。

1. 工人小时劳动定额完成程度指标

工人小时劳动定额完成程度的计算公式表示为：

$$\text{工人小时劳动定额完成程度} = \frac{\sum (Q_1 + Q_1')(t_n + t_n')}{\sum (Q_1 + Q_1')t_1}$$

$$= \frac{\sum Q_1 t_n + \sum [Q_1 t_n' + Q_1'(t_n + t_n')]}{\sum T_1}$$

$$= \frac{\sum Q_1 t_n}{\sum T_1} + \frac{\sum [Q_1 t_n' + Q_1'(t_n + t_n')]}{\sum T_1}$$

式中，Q_1 为合格品数量；Q_1'为非工人过失造成的废品量；t_n 为单位产品工时定额；t_n'为单位产品追加定额；t_1 为单位产品实耗工时；$\sum T_1$ 为生产工人从事有定额工作的实际消耗工时。

上述计算公式反映生产工人在纯工作时间内的劳动效率。公式由两部分构成：$\frac{\sum Q_1 t_n}{\sum T_1}$是合格品劳动定额完成程度指标；$\frac{\sum [Q_1 t_n' + Q_1'(t_n + t_n')]}{\sum T_1}$则表明在劳动条件异常情况下增加消耗的劳动时间占实际消耗工时的比重。

2. 企业劳动定额综合完成程度指标

企业劳动定额综合完成程度的计算公式为：

$$\text{企业劳动定额综合完成程度} = \frac{\sum Q_1 t_n}{\sum T_1 + \sum T_2 + \sum T_3 + \sum T_4}$$

式中，$\sum T_2$ 为停工工时；$\sum T_3$ 为缺勤工时；$\sum T_4$ 为从事无定额工作工时。

在上述公式中，分子项是实际完成合格品定额工时，分母项是制度工作工时。所以，这个指标表明了劳动条件与各种时间的利用因素的综合影响。

四、劳动定额完成情况的分析

分析劳动定额完成情况，是指在统计劳动定额完成程度指标的基础上，进一步分析完不成劳动定额和超额完成劳动定额的种种原因。这种分析活动，可以从三个方面着手。

（一）按不同生产单位或工种分析

按不同生产单位或工种分析主要是指对各车间（工段、班组）的劳动定额完成情况或对各工种劳动定额完成情况进行比较分析。观察各生产单位、各工种劳动定额完成的均衡程度，分析其规律性和合理性；发现经常的、大范围的完不成劳动定额的现象，分析各种影响因素，提出及时达到定额水平的措施；分析达额面和超额幅度的合理程度，有针对性地提出合理措施，不断改进生产和经营管理工作。

（二）按不同的定额完成程度分析

借助工人定额完成程度分组资料，分别对定额完成程度不同的工人进行分析。侧重抓两头，即大幅超额的工人与经常完不成定额的工人。对于技术素质好、劳动热情高而且超额完成工作指标的优秀工人，应认真分析和总结其先进的工作经验和操作方法，组织推广，带动更多的工人赶争先进。对长期完不成劳动定额的工人，应具体分析和探究原因，找出是工人个人的原因还是企业的原因，有针对性地制定对策，促进其提高。

（三）按不同产品分析

对不同零部件和各种产品的劳动定额的完成情况，分别展开比较分析。其目的主要是观察劳动定额在零部件之间以及各种产品之间的完成程度，掌握产品的实际定额水平，为调整零部件定额和修改整个产品的劳动定额提供切实依据。

第三节 劳动定额实施结果分析

一、劳动定额水平高低程度分析

劳动定额水平是指劳动定额标准的高低。劳动定额水平是一个相对概念，只有用两种定额标准比较时，才会有高低之分。劳动定额水平的基本要求是先进合理，定额水平过高或过低，都会限制劳动定额作用的发挥。定额水平是劳动定额管理的核心问题。围绕这个核心，需要认真展开统计分析。

统计分析劳动定额水平的高低，就是将某种产品的现行劳动定额（工时定额或产量定额）与作为对比标准的另一劳动定额相比较，计算出定额水平对比系数，进而分析现行劳动定额水平的高低、先进性和合理程度。计算定额水平对比系数的基本公式为：

$$\text{定额水平对比系数}=\frac{\text{某产品（零部件、工序）现行劳动定额}}{\text{作为对比标准的劳动定额}}$$

作为对比标准的劳动定额，可以分别采用技术测定的劳动定额、按定额标准制定的劳动定额、同行业先进的劳动定额和历史上最高水平的劳动定额。依据这四种劳动定额水平，可以相应地计算出四种定额水平对比系数，即技术定额水平对比系数、标准定额水平对比系数、行业先进定额水平对比系数和历史最高定额水平对比系数。

二、劳动定额水平均衡程度分析

劳动定额水平均衡程度，一般通过企业内部各车间、各工种之间的横向比较分析得出。若定额水平在各车间、各工种之间相差悬殊，就说明定额水平不平衡，反之，则说明定额水平比较平衡。采用上述标准定额水平对比系数，可以衡量各车间（或各工种）的定额水平是否平衡，且结论较为公正客观。但这种方法比较复杂，不便经常运用。这里介绍另一种较为方便的分析方法，即计算定额水平均衡率。它的计算分析步骤如下所述。

第一步，计算分组平均定额完成率（$\bar{X}$）：

$$\bar{X}=\frac{\sum Xf}{\sum f}$$

式中，X 为各组定额完成率组中值；f 为各组工人人数。

第二步，计算标准差（σ）：

$$\sigma=\sqrt{\frac{\sum (X-\bar{X})^2 f}{\sum f}}$$

第三步，计算定额水平均衡率（v）：

$$v=\frac{\sigma}{\bar{X}}\times 100\%$$

第四步，判断各车间（或各工种）定额水平的均衡率大小。v 值越小，表明定额水平趋向均衡；v 值越大，表明定额水平不均衡。

例如，某企业两个车间劳动定额完成情况见表 6-3。

表 6-3　　某企业甲、乙两车间劳动定额完成情况

甲车间				乙车间			
定额完成率 X（%）	人数 f	$X-\bar{X}$	$(X-\bar{X})^2f$	定额完成率 X（%）	人数 f	$X-\bar{X}$	$(X-\bar{X})^2f$
85	—	—	—	85	3	-0.446	0.596 748
95	—	—	—	95	7	-0.346	0.838 012
105	—	—	—	105	10	-0.246	0.605 160
115	22	-0.153	0.514 998	115	15	-0.146	0.319 740
125	24	-0.053	0.067 416	125	20	-0.046	0.042 320
135	39	0.047	0.086 151	135	14	0.054	0.040 824
145	9	0.147	0.194 481	145	10	0.154	0.237 160
155	6	0.247	0.366 054	155	9	0.254	0.580 644
165	—	—	—	165	7	0.354	0.877 212
175	—	—	—	175	5	0.454	1.030 580
合计	100	—	1.229 1	合计	100	—	5.168 4

甲车间的定额水平均衡率为：

$$\bar{X}=\frac{115\%\times22+125\%\times24+135\%\times39+145\%\times9+155\%\times6}{100}=130.3\%$$

$$\sigma=\sqrt{\frac{1.229\ 1}{100}}\approx0.111\text{ 或 }11.1\%$$

$$v=\frac{11.1\%}{130.3\%}\times100\%\approx8.5\%$$

乙车间的定额水平均衡率为：

$$\bar{X}=129.6\%$$

$$\sigma=\sqrt{\frac{5.168\ 4}{100}}\approx0.227\text{ 或 }22.7\%$$

$$v=\frac{22.7\%}{129.6\%}\times100\%\approx17.5\%$$

从上述计算结果可以看出：甲车间定额水平均衡率为 8.5%，小于乙车间定额水平均衡率 17.5%。由此可以判定，甲车间的定额水平较乙车间均衡。

三、企业劳动条件异常与劳动时间利用欠佳对劳动定额完成程度的影响分析

当企业的劳动条件异常时，需要对于生产工人的工时定额适当调整，即需要追加定额。但就企业而言，这会对劳动定额完成程度带来负面影响。

$$\text{生产工人劳动定额完成程度}=\frac{\left(\text{合格品量}+\begin{matrix}\text{非工人过失}\\\text{造成的废品量}\end{matrix}\right)\times\left(\begin{matrix}\text{基本工}\\\text{时定额}\end{matrix}+\begin{matrix}\text{追加工}\\\text{时定额}\end{matrix}\right)}{\text{实耗工时}}\times 100\%$$

因企业劳动条件异常，会出现非工人过失废品和追加工时定额，从而将增加工时消耗。

$$\begin{matrix}\text{增加消耗的工时}\\\text{占实耗工时比重}\end{matrix}=\frac{\left(\begin{matrix}\text{合格}\\\text{品量}\end{matrix}+\begin{matrix}\text{非工人过失}\\\text{造成的废品量}\end{matrix}\right)\times\begin{matrix}\text{增加工}\\\text{时定额}\end{matrix}+\left(\begin{matrix}\text{非工人过失}\\\text{造成的废品量}\end{matrix}\times\begin{matrix}\text{基本工}\\\text{时定额}\end{matrix}\right)}{\text{实耗工时}}\times 100\%$$

所以，企业劳动定额完成程度是生产工人劳动定额完成程度与增加消耗的工时占实耗工时比重之差。

$$\text{企业劳动定额完成程度}=\text{生产工人劳动定额完成程度}-\text{增加消耗的工时占实耗工时比重}$$

$$\text{企业劳动定额完成程度}=\frac{\text{合格品量}\times\text{基本工时定额}}{\text{实耗工时}}\times 100\%$$

企业劳动时间利用不充分，同样会影响企业劳动定额的完成程度。因此，以企业的全部工时消耗为基础的劳动定额完成程度的计算公式为：

$$\text{企业整体劳动定额完成程度}=\frac{\text{合格品量}\times\text{基本工时定额}}{\text{企业制度工作工时}}\times 100\%$$

假如企业出现加班加点现象，分母项还应加上加班加点工时。

例如，某企业计算期生产工人工时消耗与产量等资料如下所述。

（1）产品产量：合格品量 9 000 件，非工人过失造成的废品量 170 件。

（2）工时定额：基本定额 2 工时/件，追加定额 0. 5 工时/件。

（3）工时消耗：实耗工时为 18 700 工时，停工 1 124 工时，非生产 470 工时，缺勤 1 560 工时。

计算与分析如下。

$$\text{生产工人劳动定额完成程度}=\frac{(9\ 000+170)\times(2+0.5)}{18\ 700}\times 100\%\approx 122.6\%$$

由于劳动条件异常，出现非工人过失废品和追加定额，多耗用工时，造成劳动定额未能完成。

$$增加消耗的工时占实耗工时比重=\frac{(9\ 000+170)\times 0.5+170\times 2.0}{18\ 700}\times 100\%\approx 26.3\%$$

所以，企业劳动定额完成程度=122.6%−26.3%≈96.3%

$$或企业劳动定额完成程度=\frac{9\ 000\times 2.0}{18\ 700}\times 100\%\approx 96.3\%$$

由于企业劳动时间利用不充分，从全员整体的制度工作时间考核，企业劳动定额完成程度最终为：

$$\frac{9\ 000\times 2.0}{18\ 700+1\ 124+470+1\ 560}\times 100\%=\frac{18\ 000}{21\ 854}\times 100\%\approx 82.4\%$$

分析说明如下。

第一，从企业生产工人的技术状况和劳动表现观察，该企业生产工人每人1小时可完成1.226定额工时的生产任务。

第二，从企业整体观察，劳动定额完成程度为82.4%，其原因在于，劳动条件异常而损失4 925定额工时，企业劳动定额少完成26.3%；劳动时间利用不充分，发生停工、非生产与缺勤合计为3 154工时，若按企业劳动定额完成程度96.3%折算，损失约3 037.3工时，使企业劳动定额又少完成3 037.3/21 854×100%，即13.9%。因此，企业最后劳动定额完成程度是122.6%−（26.3%+13.9%），即82.4%。

四、劳动定额完成程度不同的结构分析

在评价企业、车间或班组等的劳动定额完成程度时，应按完成水平对生产工人进行分组，并进一步分析其内部构成，对劳动定额的贯彻执行情况作出全面深入的说明。

进行统计分组时，组数多少和组距大小均须适中，应以能确切地反映出完成定额的先进与后进的差别为原则，结合考虑企业定额工作的原有基础、定额执行期限长短等因素。统计分组后，依此可计算定额的平均完成程度，进一步分析各组完成的具体情况，以便采取对应措施。

$$定额平均完成程度=\frac{\sum(各组组中值\times 工人人数)}{全部工人人数}$$

通过计算，可以进一步分析未完成定额的原因，提出改进办法，促进工人达到定额标准并分析达到或超过定额标准的原因，总结超过定额的先进经验和先进操作方法；还可从超额和完成定额的工人所占的比重中分析定额水平是否有偏高或者偏低的现象。

例如，某车间有三个班组100名工人，按劳动定额完成程度分组情况见表6-4。

表 6-4　　车间工人劳动定额完成率分组表

班组	人数小计（人）	完成率90%以下（人）	完成率90%~100%（人）	完成率100%~110%（人）	完成率110%~120%（人）	完成率120%~130%（人）	完成率130%以上（人）	平均定额完成率（%）
甲	33	3	3	19	4	2	2	106.5
乙	43	1	2	31	4	4	1	107.6
丙	24	1	5	8	4	3	3	110.0
合计	100	5	10	58	12	9	6	107.8

该车间 100 名工人平均定额完成率 106.5%，其中甲班组定额完成率 107.6%，乙班组定额完成率 107.6%，丙班组定额完成率 110.0%。丙班组是三个班组中最好的。

未完成定额的工人占各组及车间的比重如下。

甲班：$\frac{6}{33}\times100\%\approx18.18\%$

乙班：$\frac{3}{43}\times100\%\approx6.98\%$

丙班：$\frac{6}{24}\times100\%=25\%$

全车间：$\frac{15}{100}\times100\%=15\%$

计算分析说明：乙班组定额完成得最好，甲班组中有 18.18%的人未完成定额，而丙班组中未完成定额的比重占到 25%，全车间有 85%的工人完成和超额完成定额。

第四节　劳动定额管理统计

一、劳动定额实行范围的指标

劳动定额工作作为企业管理的一项基础工作，具有十分重要的意义。为了充分发挥它的作用，企业必须不断扩大劳动定额实施范围，力争做到凡具备条件的工作岗位都实行劳动定额管理。

为了反映一定时期内企业劳动定额实行范围，可按照不同类别计算劳动定额实行范围指标，以便及时发现哪些车间、哪些作业组或哪些人员还没有规定定额或定额规定不完全，进而采取相应措施、创造条件、改进方法，扩大定额实行范围。

（一）基本生产工人定额实行面

$$基本生产工人定额实行面=\frac{基本生产工人中实行劳动定额的人数}{从事某种作业职工人数}\times100\%$$

这个公式反映了实行劳动定额的基本生产工人在全体基本生产工人中所占的比重。

$$基本生产工人定额考核面=\frac{基本生产工人中实行劳动定额的人数-不在岗定额工人数}{基本生产工人中实行劳动定额的人数}\times100\%$$

公式中的不在岗定额工人数是指实行劳动定额的基本生产工人中由于各种原因离岗未工作或从事无定额工作的工人。

（二）生产工人定额实行面

$$生产工人定额实行面=\frac{生产工人中实行劳动定额的人数}{生产工人总数}\times100\%$$

公式中的生产工人，既包括基本生产工人，又包括辅助生产工人。

（三）全部职工定额实行面（全员定额实行面）

$$全部职工定额实行面=\frac{企业职工中实行各种形式劳动定额的人数}{企业职工总数}\times100\%$$

该公式反映了在全体职工中实行劳动定额的比重。

二、产品定额制定规模和方法的指标

（一）产品工序定额制定面

$$产品工序定额制定面=\frac{产品工序中有定额的工序数}{产品工序总数}\times100\%$$

通过计算产品全部工序中有定额的工序所占比重，可以了解有多大范围的工序实行了定额管理。

（二）产品工序技术定额面

$$产品工序技术定额面=\frac{产品工序中有技术定额的工序数}{产品工序总数}\times100\%$$

公式中的技术定额是指采用以下几种方法制定的定额，它在一定程度上反映了制定定额的科学性和先进性。

1. 技术测定法

技术测定法是指在分析技术组织条件和工艺规程的基础上，对定额各部分的时间组成进行分析、计算和测定来确定定额的方法。

2. 动作因素分析法

动作因素分析法是指科学地分析劳动中各细微身体动作，在剔除无效动作、制定标准操作动作的基础上来确定定额的方法。

3. 定额标准查算法

定额标准查算法是指根据同类型产品的典型零件、典型工序的定额或标准进行分析计算后，制定定额的方法。

三、劳动定额调整幅度的指标

企业生产技术的不断发展、管理水平的进步、生产组织和劳动组织的完善、工人文化技术水平和劳动熟练程度的不断提高，以及产品结构、工艺过程、机器设备等生产因素发生变化，都会导致原来制定的劳动定额需要作相应的修订。反映劳动定额调整幅度的指标是定额修订管理工作的必要组成部分。

（一）定额工时压缩率

$$\text{定额工时压缩率}=\frac{\text{压缩工时}}{\text{原定额工时}}\times 100\%$$

$$=\frac{\text{原定额工时}-\text{新定额工时}}{\text{原定额工时}}\times 100\%$$

该公式反映了工时定额修改后的新定额工时降低幅度。该指标可按单一产品计算，也可按多项产品综合计算；可在定额修订前或修订后计算，这样可分别得到计划压缩率指标和实际压缩率指标。

（二）定额产量增长率

$$\text{定额产量增长率}=\frac{\text{增长产量}}{\text{原产量定额}}\times 100\%$$

$$=\frac{\text{新产量定额}-\text{原产量定额}}{\text{原产量定额}}\times 100\%$$

该公式反映了劳动定额修改后新产量定额增长的幅度。该指标在定额修改前后都能运用，一般按单一产品计算。若要综合计算多种产品的产量增长率，可先计算出定额工时压缩率，再利用换算公式得到多种产品的产量增长率。

定额工时压缩率与定额产量增长率的数字关系式为：

$$定额产量增长率=\frac{定额工时压缩率}{1-定额工时压缩率}$$

$$定额工时压缩率=\frac{定额产量增长率}{1+定额产量增长率}$$

【思考题和计算题】

1. 简述企业劳动定额的形式。
2. 简述企业劳动定额统计工作的重要性。
3. 简述如何计算实作工时和完成定额工时。
4. 简述劳动定额完成程度指标计算的注意事项。
5. 简述怎样评价企业劳动定额的实施结果。
6. 简述用什么指标分析企业劳动定额的管理工作。
7. 某种零件产量定额每工时为 6 件，工时定额为每件耗时 10 分钟；实际执行结果为，每工时生产 8 件，每件耗时 7.5 分钟。如何确定其劳动定额完成情况？
8. 某企业计算期生产工人工时耗用和产量资料如下。合格产品数量 5 000 个，非因工人过失的废品 100 个；每个产品工时定额：基本定额 3 小时，追加定额 0.4 小时；工时消耗：实际作业工时 14 500 工时，停工 100 小时，非生产用工 200 工时，缺勤 980 工时。

计算和分析：（1）生产工人劳动定额完成程度；（2）企业劳动定额完成程度。

9. 依据题 8 的资料，分析该企业劳动定额的完成情况受什么因素影响。
10. 某厂甲、乙、丙三个车间生产工人按劳动定额完成程度的分组见表 1。

表 1　某厂车间生产工人劳动定额完成程度分组表

按劳动定额完成程度分组（%）	甲车间（人）	乙车间（人）	丙车间（人）
80	3		2
90	7		5
100	10	22	13
110	15	24	20
120	20	29	15
130	14	10	16

续表

按劳动定额完成程度分组（%）	甲车间（人）	乙车间（人）	丙车间（人）
140	10	9	10
150	9	6	8
160	7		7
170	5		4
合计	100	100	100

计算：三个车间的定额水平均衡率。

11. 运用题 10 的资料，计算：(1) 各车间劳动定额平均完成程度；(2) 各车间及全厂未完成劳动定额工人的比重。

12. 假定题 10 某厂甲、乙、丙车间各有生产工人 120 人、105 人、115 人，全厂共有生产工人 340 人。计算生产工人定额实行面指标。

第七章 劳动报酬统计

学习要点

企业劳动报酬统计的意义和研究的问题。

企业工资总额的核算原则和构成，工资总额的变动；工资的支付情况。

企业平均工资指标的计算原则，平均工资指数体系的编制；实际工资与名义工资的区别；企业职工工资关系和收入差距的分析。平均工资增长和劳动生产率增长的分析。

工资效益的核算原则、核算方法和动态研究；工资性奖金效益的分析。

第一节 劳动报酬统计的意义

人民日益增长的美好生活需要与不平衡不充分的发展之间的矛盾表明，发展社会生产力的根本任务十分紧迫，因此，必须千方百计调动各方面的积极性。在这一历史时期，经济成分多元化决定了社会分配也会呈现多元化的格局。在社会分配中，应坚持以按劳分配为主体，发展多种分配形式，保证社会分配的合理化与科学化，从而向共同富裕全面迈进。

一、劳动报酬的意义

在劳动力市场，假如所有劳动者的专业技术素养与能力在同一水平上，劳动岗位和劳动条件都一样，那么，劳动报酬和收入最终是均等的。但现实却不尽然，在现实中，这二者之间存在着较大差别。这是因为，劳动者的各种专业技术素养与能力参差不齐，劳动过程中的技术要求不同，各地各单位经济效益存在差距，劳动强度存在强弱之别，等等，这些都会集中反映在劳动报酬上，形成劳动报酬的差异。

劳动报酬是从业人员根据自己所提供劳动的数量和质量，从为社会创造的新价值中取得，并归个人占有和支配的那部分社会产品数量。所以，不同的从业人员的劳动报酬存在着很大差别。

在劳动报酬的分配工作中，应该协调和处理好一些主要关系。例如，产业或部门之间的劳动报酬差异；职业和工种之间的劳动报酬差异；地区之间的劳动报酬差异；复杂劳动与简单劳动之间的劳动报酬差异；脑力劳动与体力劳动之间的劳动报酬差异；性别之间的劳动报酬差异；各年龄段之间的劳动报酬差异；领导者与被领导之间的劳动报酬差异；城乡劳动者之间的劳动报酬差异等。要协调和处理好这些关系，必须注意一系列问题：首要的是要体现公平与公正，劳动报酬和付出劳动要相匹配，付出的劳动与得到的回报应平衡；其次，要制定好报酬等级和标准，根据市场机制，结合本单位的特点，搭建好劳动报酬框架结构；再次，贯彻物质利益原则，打通劳动力合理流动机制；最后，处理好各类人员总收入的比例关系，以利于积极性和创造性的最充分发挥。

二、企业劳动报酬统计的意义

企业从业人员的劳动报酬分配工作，在全社会从业人员劳动报酬分配工作中占据相当重要的地位。因此，应认真研究和分析企业劳动报酬。

在企业的劳动报酬中，工资支付占绝大比重，所以，统计研究的重点应放在从业人员或职工的工资方面。

企业从业人员工资是企业从业人员劳动报酬的货币表现。企业的工资分配是严格遵循按劳分配原则的。企业核算工资，既是企业经济核算的重要内容，也是国民经济核算中不可或缺的部分。企业必须准确核算工资，提供真实、可靠的工资统计资料。企业工资统计研究的意义体现在以下四方面。

第一，对正确处理劳动者利益与企业生产经营发展的关系有重要作用。一般而言，劳动者生活的主要来源是工资收入，工资收入水平决定着他的生活水平。因此，劳动者非常关注工资水平。但是，劳动者工资水平高低和增长幅度不仅直接关系到劳动者生活水平的高低，还关系到企业生产经营的发展。在企业新创造的价值或经济效益一定的条件下，劳动者工资水平越高，企业用于扩大经营的资金就会越少，在激烈的市场竞争下，企业生产经营资金不足必然会影响企业的发展；如果工资水平偏低，即使企业发展资金充足，劳动者的生活水平也可能不会有太大变化，从而会影响劳动者的积极性和创造性的发挥，甚至造成人才外流，影响企业经济效益的稳定性，阻碍进一步发展。研究分析企业工资状况，有利于正确处理劳动者切身利益与企业发展之间的关系。

第二，劳动报酬统计是研究按劳分配原则在企业落实情况的重要手段。按劳分配原则在企业的贯彻实施体现在具体的实现形式上。这主要是劳动量的计量问题，计量方法不同，劳动报酬也会不相等。为适应不同的劳动形式，应采用不同的劳动报酬计量方法，我国现行的工资总额包括了计时工资、计件工资、奖金、津贴与补贴、加班加点工资等多种工资形式，它们分别体现了工资的各种不同职能。研究劳动报酬的支付形式，对于评价按劳分配原则的具体实现有着重要作用。

第三，劳动报酬统计是研究企业内部工资关系与其他企业工资关系的重要依据。企业生产经营活动是由全体从业人员协作努力来完成的，但由于他们岗位不同、业务技术技能不同、贡献不同、责任大小不同、劳动强度不同等，所以依据按劳分配原则，从业人员之间的劳动报酬应有差别，并保持适度的关系，既不是平均主义，也不应差别过大。在企业内部的主要工资关系有：企业领导者与广大从业人员的工资关系、职员和工人的工资关系、工程技术人员和管理人员的工资关系、工人内部的工资关系等。正确处理这些工资关系，对于调动劳动者的积极性和创造性、增强企业团结凝聚力有着巨大的意义。

本企业工资水平与其他企业工资水平的差异，应控制在合理范围，差别过大，应找寻原因、合理调整。因为企业之间的工资关系失调不利于吸引人才、稳定人才，易造成不必要的人员流动，影响企业发展和竞争力的提升。此外，企业工资水平还应和社会工资总水平相适应。为此，应适当控制企业工资增长幅度，合理核定企业工资水平。

第四，劳动报酬统计是检查和分析企业工资计划执行情况的重要手段。企业工资支付涉及企业的方方面面，与生产经营活动、人员收入及生活水平等都有关系，因而工资支付的安排必须有预案和计划。正确编制企业工资计划，一定要以工资统计分析资料为依据，检查工资计划的执行情况，监督工资支付预案的贯彻实施，所以，企业工资统计分析工作是编制、检查与监督企业工资计划及其执行情况的重要依据。

三、企业劳动报酬统计研究的问题

在研究企业劳动报酬统计的问题时，必须注意以下三个一般性的问题。

第一，企业劳动报酬的统计研究必须是全方位的。在社会主义市场经济条件下，企业劳动者劳动报酬的取得是多渠道、多方面的，因此只要是具有劳动报酬性质的，无论其取自何处，均应对其进行统计核算，以利于其全貌的展现。

第二，劳动报酬有货币和实物两种表现形式。一般情况下，劳动报酬的基本表现形式是货币，但在某些情况下，也会以实物的形式表现。所以，企业劳动报酬的统计研究必须在研究其货币形式的基础上，兼顾其实物形式的研究，以确保劳动报酬统计资料和分析的完整性与准确性。

第三，企业经营者的年金和承包收入。企业的市场化程度日益加强，经营者的作用日渐突出，他们的责任和风险加大，为使其责任与回报相匹配，应对高层主管实行年金制或承包收入。从按劳分配原则看，这具有劳动报酬性质，所以，企业经营者的年金和承包收入应是劳动报酬统计核算的内容。

四、企业劳动报酬统计的任务

（一）表明地区间、行业间和各类劳动者之间工资分配关系

各类劳动者在劳动条件、技术水平、熟练程度和贡献等方面，都存在着很大的差别，因而劳动者取得的劳动报酬会存在较大差异。对各类劳动者的“劳”和“酬”进行比较分析，有利于观察“劳”与“酬”的比例关系是否合适，并找出其形成的原因。

（二）反映和研究工资分配的实现形式

工资报酬分配形式涉及劳动量如何计算的问题。不同的劳动形式，劳动量的计算方法不同，劳动报酬也会存在差异。例如，工资分配中的计时工资和计件工资，承包制中的承包收入与盈利提成等，它们都是对不同劳动形式的劳动报酬的支付。

（三）计算企业劳动报酬总额和工资总额

劳动报酬和工资总额的计算能够反映企业生产总费用中人工成本的投入状况，同时也反映国内生产总值的结构和分配的去向情况，有利于研究分配政策的贯彻与落实。

（四）反映劳动报酬水平与工资水平

可以采用平均工资来说明企业从业人员生活的一般状况，分析和研究企业劳动者工资收入高低及其增长变化程度，可以为安排企业人员的经济生活、稳步提高其文化生活水平提供有力依据。

第二节　企业工资总额的核算

一、企业工资总额的含义

企业从业人员是以工资形式获取劳动报酬的，因此，工资是从业人员或职工在企业参加劳动或工作，定期从企业领取的一定数额的货币或其他形式劳动报酬的总称。

二、企业工资总额的核算原则

正确地核算企业工资总额具有极其重要的意义。所以，为准确地核算企业工资总额，

必须遵循如下原则。

（一）劳动报酬性质的原则

企业职工工资是职工劳动报酬的货币表现，是根据职工的劳动数量和质量支付的。因此，凡具有劳动报酬性质支付给职工的，都应计入企业工资总额内；凡是不具有劳动报酬性质的支出，即使支付给企业职工，也不应包括在企业工资总额内。

（二）全部职工的原则

工资是企业支付给职工的劳动报酬，企业职工工资总额应反映企业全部职工的劳动报酬总额。所以，凡是支付给本企业职工的劳动报酬，都应包括在企业职工工资总额内。

（三）不同经费来源和支付形式的原则

凡是作为劳动报酬支付给企业职工的工资，不论是以实物形式或是货币形式支付，也不论是由工资基金或是由其他经费负担，都应计入企业工资总额内。一般情况下，企业是以货币形式支付职工劳动报酬的，而在一些农业企业，当农副产品收获时，他们会以部分农副产品实物支付职工劳动报酬，在这种情况下，实物应折合为一定量的货币计入工资总额。从经费来源看，绝大部分职工的工资都是由工资基金负担的，然而，也会有少数职工的工资由其他经费负担，如材料费、搬运费、职工福利基金、企业基金、企业利润或企业附属机构的业务收入等，尽管费用来源不同，但都是职工的劳动报酬支出，因而应计入企业工资总额。

（四）按一定时期范围的实发数核算的原则

企业应按月、季、半年和年核算企业工资总额，工资总额应按企业实际支付数统计。一定时期的工资总额，就应是同期劳动报酬总额的货币表现。但是，由于企业工资核算上的原因，工资往往错时支付，所以会出现当期实际支付的工资总额与同期应付工资总额不一致的矛盾。从理论上讲，企业工资总额应当按应付数统计，因为应付工资总额与实发工资总额的差别并不大。一般而言，月度的差别可能会较大。随着核算时期的延长，差别会减小，年度的工资应付数与实发数在正常情况下相差无几。因此从工资总额统计的研究目的看，按实发数计算工资总额是可行的。

工资总额的统计，应满足企业检查工资计划的需要，为国家对工资总额进行宏观调控提供依据，为研究企业工资水平提供数据，从而有利于研究货币流通量、社会购买力与商品可供量的平衡关系。

三、企业工资总额的构成

研究工资总额的构成，对于企业正确核算工资总额和观察其变动，都是十分必要的。工资总额的构成内容主要有：计时工资、计件工资、奖金、津贴和补贴、加班加点工资和特殊情况下支付的工资。

（一）计时工资

计时工资是指按计时工资标准（包括地区生活费补贴）和工作时间支付给个人的劳动报酬。它包括以下四个部分：（1）对已做工作按计时工资标准支付的工资；（2）实行结构工资制的单位支付给职工的基础工资、职务（岗位）工资；（3）新参加工作人员的见习工资（学徒的生活费）；（4）运动员体育津贴。

（二）计件工资

计件工资是指对已做工作按计件单价支付的劳动报酬。它包括以下三个部分：（1）实行超额累进计件、直接无限计件、限额计件、超额计件等工资制，按劳动部门或主管部门批准的劳动定额和计件单价支付给个人工资；（2）按工作任务包干方法支付给个人的工资；（3）按营业额或利润提成办法支付给个人的工资。

（三）奖金

奖金是指企业支付给个人的超额劳动报酬和增收节支的劳动报酬。它包括以下四个部分：（1）生产奖；（2）节约奖；（3）劳动竞赛奖；（4）其他奖金。

（四）津贴和补贴

这是为补偿职工特殊或额外的劳动消耗和因其他特殊原因支付给职工的津贴，以及为了保证职工工资水平不受物价影响支付给职工的物价补贴。

1. 津贴

津贴包括补偿职工特殊或额外劳动消耗的岗位津贴、技术性津贴、保健性津贴、年功性津贴及其他津贴。

2. 物价补贴

物价补贴是指为保证职工工资水平不受物价上涨或变动影响而支付的各种补贴。

（五）加班加点工资

加班加点工资是按规定支付的加班工资和加点工资。

（六）特殊情况下支付的工资

特殊情况下支付的工资主要包括两部分：一是根据国家法律、法规和政策规定，因病、工伤、产假、计划生育假、婚丧加、事假、探亲假、定期休假、停工学习、执行国家或社会义务等原因按计时工资标准或工资标准的一定比例支付的工资；二是附加工资、保留工资。

四、企业工资总额的变动分析

工资总额是国民经济核算和宏观调控的重要指标之一，工资总额的增减变动直接关系到宏观决策，对于消费和积累的比例关系和社会购买力与市场商品可供量的平衡关系有重大影响。同时，它还直接关系到社会生产力的发展和人民生活的改善。对企业而言，工资总额是企业人工总成本的重要组成部分，企业应节约活劳动投入，降低生产经营成本，逐步提高经济效益，做到工资的合理支付。因此，研究企业工资总额的变动具有很重要的意义。

影响企业工资总额变动的最直接的因素是企业人员规模的变化和企业工资水平的高低。企业工资总额的变动，应和企业人员总量以及平均工资的增减变动一起来观察。因此，应采用工资总额动态指标和绝对额分析法，对企业工资总额的变动进行分析研究。其计算公式为：

$$\text{工资总额动态指标}=\frac{\text{报告期工资总额 } X_1}{\text{基期工资总额 } X_0}$$

工资总额与平均人数及平均工资有如下关系：

$$\text{工资总额}=\text{平均人数}\times\text{平均工资}$$

这三者之间，在动态指标上依然有乘积关系：

$$\text{工资总额动态指标}=\text{平均人数指数}\times\text{平均工资指数}$$

依据指数法原理，可将上式改写为：

$$\frac{X_1}{X_0}=\frac{T_1}{T_0}\times\frac{\bar{X}_1}{\bar{X}_0}$$

式中，X_1、X_0 为报告期和基期的工资总额；T_1、T_0 为报告期和基期的平均人数；$\bar{X}_1$、

$\bar{X}_0$ 为报告期和基期的平均工资。

可见，工资总额动态指标（或指数）是企业人员平均人数指数与平均工资指数的乘积。工资总额指数体系可具体表述为：

$$\frac{X_1}{X_0}=\frac{T_1\bar{X}_0}{T_0\bar{X}_0}\times\frac{\bar{X}_1T_1}{\bar{X}_0T_1}$$

上述分析说明，工资总额的变动是人数的变动与平均工资的变动共同作用的结果。用差额分析法可以分析人数的变动与平均工资变动对工资总额变动影响的增减绝对额。其具体计算分析方法如下。

工资总额增减绝对额为：

$$\Delta_X=X_1-X_0$$

其中，人数变动影响的绝对额为：

$$\Delta_{T_1-T_0}{}'=(T_1-T_0)\bar{X}_0$$

平均工资变动影响的绝对额为：

$$\Delta_{\bar{X}}{}'=(\bar{X}_1-\bar{X}_0)T_1$$

所以，$\Delta_X=X_1-X_0=(T_1-T_0)\bar{X}_0+(\bar{X}_1-\bar{X}_0)T_1=\bar{X}_1T_1-\bar{X}_0T_0$

继续分析二者对工资总额变动影响的相对程度：

工资总额增减程度=工资总额动态指标（或指数）−1（或100%）

其中，人数变动影响的相对程度为：

$$人数增加或减少的比例=\frac{人数变动影响工资总额增减绝对额}{基期工资总额}\times100\%$$

平均工资变动影响的相对程度为：

$$平均工资增加或减少的比例=\frac{平均工资变动影响工资总额增减绝对额}{基期工资总额}\times100\%$$

例如，某企业工资总额资料，见表7-1。

表7-1　　某企业工资情况

	报告期	基期	指数（%）	增减额
工资总额（万元）	952.56	840.00	113.4	112.56
平均人数（人）	1 050	1 000	105.0	50
平均工资（元）	9 072	8 400	108.0	672

从表7-1可知，该企业工资总额指数为113.4%（105.0%×108.0%），报告期工资总额比基期工资总额增长13.4%，绝对额增加952.56−840，即112.56万元。其中，因人数

增长5%，增加50人，使工资总额的绝对额增加（1 050−1 000）×8 400，即42万元；相对增加程度为42/840×100%，即5%。因平均工资增长8%，增加672元，使工资总额的绝对额增加（9 072−8 400）×1 050，即70.56万元；相对增加程度为70.56/840×100%，即8.4%。因此，企业工资总额的绝对额增加了42+70.56，即112.56万元；相对增加程度为5.0%+8.4%，即13.4%。分析结果表明，企业工资总额的增加主要是平均工资上升的结果，同时与人数的增加也有较大的关系。

五、工资总额计划执行情况和分析

从宏观上观察，企业工资总额的计划安排需适应社会购买力与市场商品可供量的平衡关系，避免工资总额失控；从微观上考虑，企业工资总额计划完成情况影响企业成本计划与经济效益计划的执行结果，对企业人员的工资收入与生活水平也会有影响。所以，分析企业工资总额计划的执行情况是非常必要的。

（一）绝对检查分析

绝对检查分析方法，仅就工资总额进行检查分析，评价其完成程度和超支或节约情况。这种检查分析方法主要计算四种分析指标。

1. 月工资总额计划完成程度指标

$$\text{月工资总额计划完成程度}=\frac{\text{月实际工资总额}}{\text{月计划工资总额}}\times 100\%$$

$$\text{月工资总额超支或节约绝对额}=\text{月实际工资总额}-\text{月计划工资总额}$$

2. 自年初至本月止工资总额累计完成程度指标

自年初至本月止工资总额累计完成程度指标是自年初至本月止的工资总额的实际累计和计划累计之比，用以观察计划完成的情况。其计算公式为：

$$\begin{array}{c}\text{自年初至本月止工资总}\\\text{额累计完成计划的比例}\end{array}=\frac{\text{自年初止本月止实际工资总额累计}}{\text{自年初止本月止计划工资总额}}\times 100\%$$

3. 全年工资总额计划的累计完成程度指标

全年工资总额计划的累计完成程度指标是检查全年工资总额计划的每月实际进度指标。其计算公式为：

$$\begin{array}{c}\text{自年初至本月止年工资}\\\text{总额计划的累计完成比例}\end{array}=\frac{\text{自年初至本月止实际工资总额累计}}{\text{全年计划工资总额}}\times 100\%$$

上式的分子项和分母项之差，就是自年初至本月止全年工资总额计划中的未支付额。同时，还可以对全年工资总额计划的完成情况进行预计，观察完成年工资总额计划的程度和超支或节约情况。该预计一般都是在每年 9 月份实际完成的基础上进行的。

$$\frac{\text{全年工资总额计划}}{\text{预计完成程度}}=\frac{\text{1—9 月份实际工资总额之和+第四季度工资总额计划}}{\text{全年计划工资总额}}\times 100\%$$

上式分子项与分母项的差额，就是预计全年工资总额的超支或节约的绝对额。

4. 年终检查全年工资总额计划的执行情况

报告年终后，企业需检查全年工资总额计划的执行结果，是超支或是节约，可通过以下计算分析得出。其计算公式为：

$$\text{全年工资总额计划实际完成程度}=\frac{\text{全年实际工资总额}}{\text{全年计划工资总额}}\times 100\%$$

$$\text{全年工资总额实际超支或节约绝对额}=\text{全年实际工资总额}-\text{全年计划工资总额}$$

$$\text{全年工资总额实际超支或节约率}=\text{全年计划工资总额实际完成程度}-100\%$$

例如，某企业某年工资支付情况见表 7-2。

表 7-2　　某企业某年工资支付情况

月份	计划工资总额（万元）	实际工资总额（万元）	完成计划（%）	超支或节约额（万元）
1 月	12	13. 2	110	1. 2
2 月	12	12. 6	105	0. 6
3 月	11	10. 45	95	-0. 55
4 月	11	11	100	0
5 月	11	11. 33	103	0. 33
6 月	13	13. 65	105	0. 65
7 月	13	14. 3	110	1. 3
8 月	14	15. 4	110	1. 4
9 月	15	18	120	3. 0
10 月	15	14. 25	95	-0. 75
11 月	15	13. 5	90	-1. 5
12 月	15	15	100	0
全年	157	162. 68	103. 6	5. 68

从表 7-2 中可以看出，该企业的全年工资总额计划实际完成 103. 6%，比计划超支 5. 68 万元。

若在 9 月份预计其工资总额的全年计划完成情况，则：

$$\text{预计完成年工资总额计划程度}=\frac{119.93+(15+15+15)}{157}\times100\%\approx105\%$$

预计工资总额比去年超支约 5%，超支绝对额约为 164.93−157，即 7.93 万元。

（二）相对检查分析

企业工资总额支付应该和企业的生产经营成果与效益相匹配，成果多、效益好，说明企业劳动者付出多，所以，以工资形式得到的补偿也会相应较多；反之，就会相应较少。此外，即使工资总额按计划要求支付，在工资支付结构上也不一定是合理的，很可能是一种隐性的超支。所以，企业检查工资总额的计划执行情况，应该结合生产经营成果和效益的计划完成程度，进行计算、分析和评价，从而获得合理的解释和公正的评价，以利于企业工资支付的科学管理。

这样的分析方法，称为相对检查分析。其计算指标如下。

1. 工资总额计划相对完成程度指标

$$\text{工资总额计划相对完成程度}=\frac{\text{实际工资总额}}{\text{计划工资总额}\times\frac{\text{实际生产或经济效益}}{\text{计划生产或经济效益}}}\times100\%$$

$$=\frac{\text{实际工资总额}}{\text{修正后的计划工资总额}}\times100\%$$

2. 工资总额相对超支或相对节约绝对额指标

工资总额相对超支或相对节约绝对额 = 实际工资总额 − 修正后的计划工资总额

3. 工资总额相对超支率或相对节约率指标

$$\text{工资总额相对超支率或相对节约率}=\frac{\text{工资总额相对超支或相对节约绝对额}}{\text{修正后的计划工资总额}}\times100\%$$

（三）工资总额计划完成程度的影响因素分析

对企业工资总额计划执行情况的检查，可采用前述两种计算分析方法，并在此计算分析的基础上，进一步分析工资总额超支（或节约）的原因，以便日后有针对性地完成工资的计划安排和贯彻执行工作。

1. 人数计划、平均工资计划和生产经营成果计划的执行结果对工资总额计划执行的影响分析

企业工资总额的超支或节约，受到平均人数的变动、平均工资计划的完成情况以及企业生产经营计划的完成情况的影响。

（1）平均人数的变动，影响工资总额的超支或节约额。

平均人数影响工资总额的超支或节约额=（实际平均人数-计划平均人数）×计划平均工资

（2）平均工资计划的完成情况，影响工资总额的超支或节约额。

平均工资影响工资总额的超支或节约额=（实际平均工资-计划平均工资）×实际平均人数

（3）生产经营计划或效益计划的完成情况，影响工资总额的超支或节约额。

$$\frac{\text{生产经营计划或效益计划影响}}{\text{工资总额的超支或节约额}}=\text{计划工资总额}\times\frac{\text{生产经营计划或效益计划}}{\text{超额完成率或未完成率}}$$

（1）和（2）之和是工资总额的绝对超支或绝对节约额；（1）、（2）、（3）之和是工资总额的相对超支或相对节约额。

例如，某企业工资有关资料，见表 7-3。

表 7-3　　某企业工资情况

	计划	实际	增加额	完成计划（%）
工资总额（万元）	800	966	166	120.75
平均人数（人）	1000	1050	50	105.00
平均工资（元）	800	920	120	115.00
增加值（万元）	1 000	1 300	300	130.00

依据表内资料计算：

$$\text{工资总额计划完成程度}=\frac{966}{800}\times100\%=120.75\%$$

$$\text{工资总额超支额}=966-800=166\ （万元）$$

$$\text{工资总额计划相对完成程度}=\frac{966}{800\times130\%}\times100\%\approx92.88\%$$

$$\text{工资总额相对节约额}=966-800\times130\%=966-1040=-74\ （万元）$$

其中，由于平均人数超过计划，使工资总额超支（1 050-1 000）×800，即 40 万元；由于平均工资高于计划，使工资总额超支（920-800）×1 050，即 126 万元；由于增加值超额 30%，使工资总额节约 800×30%，即 240 万元。

在上述三个因素共同影响下，工资总额相对节约（40+126）-240，即 74 万元。

2. 工资总额计划完成情况的构成分析

工资总额是由若干项目构成的，每个构成项目都有符合生产经营要求的预先安排，各构成项目的计划执行情况，都会不同程度地影响工资总额计划的执行结果。对该情况可列表进行分析，见表 7-4。

表 7-4　　工资总额构成分析　　单位：元

	工资总额	计时工资	计件工资	奖金	津贴与补贴	加班加点工资	其他工资
计划实际超支或节约							

从表 7-4 中，可以观察工资总额计划的执行出现超支或节约的原因。通过影响比重的计算，确定主要影响项目，并进一步分析原因。

$$某项目影响比重=\frac{某项目超支或节约额}{工资总额超支或节约额}\times100\%$$

下面是对计件工资与奖金的深入分析。

（1）计件工资分析

计算计件工人工资超额率，将其与计划超额率比较，观察计件工资超过标准工资的程度。

$$计件工人工资超额率=\frac{计件工人超额工资}{计件工人标准工资}\times100\%$$

如果计件工人工资实际超额率大于计划超额率，表明计件定额可能偏低；若小于计划超额率，则表明计件定额可能偏高。据此，可以进一步结合劳动定额贯彻执行结果进行具体分析评价，采取对策。

计算计件工资比重及其变化，借以观察工资的超支或节约情况。

$$计件工资比重=\frac{计件工人工资额}{计件工人工资额+计时工人工资额}\times100\%$$

这个指标的计算，一般以标准工资为宜。

（2）奖金支付的分析

企业奖金的超支或节约，可从奖金率与奖励面两方面考察。

奖金率有受奖人奖金率与总奖金率两个具体指标，其计算公式为：

$$受奖人奖金率=\frac{奖金总额}{受奖人员的标准工资总额}\times100\%$$

该指标说明了受奖者的奖金相当于其标准工资的比例，也就是受奖人比未获奖人员可能多得工资的程度，有利于观察二者的差异状况。

$$总奖金率=\frac{奖金总额}{实行奖励制的人员标准工资总额}\times100\%$$

这个指标表明了全部奖金相当于实行奖励制人员的全部标准工资的比例。将其与计划要求的比例进行对比，可以观察工资总额的超支或节约的具体表现。

奖励面指标是从受奖人数的比例研究奖金的支付情况。

$$奖励面=\frac{受奖人数}{实行奖励制的全部人数}\times 100\%$$

企业支付奖金，有利于激励员工努力工作，调动员工的劳动积极性，所以，企业奖金的安排，应当能够使大多数员工通过努力获得适当的物质鼓励为原则。因此，在制定奖励条件时，应恰如其分，既不太宽、也不过严。一般而言，在编制奖金计划时，要考虑到奖励面大小。

企业在观察和分析奖金支付计划的执行情况时，一定要与企业的经济效益挂钩，只有这样，才能准确评价企业奖金支付的真正效果。

第三节　工资水平及动态统计

一、企业人员的工资水平

（一）研究平均工资的意义

企业劳动者在一定时期内的工资水平，通常是通过平均工资指标体现的。

1. 平均工资指标的含义

企业职工的平均工资指标，是指企业职工在一定时期内（如一天、一月或一年）所取得的工资报酬平均数额，体现了企业的工资水平。

从企业生产经营过程的投入角度考察，平均工资能够反映出生产经营单位在每个职工身上的投入，即支付给企业职工工资的一般水平，将平均工资和劳动生产率相比较，可以体现出企业劳动投入的产出效益；从企业职工的收入和生活水平角度考察，平均工资能够反映出企业职工的专业技术水平与劳动熟练程度，以及从企业得到的回报水平，从而表明企业职工的一般经济状况和生活水平。

2. 研究平均工资的重要性

随着企业生产经营的发展和经济效益的不断提高，企业职工的工资应随之增长，从而逐步改善和提高企业职工的生活，使得企业职工在生产经营过程中能够与企业共担风险、共享利益。可见，除了要对企业工资总额进行统计研究外，还必须对职工的平均工资进行分析研究。

（二）企业平均工资指标的一般计算方法

平均工资是一定时期内企业工资总额与相应的企业人员平均人数的比值。

1. 平均工资指标的计算公式

$$平均工资=\frac{企业工资总额}{企业人员平均人数}$$

根据研究任务和目的不同，平均工资指标可以通过计算企业全部从业人员的平均工资、企业在岗职工的平均工资和企业各类人员的平均工资等实现。从时间上考虑，可以计算月度、季度、半年和全年的平均工资。为了深入、细致地分析，还应计算日平均工资和小时平均工资等。

2. 平均工资指标的计算原则

在计算平均工资指标时，一定要遵循可比性原则，即计算公式的分子项与分母项，必须保持时间和空间的完全一致，要严格注意二者的内在联系和关系。如果工资总额是企业全部从业人员的，平均人数也应是企业全部从业人员的，而不是企业职工的平均人数；工资总额是某月份的，平均人数也应是与工资总额同月份的。如果本企业兼并了某个企业，其工资总额包括了兼并企业人员的工资，当然平均人数同样也应包括兼并的企业人员。

二、企业职工工资水平的变动分析

（一）企业工资水平变动分析的意义

随着企业生产经营的发展和经济效益的提高，企业职工工资会得到相应的增长。研究企业从业人员和职工工资水平的变动及其发展趋势，是企业人力资源统计研究的一个重要方面，是正确反映和处理企业生产经营与职工利益关系的重要体现，对于促进企业生产经营规模的扩大和市场竞争力的增强，有着极为重要的作用。在企业职工中，存在着职务、岗位、专业技术水平与劳动熟练程度、劳动工作能力、工龄以及责任大小等方面的不同，因而不同类别的职工的工资水平是存在着差别的。对于企业整体的工资水平及其变动的研究，还会涉及各类职工在全部职工中的比重的演变。为了正确反映企业职工工资水平的变化，并作出合理的符合实际的科学解释，为企业工资分配决策提供切实依据，必须对企业职工的平均工资及其变动展开认真研究与分析。

（二）企业平均工资变动研究的一般方法

研究企业平均工资的变动，其一般方法是计算工资指数，运用统计指数原理，建立平均工资指数体系，并进行差额分析，从而说明企业平均工资的增减变化程度以及增减绝对额。其计算公式为：

$$平均工资指数=\frac{报告期企业平均工资}{基期企业平均工资}$$

$$企业平均工资增减绝对额=报告期企业平均工资-基期企业平均工资$$

$$企业平均工资增减率=\frac{企业平均工资增减绝对额}{基期企业平均工资}\times 100\%$$

$$企业平均工资增减率=平均工资指数-1\ （或\ 100\%）$$

（三）企业平均工资指数体系

编制企业平均工资指数体系的目的在于研究分析企业全部员工总体平均工资的变动。企业全部员工平均工资的变动，既受企业各类人员平均工资变动的影响，同时还受到各类人员在企业中所占比重变化的影响。因此，为了反映和分析企业总平均工资的变动及其原因，需运用平均工资指数体系展开计算和分析。

平均工资指数体系由三个指数组成，其表述方法是：

$$总平均工资指数=平均工资固定组成指数\times平均工资人员结构影响指数$$

1. 企业总平均工资指数

企业的总平均工资是各类人员平均工资的加权算术平均数，如前所述，两个不同时期企业总平均工资的变动，不仅受到各类人员平均工资变动的影响，而且还受到各类人员在企业中所占的比重（即企业不同工资水平人员结构）变化的影响。

由于企业总平均工资指数综合反映了这两者变动的趋势，因此又被称为“平均工资可变组成指数”。其计算公式为：

$$总平均工资指数\ \bar{K}_{\bar{X}}=\frac{报告期企业总平均工资\ \bar{X}_1}{基期企业总平均工资\ \bar{X}_0}$$

$$=\frac{\sum X_1T_1}{\sum T_1}\div\frac{\sum X_0T_0}{\sum T_0}$$

$$=\sum X_1\frac{T_1}{\sum T_1}\div\sum X_0\frac{T_0}{\sum T_0}$$

式中，X_1、X_0 为报告期、基期各类人员的平均工资；T_1、T_0 为报告期、基期各类人员的平均人数；$\frac{T_1}{\sum T_1}$、$\frac{T_0}{\sum T_0}$ 为报告期、基期各类人员在企业全部人员中的比重。

根据指数（$\bar{K}_{\bar{X}}$）计算出的变动程度，再计算其增减绝对额：

企业总平均工资增减绝对额 $\Delta\bar{X} = \bar{X}_1 - \bar{X}_0 = \sum X_1 \frac{T_1}{\sum T_1} - \sum X_0 \frac{T_0}{\sum T_0}$

计算其总平均工资增减率：

$$总平均工资增减率 = \frac{\bar{X}_1 - \bar{X}_0}{\bar{X}_0} \times 100\%$$

$$= \frac{\sum X_1 \frac{T_1}{\sum T_1} - \sum X_0 \frac{T_0}{\sum T_0}}{\sum X_0 \frac{T_0}{\sum T_0}} \times 100\%$$

2. 企业平均工资固定组成指数

将企业各类人员占企业全部人员的比重固定在报告期，只反映各类人员平均工资的变动，即在企业各类人员结构不变的情况下，企业总平均工资将会如何变动，变动的程度及其对企业总平均工资影响的绝对额，这个指数被称为平均工资固定组成指数。其计算公式为：

$$平均工资固定组成指数\bar{K}_X = \frac{\sum X_1 T_1}{\sum T_1} \div \frac{\sum X_0 T_1}{\sum T_1} = \sum X_1 \frac{T_1}{\sum T_1} \div \sum X_0 \frac{T_1}{\sum T_1}$$

根据指数（$\bar{K}_X$）计算出各类人员平均工资的平均变动程度，再计算其对企业总平均工资增减影响绝对额：

$$影响企业总平均工资的增减绝对额\ \Delta X = \sum X_1 \frac{T_1}{\sum T_1} - \sum X_0 \frac{T_1}{\sum T_1}$$

由于各类人员平均工资变动，影响企业总平均工资的增减率为：

$$影响企业总平均工资的增减率 = \frac{\sum X_1 \frac{T_1}{\sum T_1} - \sum X_0 \frac{T_1}{\sum T_1}}{\sum X_0 \frac{T_0}{\sum T_0}} \times 100\%$$

3. 平均工资人员结构影响指数

平均工资人员结构影响指数是指各类人员的比重变化对企业总平均工资变动的影响情况。计算时，将各类人员平均工资固定在基期，仅反映企业各类人员在企业全部人员中的比重变化程度，确定其对企业总平均工资影响的增减绝对额，以及影响的百分比。所以，这个指数又被称为平均工资人员结构影响指数。其计算公式为：

$$\bar{K}_{\frac{T}{\sum T}}=\frac{\sum X_0T_1}{\sum T_1}\div\frac{\sum X_0T_0}{\sum T_0}$$

$$=\sum X_0\frac{T_1}{\sum T_1}\div\sum X_0\frac{T_0}{\sum T_0}$$

根据指数（$\bar{K}_{\frac{T}{\sum T}}$）计算出各类人员比重的变动程度，再计算其对企业总平均工资增减影响绝对额：

$$\Delta\frac{T}{\sum T}=\sum X_0\frac{T_1}{\sum T_1}-\sum X_0\frac{T_0}{\sum T_0}$$

由于各类人员比重变化，影响企业总平均工资的增减率为：

$$\text{影响企业平均工资的增减率}=\frac{\sum X_0\frac{T_1}{\sum T_1}-\sum X_0\frac{T_0}{\sum T_0}}{\sum X_0\frac{T_0}{\sum T_0}}\times 100\%$$

上述三个指数及其绝对额的变动关系，以及影响企业总平均工资的增减率之间的关系是：

$$\bar{K}_{\bar{X}}=\bar{K}_X\cdot\bar{K}_{\frac{T}{\sum T}}$$

$$\frac{\sum X_1T_1}{\sum T_1}\div\frac{\sum X_0T_0}{\sum T_0}=\left(\frac{\sum X_1T_1}{\sum T_1}\div\frac{\sum X_0T_1}{\sum T_1}\right)\times\left(\frac{\sum X_0T_1}{\sum T_1}\div\frac{\sum X_0T_0}{\sum T_0}\right)$$

$$\frac{\sum X_1T_1}{\sum T_1}-\frac{\sum X_0T_0}{\sum T_0}=\left(\frac{\sum X_1T_1}{\sum T_1}-\frac{\sum X_0T_1}{\sum T_1}\right)+\left(\frac{\sum X_0T_1}{\sum T_1}-\frac{\sum X_0T_0}{\sum T_0}\right)$$

$$\frac{\bar{X}_1-\bar{X}_0}{\bar{X}_0}=\frac{\frac{\sum X_1T_1}{\sum T_1}-\frac{\sum X_0T_1}{\sum T_1}}{\bar{X}_0}+\frac{\frac{\sum X_0T_1}{\sum T_1}-\frac{\sum X_0T_0}{\sum T_0}}{\bar{X}_0}$$

例如，某企业职工工资情况，见表 7-5。

表 7-5 某企业职工工资情况

	平均工资（元）			平均人数（人）		工资总额（万元）		
	基期 X_0	报告期 X_1	指数（%） $\frac{X_1}{X_0}$	基期 T_0	报告期 T_1	基期 X_0T_0	报告期 X_1T_1	报告期假定 X_0T_1
新职工	4 000	4 600	115.00	100	400	40	184	160
老职工	8 000	8 400	105.00	400	600	320	504	480
全部职工	7 200	6 880	95.56	500	1 000	360	688	640

依据表 7-5 资料，进行如下计算分析。

企业平均工资指数：

$$\bar{K}_{\bar{X}} = \frac{\bar{X}_1}{\bar{X}_0} = \frac{\sum X_1T_1}{\sum T_1} \div \frac{\sum X_0T_0}{\sum T_0}$$

$$= \frac{688}{1\ 000} \div \frac{360}{500} = \frac{6\ 880}{7\ 200} \approx 0.955\ 6 \text{ 或 } 95.56\%$$

计算表明，企业职工平均工资下降了 4.44%；绝对额从 7 200 元减少至 6 880 元，减少了 320 元；企业工资总额因此少支付 32 万元，比基期工资总额支付降低 32/360×100%，即 8.89%。

企业全部职工的报告期总平均工资比基期下降了，这是否表明各类职工的平均工资真的都下降了？表 7-5 的资料显示，新老职工的平均工资都是上升的，分别增长 15%和 5%。通过平均工资固定组成指数的计算分析，观察其对企业总平均工资的影响情况。

$$\bar{K}_X = \frac{\sum X_1T_1}{\sum T_1} \div \frac{\sum X_0T_1}{\sum T_1}$$

$$= \frac{688}{1\ 000} \div \frac{640}{1\ 000} \approx 1.075 \text{ 或 } 107.50\%$$

计算表明，企业全部职工的平均工资平均提高了 7.5%；绝对额从 6 400 元增加至 6 880 元，增加了 480 元；影响企业总平均工资增长了 480/7 200×100%，即 6.67%；企业工资总额因此增加了 480×1 000，即 48 万元，比基期工资总额支付增长 48/360×100%，即 13.33%。

然后，再分析企业新老职工结构变化对企业总平均工资变动的影响。从表 7-5 资料可以看出，企业新职工在全部职工中的比重由基期的 20%上升为报告期的 40%，由于新职工平均工资低于老职工，从逻辑上分析，企业全部职工的平均工资会下降。通过计算平均工资人员结构影响指数，观察其对企业全部职工平均工资的影响情况。

$$\bar{K}_{\frac{T}{\sum T}} = \frac{\sum X_0 T_1}{\sum T_1} \div \frac{\sum X_0 T_0}{\sum T_0}$$

$$= \frac{6\ 400}{7\ 200} \approx 0.888\ 9 \text{ 或 } 88.89\%$$

计算表明，由于老职工比重从 80%下降到 60%，使得企业全部职工平均工资有所下降，从而影响企业总平均工资降低 800/7 200×100%，即 11. 11%；企业工资总额因此减少 800×1 000，即 80 万元；比基期工资总额降低 80/360×100%，即 22. 22%。

前述三项指数的计算和分析说明，尽管全部职工的平均工资降低 4. 44%，减少 320 元，但是新老职工各自平均工资都是提高的，它们比基期平均提高 7. 5%，每人平均增加 480 元，实质上影响企业全部职工平均工资增长 6. 67%。这是企业职工平均工资提高的影响结果。从企业总平均工资变动观察，全部职工的平均工资下降了 4. 44%，这是企业人员结构调整造成的，即工资水平低的新职工比重上升，影响企业总平均工资降低 11. 11%。这种拉动是人员结构性拉动，对职工无碍，但对企业的平均工资支付有着直接降低的作用，表现为企业对每个职工少支付 800 元。

三者的关系表述如下：

95. 56% = 107. 50%×88. 89%

-320（元）=（480）+（-800）

-4. 44% =（6. 67%）+（-11. 11%）

-32（万元）=（48）+（-80）

-8. 89% =（13. 33%）+（-22. 22%）

企业工资总额的变动，从平均工资分析，影响企业少支付 32 万元，而表 7-5 资料显示，企业多支付 328 万元，这主要是因为报告期企业职工的规模比基期扩大了一倍，即工资总额多支付（1 000-500）×7 200，即 360 万元。企业总平均工资的下降，职工人数增加，两者综合作用的结果是，报告期的企业工资总额比基期多开支（-32）+360，即 328 万元。

三、实际工资水平的变动分析

（一）名义工资和实际工资

名义工资又称货币工资，即用货币量表示的从企业取得的工资数量。前面提到的平均工资，就是一般意义上的货币工资或名义工资。由于企业人员的生活费用主要来源于工资收入，所以，企业劳动者取得的货币工资越多，生活水平就会越高；反之，生活水平越低。一般而言，提高企业人员的生活水平的途径主要是提高职工的工资水平。

在社会主义市场经济条件下，不仅要研究企业员工的货币工资水平，更要研究市场商品价格与服务价格对企业员工生活水平的影响。因为，在企业员工货币工资维持现有水平的情况下，生活消费品价格和服务价格上升，企业员工用货币工资购买到的生活消费品与服务数量就会减少，员工的生活水平就会呈下降趋势；反过来，若物价下跌，企业员工用货币工资购买到的生活消费品和服务就会较多，实际生活水平也就可能会提高。实际工资是相对于货币工资而言的，它是以企业员工用货币工资实际能够购买到的生活消费品数量和服务数量表现的工资。因此，在现阶段，要提高企业员工的收入和生活水平，一方面要逐步增加企业员工的工资收入，另一方面还要稳步提高员工的实际生活水平，要进一步协调与处理好工资水平的增长与物价上涨的关系，提高企业员工的实际工资水平。

企业员工工资水平的研究，包括名义工资的研究和实际工资的研究。

（二）实际工资的计算

要研究企业员工实际工资现状及其变动情况，必须计算出实际工资。实际工资是依据货币购买力指数计算的。货币购买力指数指的是单位货币能购买商品的程度，其计算公式为：

$$\text{货币购买力指数}=\frac{\text{单位货币}}{\text{物价指数}}$$

这个计算公式所表达的含义是：物价上涨，单位货币购买商品的数量就少；反之，就会多。换句话说，物价指数大于1，货币购买力指数就会小于1；反之，物价指数小于1，货币购买力指数就大于1。所以，实际工资的一般计算公式为：

$$\text{实际工资}=\text{货币工资}\times\text{货币购买力指数}$$

按此计算原理，企业员工的实际工资水平可以借助物价指数推算：

$$\text{实际工资水平}=\frac{\text{平均工资（货币工资水平）}}{\text{物价指数}}$$

例如，2021年某单位职工的平均工资为145 770元，同期居民消费品价格指数为100.89%，则当年该单位职工的实际工资水平应为：

$$\text{职工实际工资水平}=\frac{145\ 770}{100.89\%}\approx 144\ 484\text{（元）}$$

该计算结果说明，该单位职工的平均工资扣除物价上涨因素后，实际工资为14 448

元，工资中有 129 元被物价上涨抵销，没有增加个人购买能力。

（三）实际工资指数

实际工资指数能够表明企业员工用货币工资购回的生活消费品数量与服务数量的变动程度，反映员工的实际生活水平的变化情况。其计算公式为：

$$实际工资指数=\frac{报告期平均工资}{报告期物价水平}\div\frac{基期平均工资}{基期物价水平}$$

通常在计算实际工资指数时，可直接将平均工资指数与物价指数作比：

$$实际工资指数=\frac{平均工资指数}{物价指数}$$

例如，某企业职工平均工资 2020 年为 124 220 元、2021 年为 140 400 元，2020 年比 2021 年增长 13.03%，若同期全国居民消费价格指数为 101.20%。那么，可以推算出 2020—2021 年职工的实际工资。

$$实际工资指数=\frac{113.03\%}{101.20\%}=111.69\%$$

这个计算结果说明，职工工资水平，在扣除物价上涨因素后，2021 年较 2020 年增长 11.69%。

上面的计算依据的是城乡居民的生活消费品物价指数，由于绝大部分职工都在城市生活，若按城市居民消费价格指数计算，会有所不同。依据上例资料，2020—2021 年，若全国城市居民消费价格指数为 100.9%。以此推算该企业职工的实际工资增长情况为：

$$实际工资指数=\frac{113.03\%}{100.90\%}\approx 112.02\%$$

这就是说，按当年城市居民消费价格指数考虑，职工的实际工资增长了 12.02%。

（四）职工实际工资的物价指数

在计算职工实际工资水平并研究其变动时，会涉及物价指数问题。与职工消费有关的物价指数，包括商品零售价格指数、城乡居民消费价格指数、城市居民消费价格指数和农村居民消费价格指数等。一般而言，这些指数都可采用，但考虑到绝大部分职工都在城市生活，采用城市居民消费价格指数将会更接近要求。但是对于某些特殊从业人员群体，如建筑企业的农民工，则可采用城乡居民消费价格指数消除物价因素，因为他们的工资收入中有相当大的部分是要在农村消费支出的。

准确、真实地反映职工实际工资水平与变动情况，关键在于正确编制和计算职工生活费指数，即城市居民消费价格指数。城市居民消费价格指数，又称职工生活费指数，它是反映城市居民消费的商品和服务的价格变动的指数，是在城市社会零售物价总指数与服务消费支出价格指数的基础上汇总计算的。城市居民消费价格指数，包括城市消费品零售牌价、议价、集市贸易价格，以及服务项目价格平均变动的相对数，它能够表明这四种价格总水平的变动程度，及其对职工生活消费开支的影响程度。

编制这个指数是一项相当复杂的工作。要想准确编制出城市居民消费价格指数，必须处理好两个问题：一是选择有代表性的商品和服务项目，由于职工消费的消费品种类和服务项目相当多，在计算城市居民消费价格指数时，不可能也没必要将职工消费的各类商品和服务项目都包括在内，因此，选择的消费品和服务项目应具有很好的代表性或典型意义；二是正确架构职工的消费组成，由于职业、生活习惯、兴趣爱好、地区和工资收入等方面的差别，职工的消费呈现出不同的景象，因此要准确计算城市居民消费价格指数，必须因地制宜地规定能代表职工实际消费水平的消费组成，科学地核定指数的权数。注意到这两点，城市居民消费价格指数编制的科学性与真实性就有了切实的保证。

四、企业职工工资关系的分析

比较各类人员的平均工资，观察他们的工资差别情况，是研究企业职工工资关系的有效途径。由于在企业内，各类人员分工不同、所处岗位不同、责任大小不同、专业技术水平和工作能力不同，其工资标准存在着差别，这些都是合理的，是符合按劳分配原则的。恰当处理工资分配，对于促进企业生产经营活动的发展，营造和谐气氛，增强凝聚力，都具有极为重要的意义。

企业职工的工资关系主要有工人和管理者之间的工资关系、基本生产工人与辅助生产工人之间的工资关系、工程技术人员和管理人员之间的工资关系等。研究企业职工工资关系，应运用动态（时间）数列的分析方法。较为常用的是列表式分析，见表 7-6。

表 7-6　　历年工资关系比较　　单位：元

年度					
企业职工平均工资					
其中：生产工人平均工资					
工程技术人员平均工资					
管理人员平均工资					

表 7-6 的指标值，可用平均工资，也可以用相对比例指标表示。通过企业各类相关人员平均工资的对比，观察其工资水平的绝对值差异以及工资比例关系是否符合客观要求，分析其变化趋势，为制定科学合理的人员工资比例提供依据。

五、企业职工工资收入差距的分析

企业平均工资的增长，并不意味着每个人的工资都在增长。现实情况是有些人的工资增长了，而有些人的工资可能会减少。这种现象的发生是正常的，从某种意义上说，这是贯彻按劳分配原则，努力克服平均主义在工资分配中的消极影响的必然结果。

企业工资管理的重要任务之一，是在企业生产经营发展和经济效益增长的基础上，力争大多数职工工资收入稳步增长，对于少数职工工资收入减少的，应查明原因，视不同情况采取相应措施，使其摆脱工资收入减少的困境。对于企业决策者与经营者来说，关心职工的工资收入和生活状况，促进多劳动职工多得回报，有助于增强企业内部的凝聚力，营造团结、和谐和积极向上的氛围，这是企业不断发展的动力。所以，应统计研究企业职工工资收入的差距，并分析其原因。

（一）工资收入差距的分析

研究企业职工工资收入的差距情况，可将职工按工资的增收、持平和减收分组，然后，分别计算增收、持平和减收的人员在企业全员中的比重，从而有针对性地对减收人员展开深入分析。其计算公式为：

$$\begin{array}{c}\text{工资增收（持平、减收）}\\\text{人员占企业全员人数比重}\end{array}=\frac{\text{工资增收（持平、减收）人数}}{\text{企业全员人数}}\times 100\%$$

例如，某企业 7 月份在各生产车间全面推行计件工资制，将其与 6 月份的工资收入比较，职工工资增收、持平和减收资料见表 7-7。

表 7-7　某企业 6—7 月工资增收、持平和减收情况

	职工平均人数（人）	工资收入增收		工资收入持平		工资收入减收	
		人数（人）	占全部职工人数（%）	人数（人）	占全部职工人数（%）	人数（人）	占全部职工人数（%）
一车间	150	120	80	30	20	—	—
二车间	250	200	80	40	16	10	4
三车间	200	176	88	20	10	4	2
四车间	400	356	89	32	8	12	3
全厂	1 000	852	85.2	122	12.2	26	2.6

从表 7-7 可以看出，在全厂范围，实行计件工资首月，绝大部分职工的工资收入较上月有所增加，只有不到 3%（2.6%）的人员，工资收入较 6 月份有所减少，这表明实行计件工资制的效果不错。各车间的具体情况有差异，一车间无减收的人员，二车间减收人员相对较多。

在一般分析的基础上，应分别对工资收入增收人员和工资收入减收人员进行深入分析、查清原因、采取措施。

（二）工资最高与最低的比较分析

在企业内部，观察职工工资的差别状况，可以进行最高工资与最低工资的比较，确定差别的程度，分析出现这种情况的真实原因，以便更合理地拉开工资差距，促进生产经营的发展，激励职工更好地工作。这里可以计算两种指标，其计算方法如下。

方法一，计算最高工资收入额与最低工资收入额的极限比例指标（工资极限比例）。

$$\text{工资极限比例} = \frac{\text{企业最高工资收入额}}{\text{企业最低工资收入额}} \times 100\%$$

方法二，将最高工资收入额和最低工资收入额分别与企业平均工资进行对比，观察其差异程度。

$$\text{最高工资与平均工资的比例} = \frac{\text{企业最高工资收入额}}{\text{企业平均工资}} \times 100\%$$

$$\text{最低工资与平均工资的比例} = \frac{\text{企业最低工资收入额}}{\text{企业平均工资}} \times 100\%$$

上述的工资比例过高与过低都不相宜。用这些比例指标，可以从一定程度上判断企业工资策略的科学合理性、按劳分配原则贯彻实施力度和工资管理工作的质量。

工资比例分析，可根据研究目的和任务的不同，计算企业全体员工的，或各类人员的，或各生产单位的，或各工种的工资比例。可以进行历史比较，观察企业内的演变趋势；与同地区其他企业的横向比较，也有着很强的现实意义。

（三）五等分法的分析

在企业内，职工按工资收入水平由高到低依次排列，再按总人数平均分为五等级，着重分析最高工资收入的 1/5 和最低工资收入的 1/5 的两部分职工的工资在企业工资总额中所占的比重，从而判定企业工资分配的公平性和公正性。这种分析与劳动定额的完成程度或工作量的完成程度相结合，对于评价企业效率优先，兼顾公平的工资分配制度，具有十分重要的意义。例如，某企业有职工 50 人，其月工资收入情况为：2 500 元有 6

人，2 360 元有 4 人，2 240 元有 12 人，2 120 元有 16 人，2 040 元有 4 人，1 960 元有 6 人，1 760 元有 2 人。按“五等分法”制表，见表 7-8。

表 7-8　　某企业工资收入分组表

组序	周工资（元）	人数（人）	组工资合计（元）	工资累计（元）	各组工资占企业工资总额的比例（%）
1	2 500 2 360	6 4	24 440	24 440	22. 49
2	2 240	10	22 400	46 840	20. 61
3	2 240 2 120	2 8	21 440	68 280	19. 73
4	2 120 2 040	8 2	21 040	89 320	19. 36
5	2 040 1 960 1 760	2 6 2	19 360	108 680	17. 81
合计		50	108 680	—	100. 00

根据表 7-8 资料的计算分析，可以看出工资为该企业的最高工资收入的 20%的职工，其工资合计占企业工资总额的 22. 49%；工资为最低工资收入的 20%的职工，其工资合计占企业工资总额的 17. 81%。这表明该企业职工工资分配比较均衡，没有太大的差距。

（四）基尼系数的分析

基尼系数是用于分析居民收入差距情况的一种通行方法，在国外得到广泛使用。在此，可借用该方法分析企业员工的工资收入差距。

基尼系数的判断原理是：基尼系数的值限范围是 0~1，数值为 1，表示收入集中在一人手里；数值为 0，表示收入平均分配。用基尼系数来判断收入差距的标准是：0. 2~0. 3 是比较平均，0. 3~0. 4 是基本合理，0. 4~0. 5 是差距较大，0. 5 以上是差距悬殊。

基尼系数的计算公式为：

$$G = 1 + \frac{1}{N} - \frac{2}{N^2 X}[X_1 + 2X_2 + 3X_3 + \cdots + (N-1)X_{N-1} + NX_N]$$

式中，G 为基尼系数；N 为接受调查人数；X 为接受调查人员的平均工资；X_1，X_2，⋯，X_{N-1}，X_N 为工资收入由高到低排列的每位接受调查者的工资收入。

例如，某单位有 5 人，每人周工资都是 1 000 元，平均工资是 1 000 元，则其基尼系数为：

$$G=1+\frac{1}{5}-\frac{2\times(1\times1\ 000+2\times1\ 000+3\times1\ 000+4\times1\ 000+5\times1\ 000)}{5^2\times1\ 000}$$

$$=1.2-\frac{2\times15\ 000}{25\ 000}$$

$$=1.2-1.2=0$$

计算结果 $G=0$，表明工资收入在五人之间是绝对平均的。

假设，仍然是 5 人，其中有 1 人的周工资是 5 000 元，则其基尼系数为：

$$G=1+\frac{1}{5}-\frac{2\times(1\times5\ 000+2\times1\ 000+3\times1\ 000+4\times1\ 000+5\times1\ 000)}{5^2\times1\ 800}$$

$$=1.2-\frac{2\times19\ 000}{45\ 000}$$

$$\approx1.2-0.844\ 4=0.355\ 6$$

从实际情况可以看出，最高与最低工资收入的比例为 5∶1，基尼系数是 0.355 6，表明该单位员工的工资收入差距是基本合理的。

某单位依然为 5 人，周工资 9 000 元的有 1 人，5 000 元的有 1 人，其余 3 人各 1 000 元，则其基尼系数为：

$$G=1+\frac{1}{5}-\frac{2\times(1\times9\ 000+2\times5\ 000+3\times1\ 000+4\times1\ 000+5\times1\ 000)}{5^2\times3\ 400}$$

$$=1.2-\frac{2\times31\ 000}{85\ 000}$$

$$\approx1.2-0.729\ 4=0.470\ 6$$

计算结果为 $G=0.470\ 6$，表明工资差距较大，最高与最低工资收入的比例为 9∶1。

（五）洛伦兹曲线的分析

洛伦兹曲线是由美国统计学家洛伦兹创立的，是研究收入的差异状况的图示方法。这个图像分析可以用来研究企业人员的工资差异情况，以作为调整工资分配的依据。

洛伦兹曲线图示是一个正方形的直角坐标系图形，图中横轴为人数的百分比累积，纵轴为收入的百分比累积。在此，结合举例说明洛伦兹曲线的绘制及其表达的意义，见表 7-9。

假定该企业有 5 名职工，周工资收入有 3 种情况，可以绘制出 3 条洛伦兹曲线，如图 7-1 所示。

表 7-9　　　　某企业周工资收入情况　　　　元，%

职工序号	第一种情况			第二种情况			第三种情况		
	工资收入	累积额	累积百分比	工资收入	累积额	累积百分比	工资收入	累积额	累计百分比
1	1 000	1 000	20	600	600	9	400	400	4
2	1 000	2 000	40	1 000	1 600	24	1 000	1 400	13
3	1 000	3 000	60	1 000	2 600	39	2 000	3 400	30
4	1 000	4 000	80	1 000	3 600	55	2 800	6 200	56
5	1 000	5 000	100	3 000	6 600	100	6 000	11 200	100

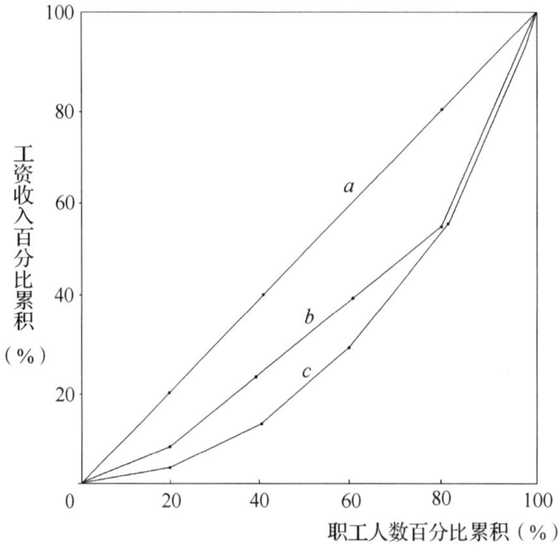

图 7-1　工资收入洛伦兹曲线

对表 7-9 与图 7-1 进行如下分析。

第一，表 7-9 中的第一种情况，在图 7-1 中显示为 *a* 线。它是一条直线，表示企业工资分配绝对平均，所以称为绝对平均线。*b* 线与 *c* 线分别表示表中的第二种情况与第三种情况。

第二，从图中看出，曲线弯曲度越大，工资收入差距越大。图 7-1 中 *c* 线代表的工资曲线比 *b* 线的弯曲度大，说明第三种情况的工资差距比第二种情况大。

第三，图中的每条曲线和绝对平均线之间所形成的面积大小，表明了工资收入差距的大小。第二种情况所形成的面积小于第三种情况形成的面积，因此，第三种情况的工资差距较第二种情况大。

第四，在实际生活中，运用此种方法分析时，由于涉及的人员会很多，所以，图中的曲线平滑有弧度，如果将其人数减少，则显示出的是折线状。

六、职工工资水平增长与劳动生产率增长关系的研究

（一）研究分析两者增长关系的依据

工资水平与劳动生产率水平的关系，实质是职工生活水平与生产力发展水平的关系。因此，研究分析工资水平与劳动生产率水平的增长关系时，应注意以下三点。

第一，职工工资的增长受制于生产力的发展和经济效益的增长。因为，生产力不发展，经济效益就很难增长，工资水平的上升就难以实现，即使名义上增长了，也是不长久的。

第二，职工平均工资的增长速度应低于劳动生产率的增长速度。工资是产品成本的重要组成部分，在平均工资的增长速度低于劳动生产率增长速度的情况下，单位产品成本降低，企业盈利增加，从而可以为国家提供更多的税款。

第三，职工平均工资是购买力的主要组成部分。平均工资的增长，必须有物资保证，从而做到商品的供求平衡和物价稳定。

（二）两者增长关系的宏观分析

依据前述的原则，平均工资的增长速度应当低于劳动生产率的增长速度。如何判断相差的幅度，一般情况下，要既能保证扩大再生产的继续运行，又能保证居民消费水平的稳步提高。从消费品供应的保证因素观察，平均工资和劳动生产率的经济联系可用如下的经济关系式表示：

$$\frac{\text{消费品生产总量}}{\text{职工总人数}}=\frac{\text{社会总产值}}{\text{职工总人数}}\times\frac{\text{消费品生产总量}}{\text{社会总产值}}$$

上述关系式是在全部消费品都参加分配，且所有劳动者都是工资收入者的条件下实现的。公式左端是反映具有消费品保证的平均工资，在一定意义上可以作为确定平均工资的参考；公式右端是劳动生产率与消费品生产总量占社会总产品的比重。因此，前述公式可改写为：

有消费品保证的平均工资=劳动生产率×消费品生产总量占社会总产品的比重

依此，确定平均工资与劳动生产率的增长关系，其表达式为：

有消费品保证的平均工资指数=劳动生产率指数×消费品生产总量占社会产品的比重指数

通常，按此法要求所确定的平均工资增长率大体是合适的。因此，运用这种方法分析不同时期的工资和劳动生产率的关系，总结工资分配经验，可以为工资的全局性决策和协调提供有力依据。

（三）两者增长关系的微观分析

对于企业或部门，研究平均工资增长与劳动生产率增长的关系，前述方法基本适用，但研究的目的则另有侧重。企业或部门分析的目的是观察企业或部门生产经营成本中工资费用的节约或超支情况。在企业内，劳动生产率增长速度高于平均工资增长速度，企业生产经营的工资费用相对下降，盈利上升；否则，企业生产经营的工资费用相对上升，盈利呈现下降的趋势。

平均工资和劳动生产率二者增长关系的计算公式是：

$$\text{人均工资的节约（或超支）额}=\text{报告期平均工资}-\left(\text{基期平均工资}\times\frac{\text{报告期劳动生产率}}{\text{基期劳动生产率}}\right)$$

企业劳动生产率增长速度高于或低于平均工资增长速度，会造成企业的整个工资费用相对节约或相对超支。

$$\begin{matrix}\text{企业工资费用的相}\\\text{对节约（或超支）额}\end{matrix}=\text{人均工资的节约（或超支）额}\times\text{报告期企业职工平均人数}$$

例如，某企业工资水平情况，见表 7-10。

表 7-10　某企业工资水平

	基期	报告期	指数
年平均工资（元，%）	20 560	22 840	111.1
年劳动生产率（元，%）	183 200	186 390	101.7
平均工资与劳动生产率比例（%）	11.2	12.3	109.8

从表 7-10 观察，企业的平均工资增长快于劳动生产率的增长，因而，工资费用的投入与产出（劳动生产率）的比例上升了 1.7 个百分点，造成企业工资费用的相对超支。

平均每名职工企业相对多支出：

$$22\ 840-(20\ 560\times101.7\%)\approx22\ 840-20\ 910=1\ 930\text{（元）}$$

从某种意义上讲，企业产出的经济效益，平均每名职工减少了 1 930 元。

第四节　工资效益统计

一、工资效益统计的意义

工资效益是企业或经济实体因工资支付活动而取得的经济效益。它是一定时期内工资投入总额与产出总成果或产出总收益的比值。

工资是职工的主要生活来源，工资水平的高低，一般制约着职工的生活水平。按照物质利益原则，工资对职工有着一种推动机制，这种推动机制必然会对社会经济和企业生产经营活动产生相当大的影响，体现出不同的经济效果。企业要充分运用工资的推动机制进行工资决策，采用并推行科学的工资制度和工资分配形式，激发职工的竞争意识。在建立和完善社会主义市场经济体制的过程中，使企业享有工资分配自主权，充分、灵活地运用工资的激励机制，最大限度地提升经济效益。

工资效益核算，就是描述工资支付的经济效益状况，把握工资经济效益的趋势与规律。

二、工资效益的核算

（一）分析工资效益的原则

第一，注意解决好工资分配中国家、集体和个人三者利益的协调关系。

第二，结合企业的主要经济技术指标的增长状况考察工资效益。

第三，工资效益的观察要目光长远，不拘泥于一时一事。

（二）工资效益的产量成果指标

1. 每支付百元工资生产的实物量

将支付的工资与生产出的实物产量结合起来观察，生产出的实物产量越多，表明工资支付的经济效益越好。该指标适用于分析单一产品的生产企业的工资效益。其计算公式为：

$$百元工资生产的实物量=\frac{报告期产品实物总量}{报告期支付工资总额（百元）}$$

计算此指标时应注意分子项和分母项的时间、空间的可比性。分子的产品实物量，必须是合格品，不能将次品与废品包括在内。无论是生产者的责任或非生产者的责任，所出现的次品与废品均不包括在内。

工资产量效益的逆指标，是每生产单位产品支付的工资额。其计算公式为：

$$单位产品工资额=\frac{报告期支付工资总额}{报告期产品实物总量}$$

2. 每支付百元工资提供的国内生产总值

每支付百元工资提供的国内生产总值是用价值量来表现的工资效益指标，有较高的综合性。其计算公式为：

$$百元工资国内生产总值=\frac{报告期国内生产总值}{报告期支付工资总额（百元）}$$

其逆指标的计算公式为：

$$万元国内生产总值的工资额=\frac{报告期支付工资总额}{报告期国内生产总值（万元）}$$

3. 每支付百元工资生产的增加值

每支付百元工资生产的增加值是用价值量来表现的工资效益指标。增加值是企业生产经营活动的新增价值，其计算公式为：

$$百元工资生产的增加值=\frac{报告期生产的增加值}{报告期支付工资总额（百元）}$$

（三）工资效益的销售成果指标

工资效益如何，可以用销售成果的大小来表示。产品销售成功，产品的价值才得以真正实现，才能取得社会的认可。这一指标通过产品销售收入多少，反映工资效益的高低。其计算公式为：

$$百元工资的销售收入=\frac{报告期实现的销售收入}{报告期支付工资总额（百元）}$$

工资销售收入效益指标用逆指标表示，即为平均每实现万元销售收入支付的工资额。其计算公式为：

$$万元销售收入支付的工资额=\frac{报告期支付工资总额}{报告期实现的销售收入（万元）}$$

（四）工资效益的财务成果指标

工资支付的效益，必须与生产经营单位的财务成果挂钩，方能判断实际效果如何。这种分析，可以分别与实现利润、实现利税联系，并加以评价。

1. 每百元工资生产的利润

将工资的支付与企业实现的利润额相比较，评价工资支付的经济效益。百元工资创收利润高，说明工资支付的合理程度高。其计算公式为：

$$百元工资创收利润=\frac{报告期实现利润总额}{报告期支付工资总额（百元）}$$

平均每实现百元利润需支付工资额是其逆指标，也可用来表示工资支付效益。该指标的计算公式为：

$$百元利润支付工资=\frac{报告期支付工资总额}{报告期实现利润总额（百元）}$$

2. 每支付百元工资实现的利税

将工资的支付与企业实现的全部利税总额联系考核，观察工资支付的利税兑现效益。每支付百元工资，创造的利税额越高，说明工资的经济效益越好。其计算公式为：

$$百元工资实现利税=\frac{报告期实现利税总额}{报告期支付工资总额（百元）}$$

反映工资的利税效益，亦可用平均每实现百元利税支付工资多少来表示。其计算公式为：

$$百元利税支付工资=\frac{报告期支付工资总额}{报告期实现利税总额（百元）}$$

这个指标值越低，工资效益就越高。

三、工资效益的动态研究

扩大企业的生产经营成果，提高盈利，实现资源的充分合理利用，这是企业活动的目标。工资支付的经济效益如何，从一个侧面反映了企业目标的实现程度。因此，必须研究工资效益的情况，分析其发展趋势；同时，还应进行横向比较，找出不足，以利于不断提高工资支付的效益。

（一）工资效益变化的纵向比较

工资效益变化的纵向比较，就是指企业从历史的角度研究和分析工资效益在不同时间的演变过程与结果，审视其发展趋势和规律，说明工资效益变化带来的结果。

1. 编制工资效益动态数列

编制工资效益动态数列，有利于观察一个较长时期的工资效益发展变动趋势，见表 7-11。

表 7-11　　某企业工资效益及发展情况表

年度	2015 年	2016 年	2017 年	2018 年	2019 年	2020 年	2021 年
百元工资创收利税（元）	20	24	25	27	28	26	27
逐年增减程度（%）		20.0	4.2	4.3	8.0	-7.1	3.8

2. 工资效益指数

编制和计算工资效益指数，反映工资效益的发展变化程度。工资效益指数的计算公式为：

$$工资效益指数=\frac{报告期工资效益水平}{基期工资效益水平}$$

可以分别按企业、行业或地区编制与计算，但一定要注意指标的可比性。

3. 工资效益对企业生产经营活动成果的影响研究与分析

企业工资效益的变化，会直接影响到企业生产经营的成果。提高工资的经济效益，无疑会增加企业的生产经营成果总量；反之，则会减少企业的生产经营成果总量。

对企业实现利税总额的影响，其计算公式为：

$$企业实现利税总额=百元工资实现利税效益\times工资总额（百元）$$

根据上述静态关系式，可建立这三者之间的动态关系式，即指数体系：

$$实现利税总额动态指数=工资利税效益指数\times工资总额动态指数$$

（1）工资利税效益的增减影响实现利税总额的增减情况分析

$$\begin{matrix}影响利税总额\\增减绝对额\end{matrix}=\left(\begin{matrix}报告期百元工\\资实现利税额\end{matrix}-\begin{matrix}基期百元工资\\实现利税额\end{matrix}\right)\times\begin{matrix}报告期工资\\总额（百元）\end{matrix}$$

$$影响利税总额增减程度=\frac{影响利税总额增减绝对额}{基期实现利税总额}\times100\%$$

（2）工资总额的增减影响实现利税总额的增减情况分析

$$\begin{matrix}影响利税总额\\增减绝对额\end{matrix}=\left(\begin{matrix}报告期工资\\总额（百元）\end{matrix}-\begin{matrix}基期工资\\总额（百元）\end{matrix}\right)\times\begin{matrix}基期百元工资\\实现利税额\end{matrix}$$

$$影响利税总额增减程度=\frac{影响利税总额增减绝对额}{基期实现利税总额}\times100\%$$

研究和分析工资效益的变化对其他生产经营成果，如产量、增加值或者销售收入等的影响，其基本原理和方法与分析实现利税总额的影响是一致的。

4. 工资效益对企业工资费用投入的研究

工资效益如何，会影响企业工资费用的投入量。提高企业工资支付的经济效益，客观上会使企业节约或减少工资费用的投入；换言之，就是使工资的支付发挥最大的效能，少花钱、多办事。

以工业企业每支付百元工资生产的价值或收益变化对工资费用投入的影响为例，其计算公式为：

$$工资总额=平均每生产百元价值或收益支付的工资\times工业增加值或实现利润$$

运用上述静态关系式，可建立指数体系：

$$工资总额动态指标=工资的价值或收益效益指数\times工业价值或利润动态指标$$

（1）百元工业增加值支付工资额的变动对工资总额变动的影响分析，其计算公式为：

$$\begin{matrix}影响工资总额\\增减的绝对额\end{matrix}=\left(\begin{matrix}报告期生产百元工\\业增减值支付工资\end{matrix}-\begin{matrix}基期生产百元工业\\增减值支付工资\end{matrix}\right)\times\begin{matrix}报告期工业\\增减值(百元)\end{matrix}$$

$$影响工资总额增减程度=\frac{影响工资总额增减绝对额}{基期工资总额}\times100\%$$

（2）每百元实现利润支付工资的变动对工资总额变动的影响分析，其计算公式为：

$$\begin{matrix}影响工资总额\\增减的绝对额\end{matrix}=\left(\begin{matrix}报告期每百元实\\现利润支付工资\end{matrix}-\begin{matrix}基期每百元实现\\利润支付工资\end{matrix}\right)\times\begin{matrix}报告期企业实\\现利润（百元）\end{matrix}$$

$$影响工资总额增减程度=\frac{影响工资总额增减绝对额}{基期工资总额}\times100\%$$

（二）工资效益变化的横向比较

所谓工资效益变化的横向比较，就是行业内或地区内的企业之间工资效益的对比，比较同类企业在工资支付上的经济效益，反映差异的程度，深入研究差异的原因，学习工资管理的先进经验，切实采取有效措施，不断提高工资的经济效益。

1. 工资效益横向比较的原则

（1）进行比较的企业，它们的生产经营活动性质是相同的。如果生产经营活动迥异，对比分析则无实质性意义。

（2）一般情况下，是同一地区的企业进行对比，因为它们所处的地区条件大致相同，有一定的可比性，对比结果有说服力、可信度强。

（3）对比的企业规模是一致的，但也不是绝对的，有时需要观察规模效应，有时不同规模的同类企业还是可以比较分析的。

2. 工资效益横向比较的方法

（1）编制各企业工资效益静态数列。通过编制各企业工资效益静态数列，反映同类企业工资效益的不同水平，以及它们之间差别的程度，发现工资效益最好的企业和最差的企业，抓住典型、深入分析、弄清原因。例如，某行业四家企业工资效益见表 7-12。

表 7-12　　某行业四家企业工资效益比较表

企业	甲	乙	丙	丁
每百元工资生产的增加值（元）	3 000	3 600	4 200	2 800
以甲企业为标准的比例（%）	100.0	120.0	140.0	93.3

（2）计算工资效益差异额与差异程度。将本企业和工资效益好的企业比较，寻找差距情况，可以分别用工资效益的差异绝对值与差异程度来反映。

$$与先进企业工资效益相差绝对值=先进企业工资效益水平-本企业工资效益水平$$

$$与先进企业工资效益相差程度=100\%-\frac{本企业工资效益水平}{先进企业工资效益水平}$$

差异程度也可通过计算先进企业工资效益水平相当于本企业工资效益水平的比值反映。

（3）分析工资效益低下造成的损失。由于本企业工资效益较先进企业落后，进而导致的本企业整体效益下降所造成的损失规模可以进行分析与评估。其计算公式为：

$$企业总体效益下降总量=\left(\begin{matrix}先进企业工\\资效益水平\end{matrix}-\begin{matrix}本企业工资\\效益水平\end{matrix}\right)\times 本企业工资总额$$

若以工资利税效益为例，则企业利税总额下降总量的计算公式为：

$$企业利税下降总额=\left(\begin{matrix}先进企业百元\\工资利税额\end{matrix}-\begin{matrix}本企业百元\\工资利税额\end{matrix}\right)\times\begin{matrix}本企业工资\\总额（百元）\end{matrix}$$

四、奖金效益研究

（一）工资性奖金效益分析的意义

工资性奖金是给职工付出超额劳动的补偿。企业应严格控制奖金的发放，充分体现多劳多得的原则，真正发挥奖金的物质激励作用，促进企业生产经营活动取得最好效果。滥发奖金，负作用极为明显：一方面会损伤职工的劳动积极性与创造性；另一方面会增加工资费用的支出，不利于生产经营成本的降低。同时，还会影响市场消费品的供求平衡，对通货膨胀会有诱导作用。所以，奖金效益的研究具有很大意义。

（二）奖金和标准工资的比较

奖金和标准工资的比较，可以有助于观察职工的奖金与标准工资发放比例的合理程度。可运用总奖金率与受奖人奖金率等指标表示其比例关系。

1. 总奖金率

总奖金率是按全体职工核算的，反映职工的奖金额与月标准工资额的比例关系。

$$总奖金率=\frac{全年全部职工奖金总额}{全年职工平均月标准工资总额}$$

2. 受奖人奖金率

受奖人奖金率是按获奖职工核算的，表明获奖职工的奖金总额与其标准工资总额的比例关系。

$$受奖人奖金率=\frac{获奖职工奖金总额}{获奖职工标准工资总额}$$

（三）奖金效益的分析

企业支付奖金的目的是鼓励职工积极工作，努力劳动，为企业多出成果、多创收。因此，必须分析与评价奖金支付的实际效果。

1. 奖金与生产成果的效益分析

企业生产成果指标有不同形式，可用增加值表示奖金效益。其计算公式为：

$$百元奖金的增加值效益=\frac{报告期增加值}{同期奖金总额}\times 100$$

每支付百元奖金生产出的增加值越多，表明奖金的支付越有效。

2. 奖金与销售成果的效益分析

企业的生产成果要推向社会，可用企业销售收入指标表明其销售的规模。奖金的支付要有利于促销，加快资金的周转。反映销售效益可用百元奖金的销售收入效益指标。其计算公式为：

$$百元奖金的销售收入效益=\frac{报告期销售收入总额}{报告期奖金总额}\times 100$$

3. 奖金与财务成果的比较分析

企业财务成果是企业生产经营活动综合效益的最终反映。企业支付奖金要利于职工多创利、多创收。表明财务成果的效益可用百元奖金实现的利税效益指标，其计算公式为：

$$百元奖金实现的利税=\frac{报告期实现利税总额}{报告期奖金总额}\times 100$$

对于奖金效益的动态分析，也是非常必要的，除了观察奖金效益的变动趋势外，还可以进一步分析奖金效益的升降给生产成果、销售成果和财务成果带来的实际影响程度。这可用指数体系原理及方法实施。

【思考题和计算题】

1. 简述企业劳动报酬统计研究需注意的问题。
2. 简述企业工资总额的核算原则。
3. 简述企业工资总额的构成。

4. 简述工资支付情况的检查方法。

5. 简述平均工资指标的计算原则。

6. 工资水平为什么分别用实际工资和名义工资表述?

7. 简述如何研究工资效益。

8. 某企业报告期支付 1 200 人的工资总额为 960 万元；基期支付 1 100 人的工资总额为 836 万元。

计算工资总额动态指标，分析工资总额因什么而变。

9. 某企业工资和职工等有关资料见表 1。

表 1　某厂工资和职工等情况统计表

	工资总额（万元）	职工平均人数（人）	平均工资（元）	增加值（万元）
计划	880	1 182		1 200
实际	960	1 200		1 320
完成计划（%）				

计算和分析：(1) 分别用绝对检查法与相对检查法，评价工资的执行情况；(2) 分析工资总额计划执行结果的影响因素。

10. 某公司工资及人员情况见表 2。

表 2　某公司工资及人员情况表

	平均工资（元）			平均人数（人）		工资总额（万元）	
	报告期	基期	指数%	报告期	基期	报告期	基期
老职工	8 800	8 000		600	560		
新职工	4 600	4 000		400	240		
全部职工				1 000	800		

计算和分析：(1) 编制企业平均工资指数体系；(2) 分析企业平均工资升降的原因。

11. 假若生活费物价指数为 103.5%，利用题 8 资料，确定其实际工资指数。

12. 利用题 9 的资料，分析该企业平均工资的增长与劳动生产率增长是否达到预期要求。

13. 某企业的生产经营成果资料见表 3。

表 3　某企业生产经营资料表

	工业增加值（万元）	销售收入（万元）	实现利润（万元）	实现利税（万元）	工资总额（万元）	职工平均人数（人）
报告期	18 639	18 800	5 640	1 880	2 284	200
基期	17 319	17 290	5 014	1 729	2 056	190

计算：各类工资效益指标。

14. 运用题 12 资料，计算和分析：（1）工资工业增加值效益的变动；（2）工资销售收入效益的变动；（3）工资实现利润效益的变动；（4）工资实现税金效益的变动。

15. 根据题 12 的资料，分析有关效益指标变化对工资总额增减的影响。

第八章　职业技能开发与鉴定统计

学习要点

职业技能开发与鉴定统计的任务。

核算企业培训规模，分析培训进程、培训结构，核算培训费用及比例关系。

职业技能鉴定人数的计算，合格人数统计，鉴定结果分析。

职业技能开发的社会效益分析，企业经济效益的增强分析。

第一节　职业技能开发与鉴定统计的意义

一、职业技能开发与鉴定的意义

当代科学技术的飞速发展，生产力水平的空前提高，国际间政治、经济、科技和军事的激烈竞争，无一不和高科技竞争相关联，高科技竞争实质上就是人才、就是劳动者的竞争，劳动者素质对一个国家、一个民族发展至关重要。在全球经济大环境中，摆在中国面前的具有战略意义的任务是，提高全民族的素质，提高劳动者的职业能力，使我国人力资源素质适应现代经济社会发展和社会进步的客观需求，使其成为我国经济发展与社会进步的新增长点。我国历来把提高劳动者素质作为促进就业、发展经济的主要手段之一，并将职业技能开发放在振兴经济的战略地位上。

（一）职业技能开发与鉴定的含义

职业技能开发是指根据社会经济发展的需要，从思想文化知识和职业技能等方面全面提高劳动者自身素质，进行有组织、有计划、有目的的教育培训活动，以及以政策法规为基础、以社会现实劳动力为对象，对从事某一种职业应具备的专业知识和操作技能水平，按照相对统一和固定的标准进行鉴定考核。各种职业均具有自己的特定标准。职业技能鉴定制度的创新与推行，既是发展和完善现行劳动制度的重要措施，同时也是市场经济健康发展的必然要求。

职业技能鉴定工作，具有面向社会全体成员、实施对象广、年龄跨度大、考试内容多、测试场所分散的特点。职业技能鉴定由理论考试和实际操作考试两大部分组成，应试主体为现实的劳动者。为确保同一工种、同一级别、同一类型鉴定标准的一致性，必须有相对统一的鉴定规程。我国已开始建立一个比较适合国情的职业技能开发体系，即以提高劳动者就业能力和工作能力为目的，以职业分类与职业标准、职业技能培训、职业技能鉴定、职业技能竞赛等为主要内容，与劳动就业相互联系、紧密结合的工作体系，如图 8-1 所示。

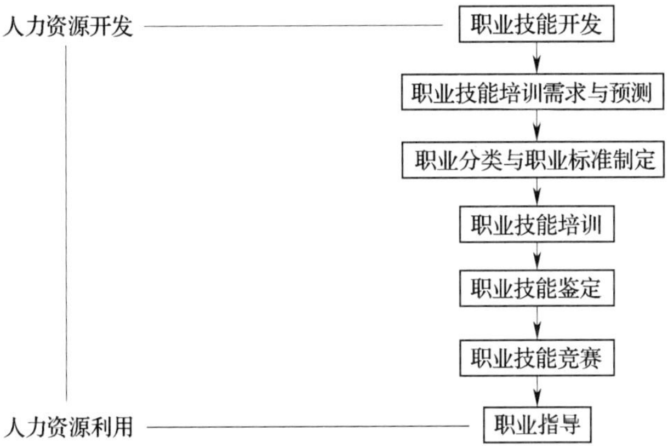

图 8-1　职业技能开发体系

（二）职业技能开发与鉴定的作用

职业技能开发与鉴定的作用在于，全面提高劳动者素质，客观评价劳动者的技能水平，为劳动力市场的发展提供基础服务，以便合理配置和有效利用人力资源，做到人尽其才、才尽其用，从而充分发挥人力资源在经济增长中的主要作用。职业技能鉴定是人力资源管理工作的一部分，不仅将对社会经济各方面产生重大影响，也将对人力资源管理的科学发展产生积极的推动作用。职业技能鉴定与职业资格证书是当前我国进行人力资源开发重大战略变革的产物，它将使人力资源获得多层次、全方位的充分开发，从而全面提高劳动生产率和企业经济效益。

职业技能鉴定是人力资源开发利用与管理领域内的重要基础工作之一，必须适应社会和经济的发展。职业技能鉴定总的目标是以培育和发展劳动力市场、促进职业培训、保障和提高劳动者就业能力和工作能力为宗旨，以职业标准和职业技能鉴定规范为依据，实行政府指导下的职业技能鉴定社会化管理，不断完善职业技能鉴定体系，并使之逐步与国际接轨。

二、职业技能开发与鉴定统计的重要性

职业技能开发与鉴定工作，一般是指对已经参与社会劳动的劳动者的再教育，提高其理论知识和业务技术水平，全面提高劳动者的素质。职业技能开发与鉴定工作的具体操作是，根据劳动力需求预测就业岗位，按照职业标准、岗位规范以及用人单位的实际需求，开展多形式、多层次、开放灵活、覆盖全社会的职业培训活动。对参加培训的人员，应根据不同要求，按照统一、固定的标准进行考试，即对职业培训的结果进行鉴定。

职业技能开发与鉴定统计的意义是：观察有关职业培训和教育的政策方针的贯彻实施情况及其指导的职业技能开发情况；分析职业教育活动各个阶段的状况与国民经济发展的适应程度；反映劳动者的科学、文化和技术水平，从事某种职业应具备的专业知识和操作技能的达标情况以及劳动力市场的供求情况；反映劳动者专业技能的整体水平，为社会劳动管理和协调人才的社会流动提供可靠依据。这些方面的统计研究，对于社会、经济和文化的持续、稳定与健康发展，具有极为重要的作用。

三、职业技能开发和鉴定统计的任务

职业技能开发和鉴定统计的任务是为制定有关方针政策和长远规划提供全面、及时准确的统计数据与情况。其具体的任务是：第一，反映职业技能培训、职业技能鉴定和职业技能竞赛的规模与水平；第二，研究职业技能培训与开发的形式；第三，分析职业技能开发的实际效果；第四，为制定职业教育政策，规划安排职业教育工作提供切实可靠的依据；第五，分析职业技能开发的发展趋势，促进职业培训体系不断完善。

第二节　职业技能开发统计

从宏观考察，职业技能开发包括两方面的内容，一是劳动后备培训，二是在职培训。从企业考察，职业技能开发侧重于在职培训，包括现场培训、脱产培训和继续教育等。这些对于企业职工职业技能的开发与提高是不可或缺的。

一、企业参加培训人员的核算

在一定时期内，企业实际组织的各种培训与进修，无论是在社会上或是在企业内，也不管时间长或是时间短，企业员工只要实际参加了上述培训活动，就应被纳入参加培

训人员的核算范围。

（一）企业参加培训的总人数指标

在一定时期内（如一个月、一个季度或全年）实际参加职业培训或进修的企业员工的人数，说明了企业培训进修的规模。由于具体表述的内涵有差异，企业参加培训的总人数指标可以分别以两种形式来体现。

1. 本期参加培训的人次数指标

本期参加培训的人次数是参与本期各种培训的人次数汇总，一名职工在本期参加两种培训，就按两人次计算。

2. 期末在培人数指标

期末在培人数指标表明企业在报告期最后一天，正在接受各种职业培训的实际人数。

（二）企业职工学校学员人数指标

企业有专司培训进修的职工学校时，要表明其培训工作总量或规模情况，可计算学员人数指标。该指标包括：（1）本期招收学员数，（2）本期在校学员数，（3）本期流失学员数。

二、企业职业培训条件统计

企业职业技能开发工作的开展，必须有一定的物质条件保障。物质条件主要是培训所需的师资和场地设施。

（一）培训师资人数指标

企业培训配备的教师有两种模式，一种是专职的，另一种是兼职的。专职教师人数即专职承担职业培训教课任务的教师在职人数；兼职教师人数包括在企业内或在企业外聘请的兼职教师人数。

（二）培训用房建筑面积指标

培训用房建筑面积指标是指常年专门用于各种职业培训进修的房屋的建筑面积，是教室、教学用办公室和专门实习车间等房屋的建筑面积总和。

三、企业职业技能开发进程分析

（一）入学、退学情况研究

1. 企业职工入学程度指标

企业职工入学程度指标是指在一定时期内，企业参加学习进修或培训的人员在企业全部人员中所占的比重，表明了企业职业培训与教育的普及程度。其计算公式为：

$$入学率=\frac{本期实际参加培训人数}{企业全部人数}\times 100\%$$

2. 企业职工退学程度指标

参与企业培训进修的人员，会由于各种各样的原因，无法完成培训进修，中途退出。要了解退学情况，就需要计算这部分人员在企业参加培训进修的总人数中的比重。其计算公式为：

$$退学率=\frac{本期中途退学人数}{本期招收培训人数}\times 100\%$$

（二）培训结业分析

1. 培训结业人数指标

培训结业人数是指在一定时期内，按培训时间、培训内容和培训目标完成培训，并通过规定考核，合格达标的学员人数或未达标的学员人数。达标的应计算为毕业人数，未达标的应计算为肄业人数。

2. 培训结业程度分析

（1）结业（或毕业）率。其计算公式为：

$$结业（或毕业）率=\frac{结业（或毕业）学员数}{本期（届）入学人数}\times 100\%$$

$$肄业率=\frac{肄业学员数}{本期（届）入学人数}\times 100\%$$

（2）全员培训率。即按全部职工考察，在一年内参加过企业培训进修的职工的比例。其计算公式为：

$$全员培训率=\frac{已培训过职工人数}{企业职工总人数}\times 100\%$$

（三）教师任课负担程度分析

要反映担任培训工作的专任教师与兼职教师的课时负担情况，可用教师负担系数表示。

1. 教师负担系数

这是在培学员人数与现有任课教师人数的比值，反映了一名教师教授学员的人数，从而表现了教师的配置和利用情况。其计算公式为：

$$教员负担系数=\frac{在培学员人数}{专任与兼职教师合计}$$

2. 教师比例

将在职教师与承担职业培训工作的全部人员进行对比，观察教师所占的比例。其计算公式为：

$$教员比例=\frac{专任与兼职教师合计}{培训工作人员合计}\times 100\%$$

四、企业职业技能开发结构统计

（一）企业职业技能开发分类

根据研究企业职业技能开发的目的不同，职业技能开发的统计分组方法主要有以下三种。

1. 按培训场所分组

由于不同培训对场所有不同要求，为满足培训需要，培训场所可能是分散性质的，也可能是集中性质的。所以，按培训场所，可将职业技能开发分为现场培训与业余学习两种。

（1）现场培训。这种培训模式是依托职工实际从事的工作或所处的岗位，边劳动，边学习，既要达到一定的专业技术水平或具有一定的工作能力，还要完成生产工作任务。如岗位练兵、师傅带学徒、技术表演示范等。

（2）业余学习。这是指在工作时间外的业余时间，职工参加的各类专业技术性质的学习和进修。如业余短训班、社会成人大中专班等。

2. 按培训方式分组

（1）脱产学习。这是指职工暂时离开工作岗位，进行专业技术学习或训练，学习终结后经过考核鉴定。如参加正规院校学习的进修生。

（2）半脱产学习。这是指职工不离开现在的工作岗位，可占用少量工作时间，参加专业技术学习或其他的培训学习。

（3）不脱产学习。这是利用业余时间，参加各种培训的学习方式。

3. 按培训程度分组

（1）高等教育。参加在职研究生招考、成人高考、广播电视大学教育、远程网上教育等大学性质的培训，一般结业后考试合格可取得大专及以上毕业资格。

（2）中等专业教育。参加成人中专学习或职业学校学习，结业后考试合格可取得相应的学历资格。

（3）初等教育。

（二）企业职业技能开发的结构分析

1. 现场培训的集中趋势分析

培训职工的场所，应尽量利用企业现有生产作业场地，发挥场地优势，将学习内容和本职工作密切结合，以取得最佳效果。现场培训的集中趋势可以通过现场培训系数体现。其计算公式为：

$$现场培训系数=\frac{现场培训人数}{参加各类培训总人数}$$

2. 业余学习趋势分析

企业员工的培训和进修，应该利用业余时间进行，这对员工、对企业都是合适的。研究企业人员利用业余时间学习的趋势，可从两方面观察和分析：一是参加培训进修人员总体，二是企业职工总体。

（1）企业在培人员业余化学习程度

$$业余学习比率=\frac{业余学习人数}{企业在培人员总人数}\times100\%$$

（2）企业在培人员业余学习参与程度

$$业余学习参与率=\frac{参加业余培训人数}{企业职工总人数}\times100\%$$

3. 企业脱产学习比例分析

安排企业员工脱产学习，必须符合成本效益原则，除对企业紧缺的专业技术适当安排脱产培训外，一般不采用这种培养方式。企业脱产学习比例可从人数和学习占用生产工作时间进行分析。

（1）按人数计算的脱产学习率

$$脱产学习率=\frac{脱产学习人数}{本期在培总人数}\times 100\%$$

（2）按学习占用生产工作时间计算的脱产学习率

$$脱产学习率=\frac{在培人员培训占用工作时间}{本期在培人员培训时间总量}\times 100\%$$

式中分子项包括全脱产学习和半脱产学习占用的生产工作时间。这样的计算更接近真实。

4. 企业培训学历水平分析

要使企业职工培训满足企业发展需要，应提高职工的学历水平，使之更能胜任实际工作。当然，也须避免盲目追求学历的倾向，还要符合企业实际需求。

（1）成人学历培训中高等教育比重

$$高等教育培训率=\frac{本期接受高等教育培训人数}{本期参加成人学历教育的人数}\times 100\%$$

（2）成人学历培训中中等教育比重

$$中等教育培训率=\frac{本期接受中等教育培训人数}{本期参加成人学历教育人数}\times 100\%$$

5. 企业短线工种的培训分析

企业职业技能开发工作，应密切结合实际需要，特别注意短缺人才的培养，使各工种从业人员配置均衡。

（1）分析短线工种的培训情况，应计算短线工种培训率。其计算公式为：

$$短线工种培训率=\frac{短线工种的在培人数}{本期在培的技术工种人数}\times 100\%$$

（2）分析短线工种补充情况，应计算短线工种补充率。其计算公式为：

$$短线工种补充率=\frac{短线工种已补充人数}{短线工种应补充人数}\times 100\%$$

五、企业职业技能开发深度的变化研究

这是指从企业培训的内容、专业设置、培训标准等方面，观察职业技能开发深度的变化。可以从以下四个方面分析。

第一，职业培训内容由单一向多元化的演变，反映专业门类的增加情况，特别是急需专业的增加程度。

第二，高层次培训在所有培训中比重上升的情况。如成人高等教育比重历年上升的

程度。

第三，高新技术培训在所有培训中比重的升降程度，说明企业开发高端技术的努力情况。

第四，历年培训毕业（合格）率升降趋势，说明企业职业技能开发工作的质量提高情况。

六、企业职业技能开发费用统计

（一）企业职业技能开发费用的核算

企业职业技能开发费用的核算，可用一些总量指标表示。

1. 企业职工培训费用总额

企业职工培训费用总额是指企业在一定时期内（如月、年）实际支付的用于职工培训和进修的全部费用，包括现场培训费用、派出进修深造培训费用、师资及教材费用等。

（1）现场培训费用，即在职工培训中采用岗位练兵、技术操作表演、组织参观、交流技术操作经验等活动形式，须支付的各种费用的总和。

（2）派出进修深造培训费用，即企业将职工派往国内企业或派往国外研修，委托大专院校定向培养所实际支付的培训费用。

（3）师资及教材费用，即实际支付的培训教师的工资、保险和福利费用，支付给兼职教师的讲课酬金和其他费用，支付的教材、教学资料及实验的费用等。

2. 培训设施投资完成额

培训设施投资完成额是指为满足培训教学需要，建造和购置固定资产所支付的费用，如建造教室和实习车间，购置设备、工具和仪器实际支付的费用等。

3. 人才引进费用

人才引进费用是指企业为吸引和招聘高科技人才与高级管理人才，以及短缺技术工人而实际支付的费用。

（二）企业职业技能开发费用分析

1. 企业培训费用水平

培训费用水平，可分别按企业全部职工与全部培训人员计算，前者说明企业平均每个职工的培训费用支付情况，后者表明企业平均每个接受培训人员实际培训费用的花费水平。

$$企业职工人均培训费用=\frac{培训费用实际支出}{企业职工平均人数}$$

$$培训人员人均培训费用支出=\frac{培训费用实际支出}{本期参加培训人数}$$

2. 现场培训费用比重

现场培训费用比重指在企业培训费用支出额中，实际用于企业内的现场培训费用所占份额。其计算公式为：

$$现场培训费用比重=\frac{现场培训费用支出}{企业培训费用支出额}\times 100\%$$

3. 培训费用年收益率

培训费用年收益率是针对参加培训人员通过培训后专业技术水平和技能会得到不同提高、对企业的贡献会增强、相应的工资收入会增加提出的，表明个人收益的增长程度。其计算公式为：

$$培训费用年收入率=\frac{本届毕业生年收入-上届毕业生年收入}{本届毕业生人均培训费用}\times 100\%$$

4. 培训资金利用率

培训资金利用率是将参加培训人数与培训费用使用额作比，综合反映职工培训资金的利用情况，即企业每支付万元培训费用可培训的职工人数。一般而言，培训人员多，培训资金的使用效率会相应提高。其计算公式为：

$$培训资金利用率=\frac{培训职工人数}{企业培训费用使用额（万元）}$$

5. 培训资金收获率

培训资金收获率是将培训结业后的合格人数与培训费用支出额作比，说明平均每支出万元费用培养出的合格人员数，综合反映培训投入的成效。其计算公式为：

$$培训资金收获率=\frac{培训出的合格人数}{企业培训费用支出额（万元）}$$

（三）企业职业技能开发费用的宏观分析

1. 企业职工培训费用与增加值的比较

通过企业职工培训费用与企业生产成果对比观察，可以综合反映培训投入的效果。培训的目的是提高员工的劳动素养，提升产品质量以利于企业的进一步发展。其计算公式为：

$$万元增加值的培训费支出=\frac{企业培训费用支出额}{同期企业实际增加值（万元）}$$

2. 企业职工培训费用和国民教育费用比较

企业职工的培训与进修是人力资源继续教育的重要举措之一。培训费用占国民教育费用的比重，可以在一定程度上表明企业对继续教育的投入力度或关注程度。可采用强度相对指标予以体现，即平均每万元国民教育费用中相应的职工培训费用的支付情况。其计算公式为：

$$平均职工培训费用支出额=\frac{企业职工培训费用总额}{国民教育经费投入额（万元）}$$

3. 企业职工培训费用增长与国内生产总值增长的比例关系

一般情况下，企业劳动力素质的增强，将促进生产经营活动的扩张以及社会生产力水平的提高。对人力资源的培训，就是提高其素质的重要手段之一。所以，从企业培训费用与国内生产总值的增长比例关系可以看出培训费用投入增长的速度对国内生产总值增长的某种影响。其计算公式为：

$$增长比例关系=\frac{国内生产总值增长速度}{企业培训费用增长速度}$$

4. 企业培训费用的增长与财政支出增长的比例关系

用于职业技能开发的经费，有相当一部分来源于财政支出。所以，财政预算的增长会影响培训费用的支付。二者增长速度的比较，大体反映了它们之间的相互关系及其适应程度。其计算公式为：

$$增长比例关系=\frac{财政预算支出增长速度}{企业培训费用增长速度}$$

只有财政预算支出稳步增长，才能保证培训费用一定增长，所以，数值一般会略大于 1 或者等于 1，这样的比例关系是较为适宜的。

第三节　职业技能鉴定统计

职业技能鉴定是对职业技能水平的考核，它是指由专门的考试或考核机构对劳动者从事职业应掌握的专业技术理论知识、实际操作能力进行的测量和评定。职业技能鉴定是职业资格证书制度的重要组成部分。从 20 世纪 90 年代初对 50 个工种进行技能鉴定试点开始至今，我国职业技能鉴定制度已初步形成，并逐步迈向制度化、法制化和常态化，鉴定组织机构专业化程度日益加强，鉴定技术水平正在稳步提高。推行职业资格证书制度，是实施科教兴国战略的举措之一，是人力资源开发的重要手段。《中华人民共和国劳动法》《中华人民共和国职业教育法》等法律对此都作了专项规定，为推行职业资格证书制度奠定了法律基础。

一、职业技能鉴定统计的意义

职业技能鉴定对人力资源的开发具有质量检验的功能，即通过对人力资源开发的结果进行考核与评定，从而对考试、考核合格者给予权威认证，准予其进入就业领域，促使劳动力市场的有序运行和人力资源的合理配置，为制定社会经济发展政策服务。职业技能鉴定统计，通过职业技能鉴定单位数、考评人员配备情况、考核鉴定人数总量及构成、考核合格者规模与获取职业资格证书的人数等指标，表明职业技能鉴定的过程和最终结果及其发展趋势。

二、职业技能鉴定机构及人员统计

（一）职业技能鉴定机构数量的计算

职业技能鉴定机构是指根据《职业技能鉴定规定》设置的专门从事考核与评价劳动者职业技能水平，并能发放职业资格证书的机构。在计算机构数量时，应分级核算。

1. 国家级鉴定机构数

对根据《劳动部关于实行职业技能鉴定社会化管理试点工作的通知》精神确定的首批国家职业技能鉴定50个通用工种实施鉴定的机构，应列入国家级鉴定机构中计算。

2. 行业级鉴定机构数

经国家人力资源和社会保障部审批的行业特有工种的鉴定机构，应列入行业级鉴定机构中计算。

3. 地方级鉴定机构数

各地方，如省、市、区、县人力资源和社会保障部门的职业技能鉴定站，列入地方级鉴定机构中计算。

4. 其他鉴定机构数

这是指不属于前述职业技能鉴定机构的鉴定机构数量，如列入“工考委”或“技师考委”统计的职业技能鉴定站的数量。

（二）职业技能鉴定专业人员数量指标

职业技能鉴定专业人员是指职业技能考评人员。他们是按照有关规定和要求，在各级各类职业技能鉴定机构专门从事职业技能鉴定考核和评审工作的人员。

计算职业技能鉴定专业人员数，可以按各级鉴定机构统计，即分为国家级鉴定机构考评人员数、行业级鉴定机构考评人员数、地方级鉴定机构考评人员数和其他鉴定机构考评人员数。计算职业技能鉴定专业人员数时，应分别计算期末人数指标和平均人数指标。

三、参加职业技能鉴定考核人数的计算

要想说明一定时期内被考核的总人数，表明职业技能鉴定的考核规模和劳动力的参与情况，应计算参加考核人数指标。凡是在报告期内，申请参加统一考核或考试的人员，不管其是否合格，或是否取得职业资格证书，都应包括在内。

除计算参加考核总人数指标外，还应分类计算参加考核人数。

（一）按职业分类

按照参加考核或考试的人员所从事职业划分为八大类：（1）党的机关、国家机关、群众团体和社会组织企事业单位负责人；（2）专业技术人员；（3）办事人员和有关人员；（4）社会生产服务和生活服务人员；（5）农、林、牧、渔业生产及辅助人员；（6）生产制造及有关人员；（7）军人；（8）不便分类的其他从业人员。

（二）按国民经济行业分类

按参加考核或考试的人员所在行业部门分为：（1）农、林、牧、渔业；（2）采矿业；（3）制造业；（4）电力、热力、燃气及水生产和供应业；（5）建筑业；（6）批发和零售业；（7）交通运输、仓储及邮政业；（8）住宿和餐饮业；（9）信息传输、软件和信息技术服务业；（10）金融业；（11）房地产业；（12）租赁和商务服务业；（13）科学研究和技术服务业；（14）水利环境和公共设施管理业；（15）居民服务、修理和其他服务；（16）教育；（17）卫生和社会工作；（18）文化、体育和娱乐业。

（三）按产业分类

按照参加考核或考试的人员所在产业分为：（1）第一产业；（2）第二产业；（3）第三产业。

（四）按在业与否分类

按照参加考核或考试的人员是否在业，可分为四类：（1）从业人员；（2）下岗人员；

（3）失业人员；（4）退休人员。

（五）按工人技术等级分类

按参加考核或考试的工人的技术等级，可分为五类：（1）初级工；（2）中级工；（3）高级工；（4）技师；（5）高级技师。

四、职业技能鉴定合格人数的计算

职业技能鉴定合格人数的计算是指计算通过职业技能鉴定考试或考核，达到合格或取得职业资格证书的人员规模。

（一）考试或考核合格人数指标

考试或考核合格人数指标是指在一定时期内，各级各类人员参加职业技能鉴定的统一标准考核或考试，取得合格资格的人数。

（二）获得职业资格证书人数指标

获得职业资格证书人数指标是指在一定时期内，各级各类人员参加职业资格认证考核或考试，评定合格，并取得相应的职业资格证书的人员总量。

五、职业技能鉴定结果的分析

职业技能鉴定结果的分析是指在一定时期内，通过研究和分析职业技能鉴定考核或考试结束后达到标准要求的人员比例或过关程度，从而观察职业技能鉴定工作的实施质量情况。

（一）职业技能鉴定参与程度分析

职业技能鉴定参与程度分析是指分析和确定应参加职业技能鉴定考核的人员的参与程度，表明其组织、动员以及实际参与的状况。这里计算的参与率是在一定时期内，实际参加考核或考试的人员占应参加职业技能鉴定考核或考试人员的比重。其计算公式为：

$$参与率=\frac{实际参加考核或考试人数}{应参加考核或考试人数}\times 100\%$$

参加高等教育自学考试，是充实知识、增强理论、增长才干、提高能力的一种方式。每年有许多劳动者积极参与，有相当多的人通过考试。所以，职业技能鉴定参与程度还可以以参加自学考试的人员比重表示。其计算公式为：

$$参加高等教育自学考试人员比重=\frac{实际参加高等教育自学考试人数}{企业从业人员总人数}\times100\%$$

职业技能鉴定考核人员中，参加高等教育自学考试的比率，可以反映出利用这种鉴定方式的程度如何。其计算公式为：

$$高等教育自学考试参与率=\frac{实际参加高等教育自学考试人数}{实际参加考核或考试的人数}\times100\%$$

（二）职业技能鉴定申报合格程度分析

在一定时期内，参加职业技能鉴定的人员须符合申报相应等级应具备的条件，如就职年限、职业培训经历和学历等，才能参加有关考核或考试。通过计算申报资格合格率，可以反映参加职业技能鉴定的人员的基本素质水平。其计算公式为：

$$申报资格合格率=\frac{符合申报条件人数}{全部申报人数}\times100\%$$

（三）职业技能鉴定考核通过程度分析

职业技能鉴定考核通过程度分析是指在一定时期内，参加职业技能鉴定的考核或考试，达到合格标准或获得职业资格证书的人员比率。它能够反映职业技能鉴定的实际结果。一般而言，达标程度越高越好。分析此种结果，可采用四种指标表示。

1. 职业技能鉴定合格率指标

$$合格率=\frac{实际考核或考试合格人数}{实际参加考核或考试人数}\times100\%$$

2. 职业资格证书取证率指标

$$取证率=\frac{实际取得职业资格证书人数}{实际参加考核考试人数}\times100\%$$

3. 高等教育自学考试单科通过率指标

$$单科通过率=\frac{实际自考单科及格人数}{实际参加自考人数}\times100\%$$

4. 高等教育自学考试学位取证率指标

$$学位取证率=\frac{实际取得高等教育学位证书人数}{实际参加自考人数}\times100\%$$

（四）职业技能竞赛统计分析

职业技能竞赛是职业技能鉴定的公开公正原则的充分有力体现，是促进职业技能开发的有效手段之一。从全国来看，从 1993 年首届中国青年奥林匹克技能竞赛至今，我国组织职业技能比赛已达十几年之久，而且逐步规模化和制度化，数以百万计的工人参加岗位练兵活动，在形成尊重技能人才的良好氛围方面发挥了积极引导作用。

分析职业技能竞赛情况，应着重反映参与竞赛评比的规模和取得优秀称号的情况。

1. 职业技能比赛的规模分析

（1）国际性比赛。由国家统一组织选拔合格入围的技术能手参加世界技能大赛的人数。

（2）全国性比赛。全国性比赛是由国家统一组织，各地区选拔合格入围的技术能手参加，按统一竞赛程序和标准进行，对出类拔萃者，授予“中华技能大奖”和“全国技术能手”称号的国家级大赛活动。参加全国性技术比赛的人数和工种数等指标可以反映全国性职业技能比赛的规模。

（3）地区性比赛。地区性比赛是指各省、自治区和直辖市组织的省级技术比赛活动。参加省级比赛的人数和工种数等指标可以反映地区性职业技能比赛的规模。

（4）基本单位练兵。基本单位练兵是指企业、事业单位组织的技术比赛活动，参加技术比赛人数和岗位练兵人数等指标可以反映基本单位练兵的规模。

对企业基本单位开展技术比赛活动情况的研究与分析，可通过计算如下指标表示。

第一，技能竞赛参加人数指标。即一定时期内企业人员被推荐评选出参加全国性的和地区性的技术比赛活动的人数。对该类人数应分级计算。

第二，企业岗位练兵人数指标。即企业基本单位内参加企业主办的各工种单项技能比赛的人数。

2. 职业技能比赛获奖分析

从技术比赛活动开展的历年情况看，每年全国参加评选的技术能手高达 500 多万人。在国家级大赛中，每年评出“中华技能大奖”获得者 10 人、“全国技术能手”100 人。企业计算获奖人数，可以反映企业职业技能开发的成果和技术素养的水平。计算分析如下：

（1）企业“中华技能大奖”获奖人数；

（2）企业“全国技术能手”称号获得者人数；

（3）企业获省级比赛优胜者人数；

（4）获奖者的比例指标。

$$获全国大奖比例=\frac{实际取得国家级奖励和称号人数}{实际参加全国性比赛人数}\times 100\%$$

$$获省级奖比例=\frac{实际获得省级奖励人数}{实际参加省级比赛人数}\times 100\%$$

$$获国际比赛优胜奖比例=\frac{实际获得国际大奖人数}{实际参加国际比赛人数}\times 100\%$$

第四节　职业技能开发效益统计

职业技能开发会取得一定的成效，既有社会效益，也有经济效益，值得认真统计研究和评价。

一、职业技能开发的社会效益分析

企业开展职业技能开发工作所取得的社会效益主要表现为劳动者个人文化专业技术水平的提高、劳动态度的端正、敬业精神的发扬、思想道德品质的净化、进取开拓意识的增强以及群体素质的优化等。统计研究职业技能开发的效益，尤其应评价企业文化氛围的形成及其长期的具有深远影响的效益。

（一）企业文化技术特征的分析

通过职业培训，员工的文化水平、知识结构与基本科学素养会逐步增强，呈现出有教养、有纪律、有团队精神和有理想的精神风貌。

1. 员工文化水平与变化指标

$$员工平均文化程度=\frac{\sum（受教育年限\times 人数）}{企业员工总人数}$$

$$员工文化程度升降值=培训后平均受教育年限-培训前平均受教育年限$$

2. 员工文化水平结构及变动指标

按小学、初中、高中（中专）、大专、本科和研究生等学历对员工进行分组，分别计算各组员工所占的比重，编制时间数列进行动态分析，观察员工学历经过培训进修后的变化趋势，尤其应注意中等文化程度员工的比重变化。

3. 工人技术等级的变动指标

$$工人平均技术等级=\frac{\sum（技术等级\times 人数）}{全部工人合计}$$

$$工人平均技术等级提高程度=培训后平均技术等级-培训前平均技术等级$$

4. 工人技师和高级技师比例及变动指标

$$\text{工人技师的比例}=\frac{\text{工人技师合计}}{\text{全部工人合计}}\times 100\%$$

工人技师比例增加值=每百名工人中培训后技师比例-每百名工人中培训前技师比例

$$\text{高级技师的比例}=\frac{\text{高级技师合计}}{\text{全部工人合计}}\times 100\%$$

高级技师比例的增加值=每千名工人中培训后技师比例-每千名工人中培训前技师比例

5. 多面手和技术能手比例指标

企业的技术尖子在工人中有很强的影响力和号召力，他们规模的壮大，将带动“学技术、学本领”风气的兴起。

$$\text{多面手和技术能手比例}=\frac{\text{多面手和技术能手人数}}{\text{全部工人合计}}\times 100\%$$

6. 专业技术人员高级职称比例指标

企业从事专业技术工作的人员中，具有高级职称的人员比例，可以体现出企业的总体专业技术水平。

$$\text{高级职称专业技术人员比例}=\frac{\text{具有高级职称人数}}{\text{从事专业技术工作人数}}\times 100\%$$

（二）工作态度和劳动纪律增强的分析

1. 出勤率与出勤时间利用率的历史比较

将不同时期员工的出勤率与出勤时间利用率进行对比，评价员工在培训前后工作态度的转变和遵守劳动纪律意识的强化程度。

2. 劳动定额完成程度的动态比较

将培训前后员工劳动定额完成程度进行对比，观察员工劳动进取精神的变化状况。

3. 由员工引发的安全事故发生程度的比较

一般而言，员工经过培训，安全操作的意识和技术会有一定增强，安全事故就会相应减少。因此，可运用工伤事故频率指标进行前后期的比较，从而体现培训后安全方面的变化。

4. 企业各类先进人物涌现程度的分析

各类先进生产者和先进工作者等先进人物的不断涌现，在很大程度上是加强员工培训的必然结果。通过培训前后先进人物出现比例的变化，表明企业培训的积极效果。

二、企业经济效益增强的分析

（一）企业员工合理化建议提出与采纳分析指标

企业员工经过培训，技术操作水平会得到提高，劳动技能和开拓创新意识会增强。通过技术鉴定，有些技能创新会被用于生产经营过程中，产生积极的经济效益。培训前后合理化建议的提出与采纳情况的对比，客观上反映了培训的意义。

$$合理化建议增长率=\frac{培训后人均多提合理化建议件数}{培训前人均合理化建议提出件数}\times 100\%$$

$$合理化建议采纳动态指标=\frac{培训后采纳合理化建议件数}{培训前采纳合理化建议件数}\times 100\%$$

（二）企业技术革新成果分析指标

企业员工经过培训，技术理论知识得以丰富，技能得以提高，创造发明和技术革新的热情也被激发出来。为表明这种效果，可以计算如下指标：

$$技术革新项目实现变动率=\frac{培训后技术革新项目实现数}{培训前技术革新项目实现数}\times 100\%$$

$$推广技术革新项目后的增产率=\frac{技术革新项目采用后增加的产量}{技术革新项目采用前的产品产量}\times 100\%$$

$$推广技术革新项目后的节约率=\frac{采用技术革新项目后节约的消耗量}{技术革新项目采用前的消耗量}\times 100\%$$

（三）企业工作效率提高的分析

企业员工经过培训后，各方面的进步会综合表现在工作效率的提高上。工作效率的提高会给企业带来良好的经济效益。

1. 节约用工量的计算

$$工时节约量=培训后工时耗用量-\frac{计算期实际产量（或工作量）}{培训前工作效率}$$

$$工资支付节约额=工时节约量\times 计算期小时平均工资$$

2. 增产增收的计算

$$增加产量或产值=（培训后的劳动生产率-培训前的劳动生产率）\times 计算期平均人数$$

$$增加收入或盈利=（培训后人均创收或盈利-培训前人均创收或盈利）\times 计算期平均人数$$

3. 节约人工费用的计算

人工费用节约额=（培训后单位产品人工费用−培训前单位产品人工费用）×计算期实际产量

（四）企业产品质量意识增强的分析

企业员工经过进修培训，技术素质得以提高，操作技能会跨上一个新台阶，从而保证了产品的加工质量，增强了质量创优意识。要描述这方面的状况，可以运用一系列有关质量工作的指标，如合格品率、优等品率、返修率，以及产品平均性能、产品平均含量和产品平均等级等来表示。通过这些指标在不同时间的比较，观察其提高和改进的程度；通过横向对比，观察企业产品在同行业同类产品中，居于前列或领先的程度，或需赶超先进缩小差距的程度。

1. 分析产品合格品率或优等品率的提高对提高企业经济效益的影响

$$\begin{matrix}\text{产品废品率降}\\\text{低的增产价值}\end{matrix}=\left(\begin{matrix}\text{报告期}\\\text{废品率}\end{matrix}-\begin{matrix}\text{基期}\\\text{废品率}\end{matrix}\right)\times\begin{matrix}\text{报告期送检}\\\text{产品数量}\end{matrix}\times\begin{matrix}\text{报告期产品}\\\text{出厂价格}\end{matrix}$$

2. 分析产品平均等级的提高对提高企业经济效益的影响

$$\begin{matrix}\text{产品平均等级}\\\text{提高的增收价值}\end{matrix}=\left(\begin{matrix}\text{报告期产品等级}\\\text{结构的平均单价}\end{matrix}-\begin{matrix}\text{基期产品等级}\\\text{结构的平均单价}\end{matrix}\right)\times\begin{matrix}\text{报告期}\\\text{实际产量}\end{matrix}$$

3. 分析产品优等品率的提高对提高企业经济效益的影响

$$\begin{matrix}\text{产品优等品率提}\\\text{高后增加的收入}\end{matrix}=\left(\begin{matrix}\text{报告期}\\\text{优等品率}\end{matrix}-\begin{matrix}\text{基期优}\\\text{等品率}\end{matrix}\right)\times\begin{matrix}\text{报告期}\\\text{实际产量}\end{matrix}\times\left(\begin{matrix}\text{优等品}\\\text{出厂价格}\end{matrix}-\begin{matrix}\text{·级品}\\\text{出厂价格}\end{matrix}\right)$$

4. 分析产品平均含量的提高对提高企业经济效益的影响

$$\begin{matrix}\text{产品平均含量提}\\\text{高后增加的收入}\end{matrix}=\left(\begin{matrix}\text{报告期产品平均}\\\text{含量的出厂价格}\end{matrix}-\begin{matrix}\text{基期产品平均}\\\text{含量的出厂价格}\end{matrix}\right)\times\begin{matrix}\text{报告期}\\\text{实际产量}\end{matrix}$$

5. 企业员工创品牌意识增强程度分析

通过对员工创品牌理念的调查，运用座谈会、走访或问卷等形式，测算企业员工中创品牌意识的强烈程度。

$$\text{创名牌意识强烈程度}=\frac{\text{回答有创品牌意识人数}}{\text{调查采访员工总人数}}\times100\%$$

【思考题和计算题】

1. 简述职业技能开发和鉴定统计的任务。
2. 简述企业参加培训人员的核算范围。

3. 简述企业职业培训条件的统计指标。

4. 简述职业技能开发的统计分组方式。

5. 简述职业技能鉴定核算人数的方式。

6. 如何表现职业技能开发的社会效益？

7. 如何表现职业技能开发的经济效益？

8. 某公司某年职工 5 000 人，参加培训的有 3 000 人，结业 2 800 人，中途退出 200 人，专职和兼职培训教师 50 人。

计算：（1）职工入学率；（2）职工退学率；（3）职工结业率；（4）职工全员培训率；（5）教师负担系数。

9. 根据题 8 资料，公司现场培训 2 000 人，业余学习 2 600 人，脱产学习 400 人。参加成人学历教育 1 000 人，其中，接受高等教育 300 人，接受中等教育 700 人。

计算：（1）现场培训系数；（2）业余学习比率；（3）业余学习参与率；（4）脱产学习率；（5）高等教育培训率；（6）中等教育培训率。

10. 某企业计算期职工培训费用实际支出 90 万元，其中现场培训费用 72 万元。职工 1 000 人，其中参加过培训 800 人，培训达标 750 人。同期企业实际增加值 1 000 万元。

计算：（1）企业职工人均培训费用；（2）培训人员人均培训费用；（3）培训资金利用率；（4）培训资金收获率；（5）万元增加值的培训费用支出；（6）现场培训费用比重。

11. 某厂计算期生产工人 2 000 人，其中工人技师 200 人，高级技师 15 人，多面手和技术能手 100 人。

计算：（1）工人技师比例；（2）高级技师比例；（3）多面手和技术能手比例。

12. 某车间计算期零部件实际完成 6 000 件，耗用工时为 5 000 工时；工人培训前单件耗用 1.1 工时；计算期小时平均工资 40 元。

计算：（1）工时节约总量；（2）节约工资额；（3）零部件增产量。

13. 某企业职工 850 人，培训前提出合理建议 1 200 件，其中采纳 700 件；培训后提出合理化建议 1 500 件，其中采纳 1 150 件。

计算：（1）合理化建议增长率；（2）合理化建议采纳动态指标。

第九章　人工成本统计

学习要点

人工成本的定义和国际标准，人工成本统计的任务。

人工成本统计范围，计算人工成本总额，人工成本的构成统计，人工成本水平指标的两种表达。

人工成本的动态分析，人工成本的效益分析，企业人工成本和总成本的关系分析。

第一节　人工成本统计的意义

一、人工成本的含义

（一）什么是人工成本

从企业角度观察，人工成本是指企业在一定时期内，由于从事生产经营活动而使用人力资源所支付的费用。

企业人工成本按其定义，一般包括的内容有：企业支付给职工的工资总额，离退休人员和退职人员的费用，保险福利费用、住房费用、职业技术培训费用、劳动保护费用和其他相关费用等。因此，人工成本是企业全方位的费用，直接关系到企业的生产经营和相关服务活动。

（二）人工成本和成本费用的关系

在企业中，尽管人工成本与企业成本费用的关系非常密切，但毕竟是两个不同的经济概念。企业成本费用，又称费用总额或总成本，是企业在获取收入的过程中对所掌握资产的消耗。广义的总成本，包括企业的各种费用和损失；狭义的总成本，只包括为获取营业收入、提供商品或劳务而发生的费用，即仅指与商品或劳务提供有关的耗费。在总成本中，有相当一部分是因为用人而发生的费用，属于人工成本。人工成本和总成本既有区别又有联系。

1. 人工成本和总成本的区别

（1）两者核算的对象不同。人工成本是围绕企业的劳动投入进行核算的；总成本则是围绕企业的生产经营过程进行核算的。

（2）核算的意义不同。人工成本突出了劳动投入，即劳动力的消耗；总成本反映整个生产经营过程的消耗。

（3）两者的内涵不同。因为核算对象存在差异，所以其内涵也不一样。

2. 人工成本和总成本的联系

人工成本和总成本之间存在着相互交叉的关系。人工成本和总成本的交叉部分是：（1）直接人工的工资和福利费；（2）制造费用中的工资和福利费；（3）管理费用中的工资和福利费；（4）销售费用中工资和福利费等。

二、人工成本统计研究的意义

统计研究企业人工成本对推进企业现代化具有重要意义。

（一）有利于企业提高管理水平

在企业的生产经营活动中，各种各样的费用在不断发生，用最少的投入换取最大的产出，是企业奋斗的目标。这个目标的实现，归根到底取决于企业劳动者自身的素质。一般而言，劳动者素质的高低是与花费在他们身上的费用成正比的。人工成本反映企业发生在劳动者身上的所有费用，是全方位的费用，是企业关注的焦点，对于企业管理有重要意义。人工成本不只是单纯的支出问题，还有更深层次的意义，有的可以直接带来良好的经济效益，而有的则是间接的影响。因此，控制人工成本是一项非常重要、非常复杂的系统工程，如何以最小投入获取最大的效益，是企业经营管理者应慎重对待的问题。通过人工成本统计，企业决策者能够清楚地看到人力使用所付出的代价，从而重视企业人工成本的核算和管理，适时调整人员结构，提升人力资源水平，增强企业的竞争力。

（二）为宏观调控提供根据

企业人工成本可以从整体上反映国家经济结构状况，有助于调整产业政策和消费结构。人工成本涉及经济生活的诸多方面，它有支出与收入的双重属性。对企业来说，它是支出，人工成本的高低，会直接影响企业的盈利水平，影响企业的投资方向，从而导致产业结构的调整。对劳动者来说，它是收入，收入直接影响消费，人工成本对消费领域的影响不容轻视。通过人工成本核算，可以了解从业人员的收入状况和居民的生活水平，有利于消费政策的制定和居民生活水平的提升。人工成本统计研究，对于劳动力市场价格的定位，对于社会保障政策的制定和实施，对于保障人民群众的切身利益，有着更为特殊的意义。

三、人工成本统计的任务

第一，准确、及时和全面地反映人工成本水平、构成及变动情况。

第二，计算人工成本总额，检查、监督企业人工成本计划的贯彻实施情况。

第三，开展企业人工成本的分析，评价影响人工成本增减的相关因素的作用程度，反映人工成本的变化趋势。

第四，进行人工成本预测。

第五，推进人工成本的国际比较研究，了解国外人工成本水平和投资环境，提高企业“走出国门”后的竞争水平。

第二节　人工成本总量统计

从我国当前的实际状况出发，实行人工成本统计核算的主要是企业。机关、事业单位不进行人工成本核算。

一、企业人工成本统计的范围

企业人工成本是企业为其员工支付的全方位费用。因此，统计核算企业人工成本的范围，可从如下五点考虑。

第一，人工成本是由企业（或雇主）支付的。计算人工成本，必须以企业名义支付的费用为准；以个人名义支付的，不能计算在内。如企业员工的医药费，若是员工个人自付，企业不花钱，则不能视作人工成本；若由企业支付，则应计入人工成本。

第二，人工成本的支付是以企业全体员工为对象的。企业支付的人工成本是为本企业全部人员支付的人工费用。为企业外人员支付人工费用，不能计入人工成本。如支付给在校学生的劳动实习补贴，在校学生尽管参与企业的工作，但不是企业的员工，所以该补贴不应计入企业人工成本。

第三，人工成本包括直接费用和间接费用。企业为其全部员工支付的费用，无论是直接发放到个人的费用，还是缴纳的各种社会保险等使个人能够间接受惠的费用，都应计算在内。

第四，不考虑计入人工成本的费用的发放形式。企业所支出的人工费用，不管是货币形式，还是实物形式，都应计入人工成本。

第五，不考虑计入人工成本的费用的经费来源。企业所支出的人工费用，其经费可能来自营业外收入、利润提成、工资科目或福利费等，这些均应计入人工成本。

二、人工成本总额的计算

企业人工成本是企业因使用劳动力而发生的所有费用，所以，在计算期内企业实际为此支付的所有人工费用，都应汇总相加，形成计算期人工成本总额。

在计算企业人工成本总额时，一定要按照人工成本统计核算范围和注意问题计算，要特别注意与企业总成本的区别，因为两者存在交叉关系，稍有不慎，就会影响到计算结果。由于人工成本总额是按实际发生额计算的，所以，采用的计算价格应是现行价格。

现阶段我国统计的是企业支付的人工成本，因此，对所有企业来说，无论其登记注册类型、行业、产业、地区、隶属关系以及规模大小，都应计算人工成本，并按照综合统计报表制度的要求进行正确核算。

三、人工成本的构成统计

除了研究人工成本总额外，还要进一步观察人工成本的构成情况。

（一）从业人员的劳动报酬

从业人员劳动报酬是指企业在计算期内直接支付给本企业全体从业人员的劳动报酬总额，包括企业职工工资总额和其他从业人员劳动报酬两部分。企业职工工资总额是按企业职工工资总额指标的要求计算的。企业其他从业人员，是按有关职工统计口径要求，不作为企业职工计算，但实际由企业安排生产经营工作，并由企业支付劳动报酬的人员。这些人员具体是：再就业的离退休人员、在本单位工作的港澳台人员、外籍人员，以及兼职人员、从事第二职业的人员和录用的其他单位下岗人员等。

（二）企业缴纳的社会保险费用

企业按照有关规定为本企业所有从业人员缴纳的各种社会保险费用，包括养老保险费用、医疗保险费用、失业保险费用、工伤保险费用和生育保险费用等。

（三）个人与集体的福利费用

福利费用是企业在工资以外，实际支付给企业员工个人以及集体的福利费用的总和。福利费用包括直接人工费用中的福利费、制造费用中的福利费、管理费用中的福利费，以及企业净利润分配公益金中的集体福利设施费等。

（四）从业人员住房费用

从业人员住房费用是企业为改善从业人员居住条件而发生的费用，包括企业缴纳的住房公积金、实际支付给员工个人的住房补贴与住房困难补助、企业住房的维修和管理费用、归还的住房借款本息与住房租赁保证金，以及用于员工住房的其他支出。

（五）职业技术培训费用

职业技术培训费用是企业为提高员工的思想道德修养与专业技术水平而进行的文化、职业道德、技术理论和实际操作等的进修培训活动的费用，包括企业为其开办技校、职业技术训练班、进修班所支付的费用，选送本单位员工去各类专业学校学习支付的费用等。

（六）劳动保护费用

劳动保护费用是指企业实施安全技术措施、工业卫生措施等发生的费用，以及企业发放给员工个人的劳动保护用品（如工作服、劳动保健用品）的费用。

（七）其他人工成本费用

由企业支付的不属于前述内容的人工费用包括：工会经费，企业招聘员工支付的招工、招聘费用，颁发的创造发明奖、自然科学奖、科学技术进步奖和合理化建议奖，租赁企业经营的承租人的风险补偿收入，支付给家庭工人的加工费，以及与人工成本有关的税收等。

四、人工成本水平指标

（一）平均人工成本

平均人工成本是反映人工成本水平的主要指标。平均人工成本是企业在一定时期内用于企业每个从业人员或花费在单位产品生产上的人工费用。从一定意义上说，平均人工成本反映了单位产品人工费用的投入量水平或从业人员的收入水平。平均人工成本，对于企业加强生产经营管理、研究人工成本与有关经济指标之间的关系，有着很重要的意义，它是进行企业之间比较分析的重要依据。

（二）平均人工成本的计算

根据研究目的和任务不同，一般情况下，平均人工成本有三种具体指标：按从业人员计算的人均人工成本、按生产工人计算的人均人工成本和按产品计算的单位产品人工成本。

1. 从业人员人均人工成本

这是按企业从业人员计算的人均人工成本。其计算公式为：

$$从业人员人均人工成本=\frac{计算期人工成本总额}{计算期企业从业人员平均人数}$$

企业按从业人员计算的人均人工成本，可以折射出企业产品成本水平，同时反映出企业在市场的竞争力。

不同岗位或工种的人均人工成本的高低，实际上表明了每种职位的劳动力价格，为在劳动力市场招聘劳动力或应聘者提供了参考，促进了劳动力的合理流动。

例如，某年企业人工成本总额25 000万元，从业人员平均人数2 000人。则：

$$平均每名从业人员人工成本=\frac{25\ 000}{2\ 000}=12.5（万元）$$

2. 生产工人人均人工成本

这是企业按生产工人计算的平均为每名生产工人投入的人工费用。其计算公式为：

$$生产工人人均人工成本=\frac{计算期企业生产工人的人工成本总额}{计算期企业生产工人平均人数}$$

生产工人是企业生产一线的主力，为生产工人支付的人工费用在企业人工成本中占有相当大的份额。因此，计算生产工人人均人工成本是十分必要的。这对于分析企业产品生产费用，评价企业的经济效益，以及与其他企业比较，都是非常重要的。

3. 单位产品人工成本

企业可以分别按每类产品计算单位产品人工成本。若生产品种多，可综合计算平均每标准单位产品的人工成本。

单位产品人工成本反映每件产品中人工投入量水平，对于产品出厂价格的分析、产品盈利程度的观察，以及企业产品市场竞争力的研究是极为重要的。

（1）每种产品的单位产品人工成本。其计算公式为：

$$单一产品的平均人工成本=\frac{某种产品的人工成本总额}{某种产品的实际产量}$$

（2）多种产品的单位产品人工成本。如果企业生产多种产品，计算单位产品人工成本时，应先确定一个标准产品，然后按一定的换算系数将其他产品各自产量折合为标准产品产量，再计算单位产品人工成本。换算系数可以依工作量比例或出厂价格比例确定。

按出厂价格确定换算系数，计算单位产品人工成本的公式为：

$$换算系数=\frac{换算产品出厂价格}{标准产品出厂价格}$$

$$标准产品平均人工成本=\frac{企业人工成本总额}{折合为标准产品的总产量}$$

$$换算产品平均人工成本=标准产品平均人工成本\times换算系数$$

例如，某企业 2021 年共花费人工成本 1 990 万元，实际产量为：甲产品 300 件，乙产品 500 件，丙产品 300 件。以丙产品出厂价格为 1，则甲产品换算系数为 2. 3，乙产品换算系数为 2. 0。那么：

$$标准（丙）产品平均人工成本=\frac{1\ 990}{2.3\times300+2\times500+300}=1（万元/件）$$

$$甲产品平均人工成本=1\times2.3=2.3（万元/件）$$

$$乙产品平均人工成本=1\times2.0=2.0（万元/件）$$

第三节　人工成本动态分析

企业人工成本状态显示了企业的生产经营活动，从某种意义上综合反映了企业的管理水平和企业的竞争实力。企业人工成本及其变动，以及对企业的影响，须通过人工成本的动态统计给予正确的描述与评价。

一、平均人工成本的分析

（一）企业平均人工成本的动态研究

分析研究企业人工成本的变动，一是计算企业平均人工成本指数，二是计算平均人工成本的增减绝对额。同时还要分别分析按从业人员或生产工人计算的人均人工成本的变动情况和按产品计算的单位产品人工成本的变动情况。

1. 平均人工成本指数的计算

（1）从业人员人均人工成本指数

$$从业人员人均人工成本指数=\frac{报告期从业人员人均人工成本}{基期从业人员人均人工成本}\times 100\%$$

（2）生产工人人均人工成本指数

$$生产工人人均人工成本指数=\frac{报告期生产工人人均人工成本}{基期生产工人人均人工成本}\times 100\%$$

（3）单位产品人均人工成本指数

$$单位产品人均人工成本指数=\frac{报告期单位产品人均人工成本}{基期单位产品人均人工成本}\times 100\%$$

2. 平均人工成本增减绝对额的计算

（1）从业人员人均人工成本增减绝对额

$$从业人员人均人工成本增减绝对额=\begin{matrix}报告期从业人员\\人均人工成本\end{matrix}-\begin{matrix}基期从业人员\\人均人工成本\end{matrix}$$

（2）生产工人人均人工成本增减绝对额

$$生产工人人均人工成本增减绝对额=\begin{matrix}报告期生产工人\\人均人工成本\end{matrix}-\begin{matrix}基期生产工人\\人均人工成本\end{matrix}$$

（3）单位产品人工成本增减绝对额

$$\begin{matrix}单位产品人均人工\\成本增减绝对额\end{matrix}=\begin{matrix}报告期单位产品\\人均人工成本\end{matrix}-\begin{matrix}基期单位产品\\人均人工成本\end{matrix}$$

3. 平均人工成本的长期趋势分析

平均人工成本的长期趋势分析是指运用时间序列分析法，观察按人员计算或按产品计算的平均人工成本较长时期的变动趋势，计算各时期的环比增长率和定基增长率，以及各时期的逐期增减量和累积增减量。同时还要分析研究其变动的原因，为预测平均人工成本未来的走势提供依据。

运用分段平均法和最小二乘法进行分析，建立相应的直线回归方程，观察其发展轨迹，预测今后的发展趋势以及今后可能达到的某种平均水平。

（二）企业平均人工成本的静态研究

企业平均人工成本的静态分析是指该企业与同类企业或同行业企业之间的平均人工成本的比较，反映本企业的人工成本水平与其他企业的差别，从而观察本企业的优劣和市场竞争能力的强弱，制定应对措施，促进企业保持良好竞争力。

与其他企业对比的方法是计算比较相对指标，即将本企业的平均人工成本与众多企业的人工成本平均值比较，或与最好企业或最差企业比较，以判定本企业人工成本水平与其他企业的差别状况。也可运用众数或中位数的方法，评定本企业人工成本水平在序列中的位置和实际差距。

二、企业人工成本总额变动统计

（一）企业人工成本总额动态分析

1. 企业人工成本总额增减的计算

企业人工成本总额的增减情况可以用增减率指标和增减额指标表示，从而判定企业人工成本总额的增减变化程度。

$$人工成本总额增减率=\left(\frac{报告期人工成本总额}{基期人工成本总额}-1\right)\times 100\%$$

$$人工成本总额增减绝对额=报告期人工成本总额-基期人工成本总额$$

若是观察较长时期的人工成本总额的变动，则可编制时间序列，并进行分析。

例如，某企业 2016—2021 年人工成本总额，见表 9-1。

表 9-1　某企业 2016—2021 年人工成本总额

年度	2016 年	2017 年	2018 年	2019 年	2020 年	2021 年
人工成本总额（万元）	848.2	960.8	917.2	862.9	826.4	827.7
增减额（万元）	—	112.6	-43.6	-54.3	-36.5	1.3
逐年累积	—	112.6	69.0	14.7	-21.8	-20.5
增减率（%）	—	13.3	-4.5	-5.9	-4.2	0.2
环比定基	100.0	13.3	8.1	1.7	-2.6	-2.4

2. 企业人工成本总额动态分析

企业人工成本总额的变动受到平均人工成本和从业人员人数等的影响。因此，这三方面的变动与关联的分析，可编制人工成本总额指数体系，采用差额分析法，给予准确地说明。

$$人工成本总额指数=平均人工成本指数\times从业人员人数指数$$

$$\frac{L_1T_1}{L_0T_0}=\frac{L_1}{L_0}\times\frac{T_1}{T_0}=\frac{L_1T_1}{L_0T_1}\times\frac{L_0T_1}{L_0T_0}$$

式中，L_1、L_0 为报告期和基期的平均人工成本；T_1、T_0 为报告期和基期的从业人员人数。

平均人工成本的变动程度为 L_1T_1/L_0T_1，对人工成本总额影响的增减绝对额为（L_1-L_0）$\times T_1$；从业人员人数的变动程度为 L_0T_1/L_0T_0，对人工成本总额影响的增减绝对额为（T_1-T_0）$\times L_0$。

人工成本总额的增减绝对额是平均人工成本影响的增减绝对额与从业人员人数影响的增减绝对额的代数和。

$$L_1T_1-L_0T_0=(L_1T_1-L_0T_1)+(L_0T_1-L_0T_0)$$

例如，某公司人工成本资料，见表 9-2。

表 9-2　　某公司人工成本资料

	基期	报告期	指数	增减额
人工成本总额	160 万元	240 万元	150%	+80 万元
平均人工成本	8 000 元	9 600 元	120%	+1 600 元
从业人员平均人数	200 人	250 人	125%	+50 人

根据表 9-2 的资料，人工成本总额指数与平均人工成本指数和从业人员平均人数指数的关系为：150%＝120%×125%。

报告期人工成本总额比基期增长 50%，增加了 80 万元，其中，平均人工成本增长 20%，使人工成本总额增加了 1 600×250，即 40 万元；从业人员人数增长 25%，使人工成本总额增加了 50×8 000，即 40 万元。所以，该公司人工成本总额的增加额为 80 万元。

计算结果表明，平均人工成本和从业人员人数的增长分别使人工成本总额增长 20% 和 25%，所以，人工成本总额增长 50%。

单位产品平均人工成本和产品产量的变动对人工成本总额变动的影响，同样可采用指数体系和差额法分析。

（二）企业人工成本构成变动分析

企业人工成本总额是由七个方面的费用构成的，在不同时期，各项费用在企业人工成本总额中的比重是不同的。借结构变化的研究，可以发现节约或减少人工费用的途径。

例如，某企业人工成本构成变动比较，见表 9-3。

表 9-3　　某企业人工成本构成变动比较　　%

	2002 年	2012 年	2022 年
一、从业人员的劳动报酬 二、企业缴纳的社会保险费用 三、个人与集体的福利费用 四、从业人员住房费用			

续表

	2002 年	2012 年	2022 年
五、职业技术培训费用 六、劳动保护费用 七、其他人工成本费用			
企业人工成本总额占比	100.00	100.00	100.00

各组成项目占人工成本总额比重的计算公式为：

$$各组成项目的比重=\frac{各项目的金额}{人工成本总额}\times100\%$$

计算出人工成本总额的各构成项目的比重后，将其列入表 9-3，就可以对人工成本总额的构成情况进行不同时期的比较，从而观察其变化趋势，深入分析比重升降的原因。

三、人工成本的效益分析

企业人工成本的投入在经济上是否有效，对企业、对社会有多大意义，可以运用经济效益指标进行分析和评价。这些产出指标或经济效益指标有：增加值、利润额、销售收入、实现利税额等。将人工成本分别与之比较，从而可以观察人工成本实际投入的客观效果。

（一）人工成本的产出效益分析

企业人工成本投入的产出效益，即每投入一定量的人工成本生产出的产品数量，可以用实物产量或增加值等指标反映。

1. 人工成本投入的产量指标

$$每百元人工成本的产品实物量=\frac{产品实物总产量}{企业人工成本总额}\times100$$

2. 人工成本投入的增加值指标

$$每百元人工成本生产的增加值=\frac{企业实际增加值}{企业人工成本总额}\times100$$

3. 人工成本投入的净产值指标

$$每百元人工成本生产的净产值=\frac{企业实际净产值}{企业人工成本总额}\times100$$

（二）人工成本的经济效益分析

企业人工成本投入的经济效益，即每投入一定量的人工成本给企业带来的实际效益，可以用销售收入、利润生产量等指标反映。效益越好就表明人工成本投入的效率高，企业就越有发展前景。

1. 人工成本的销售收入指标

$$每百元人工成本的销售收入=\frac{企业销售收入}{企业人工成本总额}\times 100$$

$$企业人工费用比率=\frac{企业人工成本总额}{企业销售收入}\times 100\%$$

企业实现百元销售收入所需要的人工成本的投入量，与百元人工成本的销售收入指标是互逆的。

2. 人工成本的利润生产量指标

$$每百元人工成本生产利润额=\frac{企业利润总额}{企业人工成本总额}\times 100$$

3. 人工成本的利润实现指标

$$每百元人工成本实现利润额=\frac{企业利润实现总额}{企业人工成本总额}\times 100$$

每百元人工成本实现利润额的高低会受到每百元人工成本生产利润额高低的影响，还会被利润的实现程度左右。因此，尽快将“生产利润”变成“实现利润”，对于提高百元人工成本实现利润额，促进效益增长是非常重要的。三个指标之间的经济关系是：

$$每百元人工成本实现利润额=每百元人工成本生产利润额\times 企业利润实现率$$

$$\frac{企业利润实现总额}{企业人工成本总额}=\frac{企业利润总额}{企业人工成本总额}\times\frac{企业利润实现总额}{企业利润总额}$$

4. 人工成本的缴纳税金指标

$$每百元人工成本税金缴纳额=\frac{企业税金实际缴纳总额}{企业人工成本总额}\times 100$$

四、企业人工成本与总成本的关系分析

在企业生产经营总成本中，人工成本费用会占有相当大的比例，要想不断降低企业总成本，一方面应千方百计减少物化劳动消耗与费用的支付，另一方面还须合理使用劳动力，不断节约人工费用的支出。在企业总成本中，人工成本应保持一个恰当、适度的比例。

$$每百元企业总成本中人工成本的支出额=\frac{企业人工成本总额}{企业总成本}\times 100$$

运用上述指标，对人工成本与总成本的比例进行动态分析，反映其在不同时期的变化情况，并进一步分析变动的原因，为不断节约人工费用寻找良好的对策和措施。

【思考题和计算题】

1. 什么是人工成本？

2. 简述人工成本统计的任务。

3. 简述企业人工成本统计核算范围。

4. 简述企业人工成本的构成分析。

5. 如何计算企业人工成本的水平指标？

6. 简述企业人工成本的动态分析方法。

7. 如何分析企业人工成本支付的效益？

8. 某集团公司计算期生产经营总成本 2 亿元，人工成本支出 8 000 万元；职工 1 000 人，生产工人 850 人。

计算：(1) 平均人工成本；(2) 人工成本比重。

9. 某企业人工成本总额报告期 300 万元，基期 200 万元；职工平均人数报告期 250 人，基期 200 人。

分析：人工成本是如何变动的？

10. 运用题 9 的相关资料，并已知销售收入报告期 600 万元，基期 350 万元；实现利润报告期 100 万元，基期 50 万元。

计算：(1) 企业人工费用比率的变化；(2) 企业百元人工成本实现利润的变化。

11. 某公司计算期人工成本总额为 3 000 万元，生产三种产品：A 产品 600 个，B 产品 1 000 个，C 产品 600 个。以 A 产品为标准实物，按工时单耗确定核算系数，B 产品换算系数为 2，C 产品换算系数为 2.2。

计算：标准产品的单位人工成本。

12. 某企业 2011—2021 年人均人工成本资料如表 1 所示。

表 1　　某企业 2011—2021 年人均人工成本资料表

年份	平均人工成本（元）	年份	平均人工成本（元）
2011 年	31 622	2017 年	61 904
2012 年	36 256	2018 年	66 580
2013 年	42 020	2019 年	72 703
2014 年	47 284	2020 年	81 065
2015 年	52 270	2021 年	89 505
2016 年	57 359		

运用最小二乘法预测发展趋势，并预测 2024 年的平均人工成本。

第十章 劳动关系统计

学习要点

劳动关系主体，企业劳动关系统计的意义。

职工参与技术进步活动、劳动竞赛、文化体育活动和工会福利活动等统计分析。

劳动争议发生规模和处理情况的统计分析。

第一节 劳动关系统计的意义

一、企业劳动关系问题

（一）劳动关系的一般定义

劳动关系是指社会就业过程中雇佣人与被雇佣人之间的相互关系。从广义上看，劳动关系就是一切与雇佣行为有关的社会现象的总和。

雇佣人即雇主，是劳动力的使用方，具体是指使用劳动力的个人、企业、基本单位和政府机构等。

被雇佣人即雇员，是具有劳动能力并通过合法劳动获取劳动收入的人，具体指的是工人、职员或员工及政府机构的办事员等。

（二）劳动关系的主体

一般而言，劳动关系的主体，从个体观察，是雇员和雇主；从集体观察，则是雇员的集体组织（如工会）与雇主团体（如各类雇主协会、经营者组织等）。

为了协调雇员、雇员组织与雇主、雇主协会的关系，维护社会的公正与公平，保护社会公众利益，在劳动关系中还应有第三方的特殊主体，这类主体一般是政府的劳动行政主管部门，如我国的劳动争议仲裁委员会。

（三）劳动关系的活动内容

从前述定义看，劳动关系包含了一切与雇佣行为相关的社会现象，所以，劳动关系具体表现的内容有：集体谈判（如工资报酬的集体谈判），劳动合同（如签订、实施执行和终结劳动合同等），劳动争议（如申诉、受理和调解等），劳动仲裁（如企业调解、劳动争议仲裁和法院审理等）和其他劳资纠纷等。

随着我国社会主义市场经济的不断发展，劳动关系问题将成为社会关注的热点和焦点。因此，对这一类问题，无论是社会经济管理部门、企业单位，或者是每个社会成员，都应认真对待，积极应对。

（四）企业的劳动关系

作为社会经济活动基本单位的企业，其劳动关系是企业行政（具有雇主性质）和企业员工（具有雇员性质）双方利益的协调与制约的关系。在企业，行政和员工有着共同的利益，但由于所处地位的不同，他们为了维护各自的利益，也会出现各种各样的矛盾，有的矛盾甚至还很尖锐。依法协调与处理好企业行政和员工的利益关系，维护双方的合法权益，是企业劳动关系的基本内容。

二、企业劳动关系统计的意义

第一，企业应当充分重视劳动关系状况，通过劳动关系统计，从数量方面及时反映企业劳动关系的种种具体表现，以便及时发现劳动关系方面的问题，适时化解矛盾，激发企业员工生产经营的积极性，维护好企业行政与员工双方的合法权益，维护企业生产经营的正常秩序，保证社会的和谐与稳定。

第二，企业劳动关系统计研究，有利于各方认识和了解企业劳动关系的基本现状和各自所处的地位，以便在协调各方的利益、关系和解决争议时，保持头脑清醒，自觉采取正确的立场和端正的态度。

第三，通过企业劳动关系统计研究，为政府制定有关劳动关系的法律法规、条例和政策等提供现实的科学依据。

第四，劳动关系统计研究与分析，为相关科研和理论的深入探讨提供了扎实的数据资料，并为其科学验证提供了便利。

三、劳动关系统计的任务

第一，研究劳动争议的发生、发展情况；第二，观察劳动争议的处理及其结果；第三，研究员工参与企业活动的组织形式；第四，分析和评价工会活动的成效。

第二节　劳动者参与统计

一、劳动者参与的组织形式

员工参与企业的活动，是借助企业工会组织实施的。企业工会的一切活动，在广义上说，就是工会参与。工会参与的目的是以企业员工为中心，通过调动员工的积极性，营造良好的工作、生活和社会环境，不断提高企业员工的文化技术水平，保护员工在物质与精神等方面的合法权益，尊重员工的社会地位。

企业工会代表职工的利益，依法维护职工的合法权益。《中华人民共和国工会法》规定工会要组织和教育职工依照宪法和法律规定行使民主权利，发挥国家主人翁的作用；要维护职工合法权益，竭诚服务职工群众是工会的基本职责；动员和组织职工积极参加经济建设，努力完成生产任务和工作任务；推动产业工人队伍建设改革，提高产业工人队伍整体素质，发挥产业工人骨干作用等。

二、企业职工参与民主管理统计

职工参与民主管理主要是通过企业职工代表大会的组织形式体现。要反映民主管理情况，主要从两方面进行统计。

（一）企业职工代表大会建立情况统计

1. 职工代表大会组建数量

企业各级各单位都应按不同情况建立职工代表大会。要反映企业职工参与民主管理的情况，应计算实际建立职工代表大会个数。

2. 职工代表大会组建率

将按规定实际组建职工代表大会的单位数与应组建单位数进行比较，反映在企业内职工代表大会组建的普遍程度，说明企业职工民主权利的落实情况。其计算公式为：

$$\text{企业职工代表大会组建率}=\frac{\text{企业各级已建职工代表大会单位数}}{\text{企业各级应建职工代表大会单位数}}\times 100\%$$

3. 职工代表人数及其构成

职工代表人数可以通过计算每届职工代表大会选出的职工代表人数、女职工代表人数和实际到会的职工代表数来实现。

要反映职工代表的构成，应分别计算工人、一般工程技术人员、管理人员、中层领导、企业党政领导人等身份的职工代表人数及其所占的比重。计算时，应特别注意女性和青年等职工代表所占的比重。

（二）企业职工代表大会活动统计

1. 企业职工代表大会召开次数

按规定，企业应定期召开职工代表大会，每次会议必须有 2/3 以上的职工代表出席。计算企业各级职工代表大会召开次数和实际参加或出席会议的职工代表人数，可以反映职工代表大会的活动情况。

2. 企业职工代表提交提案数

在企业职工代表大会期间，职工代表累计提交的提案件数包括会上和会后所有有关提案的数量。其计算公式为：

$$每百名职工代表提交提案数=\frac{提交提案总件数}{职工代表人数}\times 100$$

该项指标可以反映职工代表对会议工作的参与和关注程度。

3. 企业职工代表大会提案落实情况

企业有关部门和各级单位对职工代表大会期间职工代表提出的各种提案的具体落实情况，可以通过分别计算已落实件数和正在落实件数以及提案落实程度等予以反映。例如，提案落实率的计算公式为：

$$提案落实率=\frac{已落实提案件数}{提案总件数}\times 100\%$$

三、企业职工参与技术进步统计

企业工会组织职工参与企业技术进步活动，其目的在于通过开展群众性的技术革新与技术创新活动，吸引职工积极钻研并运用新技术，充分发挥职工的聪明才智，使他们能够为企业做出更多的贡献。

企业职工参与技术进步统计研究，可以反映企业群众性技术进步成果，从劳动者参与角度分析企业技术进步在企业发展中的作用，评价职工参与企业技术进步的实际效益。

（一）合理化建议活动的分析

企业工会组织开展的合理化建议活动，是对改进和完善企业生产技术与经营管理所提出的办法和措施。在《合理化建议和技术改进奖励条例》中明确的合理化建议与技术改进的内容是：工业产品质量和工程质量的提高，产品结构的改进，新产品的开发；有效地利用和节约能源、原材料；生产工艺和试验检验方法、劳动保护、安全技术，物资运输、储藏、养护技术以及设计、统计、计算技术等方面的改进；工具、设备、仪器、装置的改进；科技成果的推广，企业现代化管理方法、手段的创新和应用，引进技术、进口设备的消化吸收和革新。

说明企业合理化建议活动情况的指标有如下四种。

（1）参与合理化建议活动人数。计算企业在一定时期内参加和提出合理化建议的职工人数（特别是居于生产一线的工人数），以及他们在企业全部员工中所占的比重，能够反映合理化建议活动的广泛程度。

（2）合理化建议提出件数。

（3）合理化建议采纳件数。这是指职工提出的合理建议被鉴定有实施价值并决定采纳的累计件数。计算时，应分别计算实施的件数和准备实施件数以及采纳率。其中，合理化建议采纳率的计算公式为：

$$合理化建议采纳率=\frac{实施件数+准备实施件数}{合理化建议提出件数}\times 100\%$$

（4）已实施合理化建议的经济效益。企业已实施合理化建议取得经济效益的情况，可通过以下指标体现：实现增产效果的合理化建议件数、实现费用或成本降低的合理化建议件数、实现创收的合理化建议件数、实现节能节水的合理化建议件数等。

（二）企业职工技术协作活动统计

职工技术协作活动是指企业职工开展的技术互助与协作的群众性技术活动。这些活动主要是为解决企业的新产品开发、技术改造以及生产过程中的技术难题服务的。技术协作活动一般有三种形式：一是技术协作积极分子运用自己的技术专长为企业解决技术关键难题；二是在生产中推广应用技术成熟、经济效益显著的先进技术和科研成果；三是对引进技术进行消化、创新并加以推广。

职工技术协作组织是工会领导的职工自愿结合进行技术协作活动的群众性组织，反映职工技术协作活动的统计指标有以下三项。

1. 职工技术协作人员情况

计算职工技术协作组织成员人数、在企业全部员工中的比重、生产工人参与人数及其在生产工人中的比重等，能够反映职工技术协作活动人员参与的广泛性。

2. 职工技术协作活动条件情况

企业职工技术协作活动的开展必须有一定的物质条件准备。反映该情况的指标有：占用的房屋建筑面积、主要的生产设备种类及数量、使用中的固定资产原值和净值等。

3. 职工技术协作活动成果指标

企业职工技术协作活动会有各方面的成果。反映该情况的指标有：攻破技术关键项目数、推广交流新技术成果次数、技术开发成果项目数、职工技术协作的增产增收指标等。

四、企业职工劳动竞赛统计

在我国经济建设的各个历史阶段，企业的劳动竞赛发挥了很好的作用，企业劳动竞赛统计研究，可通过对劳动竞赛情况的数量描述以及产生成果和效益的分析进行。

（一）企业劳动竞赛参加者情况

一般而言，企业的劳动竞赛活动，各单位及每位员工都应参与其中。要统计其实际规模状况，应计算如下指标：企业劳动竞赛参加人数、企业劳动竞赛参加单位数，以及授予先进生产者人数、授予先进工人班组数和授予先进单位数等。例如，获奖面的计算公式为：

$$获奖面=\frac{各种获奖人数}{参加劳动竞赛人数}\times 100\%$$

（二）企业劳动竞赛成果情况

要反映企业劳动竞赛成果情况，可计算如下指标：

(1) 获得国家、省、市奖励的人次数；

(2) 实现增产、增收、降低能量消耗和节约各种费用的经济效益数额。

五、企业职工文化体育活动统计

企业工会要积极配合开展精神文明建设，对职工进行文化知识、科学技术知识的教育，利用各种形式和设施开展文艺体育活动，丰富职工的业余文艺娱乐与体育生活，培养他们的高尚情趣，增进他们的身心健康。

（一）职工文化教育统计

进行职工文化教育统计，可通过计算如下指标实现：

（1）工会举办各种文化学习班的次数、参加人数、学习结业人数等；

（2）工会组织读书会数量，职工参加读书会人数，好书推荐次数和种数，座谈交流次数。

（二）工会图书馆（室）统计

进行工会图书馆（室）统计，可通过计算如下指标实现。

（1）企业图书馆（室）建立个数，包括企业和其所属各级单位、分厂、车间等图书馆（室）的总数。

（2）企业各图书馆（室）藏书册数。例如，职工人均藏书册数计算公式为：

$$职工人均藏书册数=\frac{企业图书馆藏书册数}{企业职工平均人数}$$

（3）全年书刊购置费支付额。例如，职工人均书刊购置费计算公式为：

$$职工人均书刊购置费=\frac{全年书刊购置费}{职工平均人数}$$

（4）借阅读者人次数。

（三）文娱体育活动统计

进行文娱体育活动统计，可通过计算如下指标实现：

（1）组织各种文娱体育活动总次数；

（2）各种文娱体育活动实际参加人次数；

（3）成立各种文艺业余演出队队数；

（4）参加各种体育协会的会员数，参加体育队活动人数；

（5）参加演出比赛活动，获前三名奖励人数和取得等级运动员资格人数。

六、企业工会福利活动统计

企业工会关心和爱护职工的一个重要内容，就是保障职工的生活与健康，维护职工的正当权益。

（一）工会的扶贫帮困工作统计

进行工会的扶贫帮困工作统计，可通过计算如下指标实现：

（1）工会对职工扶贫帮困受惠人数；

（2）企业工会发放的职工困难补助金额，分别列出临时补助金额和定期补助金额；

(3) 企业工会扶贫帮困基金筹集总额。

(二) 工会组织公益活动统计

进行工会组织公益活动统计，可通过计算如下指标实现：

(1) 组织“志愿者”活动次数；

(2) 参加各志愿者服务活动的职工人数；

(3) 组织各种募捐活动次数、参加人数、筹集募捐善款金额、筹集募捐衣物等实物件数；

(4) 参加“希望工程”活动的人数，捐助大中小学生人数、助学金额。

(三) 组织职工休养活动统计

进行组织职工休养活动统计，可通过计算如下指标实现：

(1) 工会组织职工疗养人次数；

(2) 工会用于职工疗养的经费实际支出额。

第三节　劳动争议统计

一、劳动争议出现的原因

在企业劳动关系的各主体之间，即雇员和雇主之间，由于在权利和义务问题的处理上经常会存在不同意见，所以常常形成争执或纠纷，这就是劳动纠纷或劳动争议。产生劳动争议的原因有以下三方面。

第一，在社会主义市场经济条件下，多种经济类型的企业并存，企业雇主和企业员工各处不同地位，其利益追求是有差别的，甚至是矛盾的，如雇主追求利润最大化，可能为此会降低工资支出，而这恰恰是员工不愿看到和不可能接受的。这就在客观上导致劳动争议的出现。

第二，劳动关系的各主体方在权利和义务的实施中一味强调自己的要求，造成了双方权利与义务的失衡。这就引发了劳动纠纷。

第三，劳动法律法规的不完善，执行和宣传不力，监督检查机制不够健全，在劳动关系领域仍存在着“无法可依或有法不依，执法不严或违法不究”的现象。这就为劳动争议或劳动纠纷的化解带来了困难。企业应高度重视劳动争议问题，关注劳动纠纷的发生原因，适时化解矛盾，协调好关系，维护各方的合法权益，保护职工的生产积极性，促进企业生产经营活动的健康有序运行。因此，劳动争议统计的研究具有十分重要的意义。

二、劳动争议数量统计

（一）企业劳动争议统计原则

统计研究劳动争议问题，必须明确统计核算的原则：

（1）劳动争议是劳动关系当事人双方发生的争议，主要指企业行政和职工之间的争议；

（2）劳动争议是劳动关系双方在劳动权利和义务问题上的纠纷；

（3）劳动争议是必须提出申诉的，双方出现矛盾，由双方自行协商解决，则不属于劳动争议。

根据上述原则，不是任何争议都可以算作劳动争议的。劳动争议是指一种特殊意义的“争议”，即在劳动法律法规范围内发生并由一方正式提出申诉的争议。进行劳动争议统计核算，必须严格遵循上述原则。

（二）企业劳动争议数量指标

1. 劳动争议件数

在一定时期内，企业发生劳动争议的累计量，能够说明劳动争议的发生规模。计算时，应按第一次申诉和申诉人进行统计。

2. 劳动争议人次数

在一定时期内，企业发生的劳动争议涉及职工累计的人数，能够反映劳动争议影响的员工范围。将每次劳动争议的人数加总，即可得出劳动争议人次数。

（三）企业劳动争议构成指标

研究企业劳动争议的构成，可采用一些分类方法将劳动争议分组。其分类方法主要有以下四种。

（1）按劳动争议的原因分类，可分为因劳动合同问题导致的纠纷，因社会保险问题导致的纠纷，因工资问题导致的纠纷，因培训和考核问题导致的纠纷，因劳动保护或安全事故问题导致的纠纷，以及因员工违纪和惩罚问题导致的纠纷。

（2）按劳动争议方身份分类，可分为企业行政和企业员工两种类型。

（3）按劳动争议的严重程度分类，可分为集体争议和个人争议两种类型。

（4）按劳动争议处理层次分类，可分为调解、仲裁和接受司法处理三种类型。

三、劳动争议处理统计

（一）劳动争议处理件数指标

计算劳动争议处理件数，是以劳动争议解决为依据的，即以调解成功、仲裁生效和法院最终判决为依据。劳动争议件数和劳动争议处理件数的关系为：

期初未完结件数+本期申诉件数=本期处理件数+期末未完结件数

（二）劳动争议调解处理件数指标

运用调解方式处理企业劳动争议，使争议双方和解的件数，包括企业调解委员会调解结案的件数，劳动仲裁委员会调解结案的件数和法院专门法庭调解结案的件数。

（三）劳动争议仲裁委员会裁决处理件数

因调解无效，申请由劳动仲裁委员会仲裁庭裁决结案的件数，以及经仲裁庭裁决，当事方不服向法院起诉的件数。

（四）法院判决处理件数

法院专门法庭依法判决结案的件数。

四、劳动争议统计分析

（一）企业劳动争议普遍程度分析

1. 每千名职工劳动争议发生件数

每千名职工劳动争议发生件数指标反映企业每千名职工发生劳动争议的数量。其计算公式为：

$$\text{每千名职工劳动争议发生件数}=\frac{\text{劳动争议件数}}{\text{职工平均人数}}\times 1\,000$$

2. 每千名职工劳动争议人次数

每千名职工劳动争议人次数指标反映每千名职工涉及劳动争议的人次数。其计算公式为：

$$每千名职工劳动争议人次数=\frac{劳动争议人次数}{职工平均人数}\times 1\ 000$$

（二）企业劳动争议严重程度分析

企业劳动争议严重程度分析可采用每件劳动争议平均涉及职工人数表示。涉及的人越多，事件可能越严重。其计算公式为：

$$平均每件劳动争议涉及人数=\frac{劳动争议人次数}{劳动争议件数}$$

前述三项指标的经济关系是：

$$平均每件劳动争议涉及人数=\frac{每千名职工劳动争议人次数}{每千名职工劳动争议件数}$$

$$\frac{劳动争议人次数}{劳动争议件数}=\frac{\dfrac{劳动争议人次数}{职工平均人数}}{\dfrac{劳动争议件数}{职工平均人数}}$$

（三）劳动争议结构分析

表明企业劳动争议构成状况的分析指标有：某种类型劳动争议占劳动争议总量比重，集体劳动争议占劳动争议总量比重，以及企业职工劳动争议占劳动争议总量比重。

（四）劳动争议处理情况分析

1. 处理结案率

处理结案率是指在一定时期内，劳动争议处理结案件数与劳动争议应处理件数的比率，能够表明处理的效率。其计算公式为：

$$处理结案率=\frac{劳动争议处理结案件数}{劳动争议应处理件数}\times 100\%$$

2. 企业调解处理比重

劳动争议应尽可能在企业内调解结案，充分发挥企业调解委员会第一防线的作用。企业调解处理比重是指企业调解处理件数在全部处理结案件数中的比重。其计算公式为：

$$企业调解处理比重=\frac{劳动争议企业调解处理件数}{劳动争议各处理机构处理件数之和}\times 100\%$$

3. 调解结案率

计算在劳动争议的各种了结案件中用调解方式处理结案的比重，可表明调解原则的贯彻情况，体现处理争议的工作水平与质量。其计算公式为：

$$调解结案率=\frac{劳动争议调解结案件数}{劳动争议处理结案件数}\times100\%$$

4. 一次调解结案率

一次调解结案率是指在劳动争议处理结案件数中一次调解结案件数所占的比重，能够综合反映劳动争议调解工作的质量。其计算公式为：

$$一次调解结案率=\frac{劳动争议一次调解结案件数}{劳动争议处理结案件数}\times100\%$$

$$=一次调解比重\times调解比重$$

$$一次调解比重=\frac{劳动争议一次调解结案件数}{劳动争议调解结案件数}\times100\%$$

调解比重即为调解结案率。

5. 法院判决、仲裁和调解三者之间的一致关系是衡量调解与仲裁工作的质量指标。

$$法院维持仲裁决定比重=\frac{法院维持仲裁决定件数}{法院判决结案件数}\times100\%$$

$$仲裁维持调解决定比重=\frac{仲裁与企业调解一致件数}{仲裁处理结案件数}\times100\%$$

【思考题和计算题】

1. 简述劳动关系主体和其活动内容。
2. 简述劳动关系统计的任务。
3. 简述劳动者参与的组织形式。
4. 劳动者参与企业民主管理应从几方面开展统计研究？
5. 简述企业职工参与技术进步的统计研究内容。
6. 简述从哪些方面研究企业职工劳动竞赛的开展情况。
7. 简述企业劳动争议统计原则。
8. 某集团公司计算期有职工 11 000 人，劳动争议发生 210 件，劳动争议 350 人次；本期劳动争议应处理件数为 301 件，结案 298 件，均在集团内部一次调解结案。

计算：(1) 每千名职工劳动争议发生件数；(2) 每千名职工劳动争议人次数；(3) 平均每件劳动争议涉及人数；(4) 处理结案率；(5) 企业调解处理比重；(6) 调解结案

率；（7）一次调解结案率。

9. 某公司职工代表大会共有职工 200 人，本届提出各种提案 80 件，研究落实 50 件。

计算：（1）每百名职工代表提交提案数；（2）提案落实率。

10. 某企业计算期生产工人 1 000 人，参与合理化建议活动有 600 人，提出合理化建议 640 件，其中：准备实施 200 件，已实施 120 件。

计算：（1）参与率；（2）合理化建议采纳率

11. 某基本单位开展劳动竞赛活动，共有 2 100 人参加。授予先进生产者称号（包括集体和个人）共有 240 人，授予工人先进班组 5 个，授予先进个人 1 个，计算：获奖面。

第十一章　社会保障统计

● **学习要点**

社会保障的含义，社会保障统计的任务。

退休养老的统计范围，退休金水平的计算，退休金对生活的保障程度。

工伤保险的含义、计算方法；职工医疗保险的统计范围，医疗保险费用的核算；生育保险的核算；失业保险的统计范围和计算方法；社会保险基金缴纳情况的计算。

企业福利的含义与统计分析，企业福利支出与工资、最低生活费支出关系的分析。

第一节　社会保障统计的意义

一、社会保障的含义

社会保障是指国家通过立法，采取强制手段对国民收入进行的分配和再分配，以形成专门消费基金，在社会成员因生、老、病、死、伤残或自然灾害而面临生活困难时，给予物质上的帮助，这是为保障每个公民的基本生活需要、维持劳动力再生产而建立的一种制度。

社会保障是国家对全体社会成员履行的社会责任，也是全体公民根据宪法和法律应该享有的基本权利。

二、我国的社会保障体系

根据我国的社会历史情况，社会保障体系框架由社会保险、社会救助、社会福利、社会优抚构建形成。

社会保险是社会保障体系的核心部分，它是保障劳动者及其直系亲属在遇到各种风险时能获得物质帮助，维持基本生活的一种手段。社会保险包括养老保险、工伤保险、医疗保险、失业保险和生育保险①等内容。社会救助是以保障失去生活来源者、遭遇不幸

① 生育保险已与医疗保险合并实施，但仍会作为一项独立险种继续存在。

者和贫困者的最低生活水平为目的的，它是一种低层次的社会保障。社会福利是以增进人民福利、改善人民的物质和文化生活为目的的，它是社会保障要实现的最高目标。社会优抚是以优待和抚恤军人及其家属为目的的，它是社会保障的特殊形式，对于稳定军心、维护国家安全和社会安定有着很大作用。

三、社会保障统计的任务

社会保障统计是以社会保障现象为研究对象的。它从社会保障总体出发，以社会保险为中心，从数量关系和数量表现上研究和描述社会保障活动的内在规律。社会保障统计的任务体现在以下四方面。

第一，研究设计一整套完整科学的社会保障统计指标体系。要想准确、及时和完整地反映社会保障总体发展状况、趋势和内在规律，仅有个别统计指标是不够的，必须使用一系列相互联系的社会保障统计指标，建立一套完善的社会保障统计指标体系。这套科学的社会保障统计指标体系，既可以综合、系统地说明社会保障总体内部各方面的相互关系，反映社会保障水平和能力，又可以反映出社会保障工作与经济、社会发展的客观内在联系。

第二，收集和整理社会保障方面的实际数据和资料。通过对社会保障统计调查取得的资料的整理分类，以及进一步的科学研究，可以得到体现社会保障现象和过程的统计信息。应注意选择合适的调查方法与分类整理方法。

第三，研究如何更好地进行社会保障统计分析。社会保障统计分析是社会保障统计工作的一项重要内容。通过社会保障统计分析，及时反馈信息，提供必要的咨询，是实行严格监督、参与社会保障管理决策的基础。进行社会保障统计分析的方法是多种多样的，各种方法各有利弊，应注意取长补短，互相结合使用。

第四，为社会保障管理与其理论研究提供资料。社会保障统计所提供的资料是进行社会保障管理与理论研究的基础。脱离这些客观、真实的资料，社会保障管理和研究就会游离于实际之外，甚至得出错误结论。因此，为社会保障管理与理论研究提供准确、及时、完整的统计资料，是社会保障统计的一项基本任务。

四、企业社会保障统计的内容

本章的社会保障统计，着重研究企业社会保险统计和企业福利统计等内容。企业社会保险统计包括企业职工退休养老保险统计、企业职工医疗保险统计、企业职工失业保险统计、企业职工工伤保险统计、企业职工生育保险统计等。企业职工福利统计包括集体福利与个人福利统计，此外还涉及对企业社会保险基金的上缴统计。

第二节　企业社会保险统计

一、企业职工退休养老保险统计

（一）退休养老人员统计

1. 退休养老人员的核算范围

退休养老人员是指按照退休制度规定，享受国家或企业给予的基本生活保障待遇的，因年老或伤残丧失劳动能力，永久退出社会劳动领域的人员。关于“年老”，有生理意义和社会意义上的两种理解。这里所说的“社会意义上的年老”是指按现行规定，男职工年满60周岁，女职工（干部）年满50周岁或55周岁。对于伤残人员，经有关部门鉴定丧失劳动能力后，才可纳入退休养老人员范围。

我国的退休养老人员包括：退休人员、离休人员和退职人员等。这里我们重点研究退休人员的社会保险统计。

2. 企业退休人员的数量指标

研究企业一定时期内退休人员的总量和规模，可计算如下三个指标。

（1）期末退休人数。反映月末（季末、年末）实有的退休人员数量。

（2）本期新退休人数。指在本期内正式办理退休手续的退休人员的总和，即新增加的退休人员的数量。

（3）本期退休人员平均人数。该指标可以表明在一定时期内，退休人员规模的一般水平。

3. 退休人员与在职人员的关系分析

退休人员与在职人员的关系，可通过计算退休率来表示。它反映了在职人员对退休人员的经济和社会负担程度。其计算公式为：

$$退休率=\frac{实际退休人数}{在职职工人数合计}\times 100\%$$

4. 养老保险覆盖程度分析

一般情况下，企业的员工都应参加养老保险，纳入保险范围。但是，由于企业用工来源的多元化，可能会有一些员工暂时没被纳入其中。对于这些人员，符合条件的应尽快将其纳入保险范围。其计算公式为：

$$养老保险覆盖率=\frac{实际参加养老保险人数}{企业全部从业人员人数}\times100\%$$

（二）退休养老人员生活水平分析

企业从业人员退休后，养老金就成为其生活的主要来源，甚至是唯一的经济来源。养老金水平与退休人员的生活状况息息相关。要想观察养老金对退休人员生活的保障程度，可以联系职工平均工资、最低工资和城镇居民人均生活费等指标展开分析评价。

1. 人均养老金与职工平均工资的比较

在这里主要是运用养老金系数表明养老金与工资的比例关系。这个系数过大或过小都不合适，应以有利于老有所养，鼓励在职者积极劳动为宜。其计算公式为：

$$养老金系数=\frac{退休人员人均养老金}{企业从业人员的平均工资}\times100\%$$

2. 人均养老金与最低工资水平的比较

最低工资是指劳动者在法定工作时间内提供了正常劳动的前提下，规定所在企业应支付的最低工资金额。我国于 2004 年颁布实施了《最低工资规定》，这是保障劳动者个人及其家庭成员基本生活的一项有效措施。通过人均养老金与最低工资的比较，可以观察养老金的保有比例状况。其计算公式为：

$$养老金保有比例=\frac{退休人员人均养老金}{最低工资水平}\times100\%$$

3. 养老金水平对生活的保障程度分析

将人均养老金分别与城镇居民的生活费用收入或支出比较，或与城镇居民最低生活费用水平比较，可以观察养老金对生活的保障程度。

（1）与城镇居民人均生活费用收入比较

$$养老金生活保障程度=\frac{退休人员人均养老金}{城镇居民人均生活费用收入}\times100\%$$

（2）与城镇居民人均生活费用支出比较

$$养老金生活保障程度=\frac{退休人员人均养老金}{城镇居民人均生活费用支出}\times100\%$$

（3）与城镇居民最低生活费用水平比较

$$养老金生活保障程度=\frac{退休人员人均养老金}{城镇居民最低生活费用水平}\times100\%$$

二、企业职工医疗保险统计

（一）企业医疗保险参保人员统计

1. 医疗保险的含义

医疗保险是参保人员因病或非工伤等原因需要诊断、检查和治疗时，由国家和社会为其提供的必要的医疗服务和物质帮助的社会保险之一。它是社会保险中的一类重要保险。用医疗保险手段解决参保人员的疾病伤痛的医疗问题，是随着近代大工业生产与市场经济的发展逐渐形成的，它已成为维持和促进市场经济发展所不可缺少的重要环节。

2. 企业医疗保险参保人员核算范围

医疗保险的一般原则是：按工资比例缴纳医疗保险费；按实际需要享受医疗保险。对于企业员工，只要按规定缴纳医疗保险费，就有权享受医疗保险待遇，就应纳入企业医疗保险参保人员的核算范围。

3. 参加企业医疗保险的人数指标

参加企业医疗保险的人数指标是指在一定时期内，企业和个人按规定缴纳医疗保险费的实际人数。尽管在企业工作，但企业或个人未缴纳保险费，则不应纳入参加医疗保险人员的核算范围。反映企业员工参加医疗保险的范围，计算公式为：

$$医疗保险参保率=\frac{企业医疗保险投保人数}{企业职工总人数}\times 100\%$$

4. 企业医疗保险实际受惠人数指标

企业医疗保险实际受惠人数指标是指在一定时期内，按规定实际报销医疗保险费用的企业员工数。可通过计算实际受惠率来表示广度：

$$医疗保险受惠率=\frac{企业实际报销医疗费用人数}{企业医疗保险参保人数}\times 100\%$$

将前述两项指标结合起来，可以反映企业从业人员医疗保险的实际受惠普及程度。

$$\begin{aligned}企业从业人员医疗保险受惠率&=医疗保险参与率\times 医疗保险受惠率\\&=\frac{企业实际报销医疗费用人数}{企业职工总人数}\times 100\%\end{aligned}$$

（二）企业从业人员医疗保险费用支付额

对企业医疗保险的参保员工，在一定时期内，为治病疗伤，从医疗保险基金中实际支付的医疗费用总额的计算，应以本期实际从账户中支出的金额为准，包括补支和预支两部分。

1. 企业从业人员医疗保险费用支付总额

企业从业人员医疗保险费用支付总额是指企业享受医疗保险的全部人员的实际医疗费用的报销总额。

2. 平均每名病伤人员的医疗保险费用

企业医疗保险参保员工的人均实际报销医疗费用，可以反映参保的病伤人员的实际受惠水平。其计算公式为：

$$企业人均报销医疗费用=\frac{实际支付的医疗报销费用总额}{实际领取医疗报销费用总人数}$$

（三）企业医疗保险的分析

1. 企业从业人员病伤发生程度

企业从业人员的病伤程度，可通过计算病伤频率来反映。其计算公式为：

$$企业从业人员病伤频率=\frac{实际病伤人数}{企业从业人员人数}\times100\%$$

$$参保人员病伤频率=\frac{参保人员发生病伤人数}{参保的从业人员人数}\times100\%$$

2. 企业医疗保险费支付与工资关系分析

将企业享受医疗保险的从业人员发生的医疗保险费与工资水平进行比较，可以反映出企业员工的生活保障程度。计算该指标时，可以与最低工资水平相比，也可以与平均工资相比。其计算公式为：

$$医疗保险费用系数=\frac{企业人均报销医疗费用}{企业最低工资水平}$$

$$医疗保险费用系数=\frac{企业人均报销医疗费用}{企业平均工资}$$

3. 企业医疗保险费用与员工生活水平关系的分析

企业员工的医疗保险费用实际上是员工的生活费用支出，只不过是由保险抵支的。通过比较，可以反映员工的健康风险的某种补偿程度。

$$医疗保险对健康风险的补偿程度=\frac{企业人均报销医疗费用}{城镇居民人均生活费用}\times100\%$$

三、企业失业保险统计

失业保险是企业员工因非自愿缘故暂时失去工作，无法依靠工资收入维持生活时，由国家或社会为其提供基本生活保障的一种社会保险手段。失业保险是社会保险的重要组成内容之一，是通过立法强制实施的一种社会保险制度。

（一）失业人数的计算

1. 失业人员的统计范围

对失业人员有广义和狭义两种理解，这里仅就狭义解释框定其统计范围。在一定时期内，由于企业的缘故无法安排员工工作，依法让其等待安排并按失业处理的人员，即为失业人员。失业人员包括企业精简的员工、终止和解除劳动合同的员工、辞退的员工等。

2. 失业人数指标

这是在一定时期内实际离开企业的失业员工人数的累计。其计算公式为：

企业失业人数=企业精简人数+终止或解除劳动合同人数+辞退人数+其他失业人数

（二）失业保险费用分析

失业保险费用的支出项目包括：失业保险金、医疗费、死亡丧葬补助费等。失业保险金的支付，既高于社会保险金的标准，又会适当低于失业者本人失业前的基本工资，且给付的时间是有限制的，只支付12～24个月，过期即转入社会救助。研究失业保险费用的支付水平，可以结合有关工资或生活费用指标分析。

1. 工资替代系数

工资替代系数可以表明失业人员人均支付失业保险费用相当于在职人员工资水平的程度。其计算公式为：

$$\text{工资替代系数}=\frac{\text{人均支付失业保险费用}}{\text{企业职工平均工资}}\times 100\%$$

2. 失业保险费用对生活的保障程度

失业保险费用对生活的保障程度主要反映失业保险金对失业人员生活的保障程度。其计算公式为：

$$\text{失业保险金生活保障程度}=\frac{\text{人均支付失业保险金}}{\text{城镇居民人均生活费用}}\times 100\%$$

3. 失业保险费用与最低生活费比较

将失业保险费用与最低生活费进行比较，可以表明最低生活费的生活保障程度。其计算方法为：

$$失业保险金最低生活保障程度=\frac{人均支付失业保险金}{城镇居民最低生活费用}\times 100\%$$

四、企业职工工伤保险统计

（一）工伤保险待遇享受情况统计

1. 工伤保险的含义

工伤保险是企业从业人员因工作原因受伤、患职业病、致残甚至死亡，暂时或永久丧失劳动能力时，从社会保险中获得物质帮助的有效手段。工伤是职业性伤害的简称，包括工作意外事故和职业病造成的伤残或死亡。

职工在遭遇意外伤害事故而导致负伤、残废乃至死亡时，能否享受工伤保险待遇，首先需要进行工伤认定。按照国际通行概念，凡由于工作或从事与工作有关的活动而造成伤残、死亡或患职业病者，均应按工伤确认并纳入统计核算范围。

2. 企业纳入工伤保险的人数

按工伤保险制度规定缴纳工伤保险费的企业，其从业人员一般都纳入工伤保险的覆盖范围。对那些没为其缴纳工伤保险费的人员，则不应计算在内。

3. 本期实际享受工伤保险待遇的人数

本期实际享受工伤保险待遇的人数可反映本期内实际享受工伤保险待遇人员的规模和总量。

4. 工伤保险覆盖程度

计算工伤保险覆盖程度，可反映工伤保险的普及程度。其计算公式为：

$$工伤保险覆盖率=\frac{已参加工伤保险的人数}{应参加工伤保险的人数}\times 100\%$$

（二）企业工伤保险费用水平

职工在因工伤残疾或死亡后，按工伤保险的有关规定，应该获得费用支持和补偿。它包括医疗费、治疗期间工资、完全丧失劳动能力时的伤残抚恤金、部分丧失劳动能力的伤残补助金、供养直系亲属抚恤金等。

1. 工伤者人均发生的工伤保险费用指标

$$人均工伤保险费用=\frac{本期实际支付的工伤保险费用}{本期享受工伤保险待遇的人数}$$

2. 生活费用保障系数

生活费用保障系数可以反映人均工伤保险费用对工伤者的生活保障程度，它是人均工伤保险费与居民人均生活费支出的比值。其计算公式为：

$$生活费用保障系数=\frac{工伤者人均工伤保险费}{城镇居民人均生活费用支出}\times100\%$$

3. 工资替代系数

工资替代系数能够反映工伤者人均工伤假工资与员工平均工资的比例关系。其计算公式为：

$$工资替代系数=\frac{工伤者人均工伤假工资}{员工平均工资}$$

五、企业职工生育保险统计

（一）企业生育保险参保人员统计

1. 生育保险的含义

生育保险是对参保的育龄女性及配偶的生育治疗、助产和育婴，由国家和企业提供必要的医疗服务和物质帮助的一种社会保险手段。企业为女性员工及配偶提供生育保险，这是保护女员工合法权益、保护劳动者劳动能力的一项重要措施。

2. 企业职工生育保险人数统计

企业职工生育保险人数是在一定时期内实际享受生育保险待遇的员工人数的累计。包括实际享受生育保险待遇的女员工及其配偶。

将其与同期的女员工和配偶总人数进行对比，可以反映生育保险待遇的受惠比重。其计算公式为：

$$生育保险受惠率=\frac{享受生育保险待遇人数}{企业女性员工和配偶人数}\times100\%$$

（二）企业生育保险费用的支付

1. 生育保险费用支付总额指标

企业生育保险费用包括女员工及配偶在生育期间的医疗助产费用和产假期间的工资支付等。计算生育保险费用支付总额时，应按一定时期内支付给员工的生育保险费用的实际发生金额计算。

2. 人均生育保险费用

人均生育保险费用可以表明在某时期享受生育保险待遇的平均水平，即为每人支付的生育保险费用的一般水平。其计算公式为：

$$人均生育保险费=\frac{生育保险费用支付总额}{享受生育保险待遇人数}$$

3. 生育保险费用与工资比较

要观察生育保险费用对员工生活的影响程度，可以通过人均生育保险费用水平与平均工资的比较来反映。其计算公式为：

$$生育保险费用工资替代系数=\frac{人均生育保险费用}{企业平均工资}$$

4. 生育保险费用与生活费收入比较

将人均生育保险费用与人均生活费收入水平进行比较，观察生育保险费用支付对员工生活的影响。其计算公式为：

$$生育保险费用对员工生活影响程度=\frac{人均生育保险费用}{城镇居民人均生活费用收入}\times 100\%$$

六、企业社会保险基金的上缴统计

（一）社会保险基金缴纳情况

1. 社会保险基金实际缴纳总额

按规定，要计算社会保险基金企业的实际缴纳额和员工实际缴纳额，应分别计算：

（1）企业本期社会保险基金实际缴纳总额及各项社会保险基金实际缴纳额；

（2）企业员工本期社会保险基金实际缴纳总额及各项社会保险基金实际缴纳额。

2. 社会保险基金欠缴总额

依社会保险基金相关规定，要计算社会保险基金企业和员工应缴而实际欠缴额，应分别计算：

（1）企业本期社会保险基金欠缴总额及各项社会保险基金欠缴额；

（2）企业员工本期社会保险基金欠缴总额及各项社会保险基金欠缴额。

3. 社会保险基金本期止的累计欠缴总额

要计算企业和员工因种种原因至本期止累计欠缴的社会保险基金总额，应分别计算：

（1）企业本期止累计欠缴的社会保险基金总额及各项社会保险基金累计欠缴额；

（2）企业员工本期止累计欠缴社会保险基金总额及各项社会保险基金累计欠缴额。

4. 企业和员工欠缴社会保险基金原因分析

对于欠缴社会保险基金的原因应进行分析。例如，生产经营不景气、漏算漏缴、故意漏算漏缴、偷逃拒缴等。应分别计算欠缴金额，并说明欠缴原因，以明确责任，及时补缴。

（二）社会保险基金统计分析

1. 企业社会保险基金缴纳程度指标

（1）企业社会保险基金缴纳到位程度指标，即企业自身按规定应缴纳的社会保险基金中实际上缴的比重。其计算公式为：

$$企业缴纳到位率=\frac{企业实际缴纳的社会保险基金}{企业法定缴纳的社会保险基金}\times 100\%$$

（2）企业员工社会保险基金缴纳到位程度指标，即员工按规定应缴纳的社会保险基金中实际上缴的比重。其计算公式为：

$$员工缴纳到位率=\frac{员工实际缴纳的社会保险基金}{员工法定缴纳的社会保险基金}\times 100\%$$

（3）企业社会保险基金上缴率指标，一般来说，员工缴纳的社会保险基金，一般由企业代扣代缴，所以，可以综合计算社会保险基金的缴纳到位程度指标。其计算公式为：

$$企业综合上缴率=\frac{企业和员工实际缴纳的社会保险基金}{企业和员工法定缴纳的社会保险基金}\times 100\%$$

（4）社会保险基金欠缴程度指标，可以按欠缴原因分别计算欠缴程度指标。其计算公式为：

$$社会保险基金欠缴率=\frac{企业和员工社会保险基金欠缴总额}{企业和员工社会保险基金应缴总额}\times 100\%$$

$$社会保险基金漏缴率=\frac{企业和员工社会保险基金漏缴额}{企业和员工社会保险基金应缴额}\times 100\%$$

$$社会保险基金拒缴率=\frac{企业和员工社会保险基金拒缴额}{企业和员工社会保险基金应缴额}\times 100\%$$

2. 企业社会保险基金缴纳额变动分析

（1）社会保险基金缴纳增减绝对额的变化是从绝对额上反映的，其原因是人员或工资的增减变动，也可能是漏算或故意拖欠等。其计算公式为：

$$\begin{matrix}社会保险基金\\缴纳增减绝对额\end{matrix}=\begin{matrix}报告期社会保险\\基金实际上缴额\end{matrix}-\begin{matrix}基期社会保险\\基金实际上缴额\end{matrix}$$

（2）社会保险基金综合上缴率的变动

$$\begin{matrix}社会保险基金综合\\上缴率的变动差\end{matrix}=\begin{matrix}报告期社会保险\\基金综合上缴率\end{matrix}-\begin{matrix}基期社会保险\\基金综合上缴率\end{matrix}$$

第三节　企业福利统计

一、企业福利的含义

企业福利是企业按规定提取福利基金，用以满足集体和员工个人的共同需要或个人特殊需要的公益性费用。

企业福利和工资的分配性质和方式不同，前者是按需分配，后者是按劳动成果分配；前者是用以满足集体的共同需要或个人的特殊需求的，而后者则是满足员工个人的基本生活需求的。当然，两者共同的特点是对员工的生活水平和生活质量会产生影响。

由于企业福利费用对于企业从业人员的收入和生活质量有着相当大的影响力，所以，统计研究企业福利费用是具有很强的现实意义的。

二、企业福利费用的计算

（一）企业福利费用收入指标

在一定时期内，企业按规定从企业成本或税后利润中以一定比例提取的福利基金，就构成了企业本期的福利费用收入指标。

企业福利费用收入＝企业成本或税后利润额×企业福利费用提取比例

（二）企业福利费用支出指标

企业福利费用支出是指企业在一定时期内为从业人员提供的集体福利设施、福利性补贴和个人的生活困难补助等的费用支出。计算企业福利费用支出时，应列出支出明细，并按实际支出额计算。

企业福利费用支出包括以下七项。

（1）集体福利事业的补贴，即为企业员工提供的浴室、理发室、洗衣房、哺乳室、托儿所等集体福利设施，其各项支出与收入相抵后的差额补助费用。

（2）集体福利设施费用，即依规定提取，用于建设集体福利设施的费用支出。如职工食堂炊事用具的添购和修理的费用。

（3）职工文娱体育宣传费用。

（4）职工生活困难补助费用。

（5）职工计划生育补贴，包括独生子女补助和保健费用。

（6）职工探亲路费补贴。

（7）其他福利费用，如职工冬季取暖补贴等。

（三）企业福利费用结余指标

企业福利费用结余指标，即企业在期末福利基金支出后的实际结余数额。其计算公式为：

$$\text{企业福利费用期末结余额}=\text{企业福利费用期初结余额}+\text{企业福利费用本期收入额}-\text{企业福利费用本期支出额}$$

三、企业福利费用的统计分析

（一）企业福利费用的变动程度研究

1. 企业福利费用收入动态指标

$$\text{企业福利费用收入变动率}=\frac{\text{报告期企业福利费用收入额}}{\text{基期企业福利费用收入额}}\times 100\%$$

$$\text{企业福利费用收入增减绝对额}=\text{报告期企业福利费用收入额}-\text{基期企业福利费用收入额}$$

2. 企业福利费用支出动态指标

$$\text{企业福利费用支出变动率}=\frac{\text{报告期企业福利费用支出额}}{\text{基期企业福利费用支出额}}\times 100\%$$

$$\text{企业福利费支出增减绝对额}=\text{报告期企业福利费用支出额}-\text{基期企业福利费用支出额}$$

3. 企业福利费用支出构成变动分析

统计研究企业福利费用各明细支出在总支出中比重的变化，有利于进一步分析变动原因。

$$\text{某项福利费用支出的比重}=\frac{\text{某项福利费用支出额}}{\text{企业福利费用支出总额}}\times 100\%$$

可列表分析企业福利费用支出构成的变动，见表 11-1。

表 11-1　　某企业福利费支出构成变动分析表　　%

福利费用支出项目	××××年	××××年	××××年
集体福利事业补贴			
集体福利设施费用			
职工文娱体育宣传费用			

续表

福利费用支出项目	××××年	××××年	××××年
职工生活困难补助费			
职工计划生育补贴			
职工探亲路费补贴			
其他福利费用			
合计	100.0	100.0	100.0

（二）企业福利费用支出与工资关系的分析

企业福利费用对于企业员工而言，是用于改善生活质量的费用，所以，它是员工生活费用收入的一定程度的补充。将其与工资结合观察，可说明其补充程度。

1. 企业福利费用补充比例

将企业福利费用支出总额与企业相应的工资总额作比，可以表明企业福利费用对员工工资的综合补充程度。其计算公式为：

$$企业福利费用补充比例=\frac{企业福利费用支出总额}{企业工资总额}\times 100\%$$

2. 企业福利费用替代工资系数

将人均企业福利费用支出额与企业平均工资作比，可以反映企业福利费用相当于企业工资水平的比例，说明其替代员工工资收入的程度。其计算公式为：

$$企业福利费用替代工资系数=\frac{人均企业福利费用支出额}{企业平均工资}$$

3. 企业福利费用与最低工资的比较

将人均企业福利费与最低工资水平作比，可以反映其对最低工资水平的补充程度。其计算公式为：

$$企业福利费用的最低工资补充程度=\frac{人均企业福利费用支出额}{最低工资水平}\times 100\%$$

这里所指的最低工资水平是企业内部的。当然，也可以将其与当地最低工资水平进行比较。

（三）企业福利费用和企业员工生活水平关系研究

企业福利费用支出是企业员工生活费用的组成内容。福利费用支出的高低，客观上对企业员工生活的改善带来了积极影响。所以，有必要分析企业福利费用和员工生活的关系。这种分析可从多方面入手。

1. 企业福利费用与员工收入的比例

人均企业福利费用支出相当于员工收入水平的比例，可说明支出是否合适。其计算公式为：

$$\text{企业福利费用相对于员工收入水平的比例}=\frac{\text{人均企业福利费用支出额}}{\text{企业员工人均收入额}}\times 100\%$$

2. 企业福利费用支出与人均可支配收入的比较

这是指将人均企业福利费用支出与城镇居民人均可支配收入作比，观察其在可支配的收入中占有多大的比例，以便评价其合理程度。其计算公式为：

$$\text{企业福利费用相当于居民支配收入的比例}=\frac{\text{人均企业福利费用支出额}}{\text{城镇居民人均可支配收入}}\times 100\%$$

3. 企业福利费用与城镇居民人均消费性支出的比较

将企业的福利费用与城镇居民人均消费性支出进行比较，有利于观察其与人均消费性支出的比例关系，说明其对消费性支出的替代程度。其计算公式为：

$$\text{对生活消费性支出的替代率}=\frac{\text{人均企业福利费用支出额}}{\text{城镇居民人均消费性支出额}}\times 100\%$$

4. 企业福利费用与城镇居民最低生活费用的比较

这种比较可以反映出企业员工的人均福利费用支出相当于城镇居民最低生活费用水平的比例。其计算公式为：

$$\text{对最低生活费替代率}=\frac{\text{人均企业福利费用支出额}}{\text{城镇居民最低生活费用水平}}\times 100\%$$

【思考题和计算题】

1. 简述社会保障的含义和内容。
2. 简述社会保障统计的任务。
3. 简述企业退休养老人员的核算范围。
4. 简述工伤保险的含义。
5. 简述企业医疗保险参保者核算的原则。
6. 简述企业失业人员的统计范围。
7. 简述企业福利费用支出内容。
8. 如何分析企业福利费用与工资、生活费用的关系？

9. 某企业有职工 2 000 人，实际参加养老保险 1 950 人。计算期退休人员的人均养老金 4 800 元，企业在职者平均工资 6 000 元，最低工资 2 500 元；城镇居民人均生活费用收入 4 500 元，城镇人均最低生活费用 3 000 元。

计算：（1）养老保险覆盖率；（2）养老金系数；（3）养老金保有比例；（4）养老金生活保证率；（5）养老金最低生活保障程度。

10. 某厂计算期实际支付工伤保险费用 2. 9 万元，享受工伤保险 30 人；人均工伤假工资支付 4 900 元，在职职工平均工资 5 400 元，城镇居民人均生活费支出 3 000 元。

计算：（1）人均工伤保险费用；（2）工资替代系数；（3）生活费用保障系数。

11. 某单位某期从业人员 1 100 人，参加医疗保险 1 050 人，领取医疗保险费用 1 000 人，总金额 11 万元；企业平均工资 6 000 元，城镇居民人均生活费收入 4 200 元。

计算：（1）医疗保险参与率；（2）医疗保险受惠率；（3）从业人员医疗保险受惠率；（4）医疗保险费用系数；（5）医疗保险对健康风险的减缓程度。

12. 某地企业平均工资 6 050 元，人均领取失业保险金 3 100 元，城镇居民人均生活费支出 3 200 元，城镇居民最低生活费 2 800 元。

计算：（1）失业保险费用工资替代系数；（2）失业保险金生活保障程度；（3）失业保险金最低生活保障程度。

13. 某企业职工 2 000 人，工资支付总额 900 万元，福利费用支出总额 45 万元；城镇居民人均生活费支出 2 900 元，城镇居民最低生活费 2 200 元。

计算：（1）企业福利费用补充比例；（2）企业福利费用替代工资系数；（3）对生活消费性支出的替代率；（4）对最低生活费用的替代率。

14. 某公司有女员工 1 000 人，本期共支付生育保险 120 万元，享受生育保险待遇共 25 人（包括其男配偶 5 人）；职工年平均工资 85 000 元，城镇居民生活费支出 39 820 元。

计算：（1）生育保险费用工资替代系数；（2）生育保险费用对员工生活影响程度；（3）生育保险受惠率。

第十二章　统计数据的搜集与积累

学习要点

企业人力资源数据的搜集。

企业人力资源数据的积累。

企业人力资源数据搜集与积累是进行企业人力资源统计分析的前提。

第一节　企业人力资源数据的搜集

企业人力资源数据的搜集，通常有两个途径：一是经常性登记，二是一次性调查。经常性登记是指根据有关报表制度的要求和企业人力资源管理工作的需要，设置有关的原始记录，对日常发生的经济活动进行记载和统计；一次性调查是指在特定时期内对某个专门问题所做的一次性调查，通常采用调查问卷的形式。

一、原始记录的概念和作用

原始记录是通过一定的表格形式，用数字或文字对企业内部发生的每一项劳动经济活动作的最初记载。它是反映企业内部劳动经济活动的第一手材料，是未经过加工整理的材料。原始记录的特点体现在内容的广泛性、时间的经常性、项目的具体性和工作的群众性。

原始记录在企业人力资源管理中的作用主要有以下三个方面。

第一，原始记录是企业人力资源管理工作的基础，是人力资源统计资料的来源。

第二，原始记录是企业实行科学管理的基础，是制定合理的劳动经济计划和规章制度的依据。

第三，原始记录是考核职工工作成绩、贯彻按劳分配原则的依据。

二、原始记录的内容

原始记录的内容，应根据企业人力资源管理工作的需要和人力资源管理统计报表制度的要求来确定。通常可以从以下两个方面来说明。

（一）原始记录的一般内容

为了满足需要，准确反映企业劳动经济活动的具体情况，原始记录的一般内容应包括以下五项。

1. 原始记录的名称和编号

企业按各原始记录所反映的活动内容确定它们的名称。为了方便管理，还应加以编号。

2. 活动内容的记载

这是原始记录内容的主体部分，反映了活动发生的具体情况。记载活动内容时，通常会设置一些指标，并用数字或符号来记载。指标的繁简可根据活动的内容和管理需要来定。

3. 计量单位

在利用数量反映活动的具体情况时，需明确其计量单位。如反映职工加班加点情况的加班加点通知单中的计量单位应为“工日”或“工时”。

4. 填写时间

制作原始记录的时间，一般也是该项活动发生的时间。

5. 填表人及责任人的签章

为了保证原始记录的准确和便于核查，在原始记录上应有填表及负责人员的签章，方能有效。

（二）原始记录的具体内容

根据企业劳动经济活动的范围，一般应设置以下两方面内容的原始记录。

1. 劳动管理方面的原始记录

劳动管理方面的原始记录主要包括职工卡片（或称职工基本情况登记表）、到职通知单、离职通知单、职工考勤表、职工伤亡事故登记表、职工奖励表等。

2. 工资管理方面的原始记录

工资管理方面的原始记录主要包括职工工资表、职工工资变动单、职工考勤表、职工加班加点通知单和职工完成定额记录等。

有的原始记录涉及上述两个方面的管理，如职工考勤表。职工考勤表是劳动管理方面的原始记录，反映了职工的劳动时间利用情况及其原因，同时，该表也是企业工资管理方面的记录，是计算职工工资的一份依据。

以下列出了几种原始记录，见表 12-1、表 12-2、表 12-3。

表 12-1　职工到职通知单

年　　月　　日到职字　　号

<table>
<tr><td>姓名</td><td></td><td>性别</td><td></td><td>年龄</td><td></td><td>文化程度</td><td></td></tr>
<tr><td colspan="2">政治面貌</td><td colspan="2"></td><td colspan="2">职务</td><td>工资等级</td><td></td></tr>
<tr><td colspan="2">参加工作时间</td><td colspan="2"></td><td colspan="2">到职日期</td><td>工作部门</td><td></td></tr>
</table>

表 12-2

<table>
<tr><td colspan="4">设备名称规格</td><td colspan="2">班次</td><td colspan="2">班组别</td><td colspan="3" rowspan="2">××作业生产记录
年　月　日</td><td rowspan="2">出勤人数</td><td rowspan="2"></td><td colspan="2" rowspan="2">缺勤人数</td><td rowspan="2"></td></tr>
<tr><td colspan="4"></td><td colspan="2"></td><td colspan="2"></td></tr>
<tr><td colspan="4">产品</td><td colspan="5">计划安排</td><td colspan="7">执行情况</td></tr>
<tr><td rowspan="2">编号</td><td rowspan="2">件号</td><td rowspan="2">名称</td><td rowspan="2">类别</td><td colspan="3">成品产量</td><td colspan="2">定额台时</td><td rowspan="2">件数</td><td rowspan="2">成品总重量</td><td rowspan="2">完成定额台时</td><td rowspan="2">实际消耗台时</td><td colspan="3">中断台时</td></tr>
<tr><td>单重</td><td>件数</td><td>总重</td><td>单件</td><td>合计</td><td>起止</td><td>合计</td><td>原因</td></tr>
<tr><td></td><td></td><td></td><td></td><td></td><td></td><td></td><td></td><td></td><td></td><td></td><td></td><td></td><td></td><td></td><td></td></tr>
</table>

表 12-3　考勤卡

车间　　　　班组　　　　姓名　　　　年　月

<table>
<tr><td colspan="2">日期</td><td>1</td><td>2</td><td>3</td><td>4</td><td colspan="3" rowspan="4">略</td><td>29</td><td>30</td><td>31</td></tr>
<tr><td colspan="2">星期</td><td></td><td></td><td></td><td></td><td></td><td></td><td></td></tr>
<tr><td rowspan="2">出勤情况</td><td>上午</td><td></td><td></td><td></td><td></td><td></td><td></td><td></td></tr>
<tr><td>下午</td><td></td><td></td><td></td><td></td><td></td><td></td><td></td></tr>
<tr><td>全日</td><td>项目</td><td>病假</td><td>事假</td><td>产假</td><td>工伤</td><td>公假</td><td>旷工</td><td colspan="4" rowspan="2">备注</td></tr>
<tr><td>累计</td><td>天数</td><td></td><td></td><td></td><td></td><td></td><td></td></tr>
</table>

三、设置原始记录的原则

企业原始记录的设置是一项复杂、细致的工作，做好这项工作，应遵循以下三个原则。

第一，简明扼要、通俗易懂。要根据实际需要，把记录的项目和份数压缩到最少，内容要通俗易懂，便于填写。

第二，与有关管理制度紧密结合，特别是与责任制相结合。要把原始记录作为一种管理手段和凭证，并把原始记录作为绩效考核的一项内容。

第三，进行有关的宣传教育。其目的在于使填报者明确记录的意义，掌握填写的要求和方法，并消除一些不必要的思想顾虑。

四、原始记录的管理

原始记录的管理工作包括原始记录的制定和颁发，原始记录的清理和整顿等内容。

第一，原始记录的制定和颁发。企业原始记录的制定和颁发应遵循“统一管理、分工负责”的原则，即劳动原始记录是由企业的综合统计部门会同人力资源管理部门共同负责的。

第二，原始记录的清理和整顿。企业由于经济活动的发展及管理水平的提高，要求原始记录不断健全和完善，因此经过一定时间，就需要对现有的原始记录进行一次清理和整顿，从原始记录的数量、内容和格式上入手，取消过时的原始记录或项目，增添新的原始记录或项目，使原始记录适应现代化管理工作的需要。劳动原始记录的清理和整顿工作同样是由企业综合统计部门与人力资源管理部门共同负责的。

五、调查表和调查问卷

为了系统、有序地搜集资料，将所要登记的各种数据按照一定的顺序排列，所形成的表格就是统计调查表；将所要了解的问题及其可能得出的答案按照一定的逻辑关系和顺序排列，就形成了调查问卷。调查表和调查问卷是调查所需掌握信息的最原始的载体。调查问卷通常用于一次性的专门调查。由于问卷调查法是以答卷形式提出，由被调查者自愿回答的一种搜集资料的方法，所以又被称为民意测验法。

六、调查问卷的设计

一般的调查问卷应由四个要素组成：题目、说明信或指导语、问卷具体内容、编号。下面详述前三个要素。

（一）题目的设计

题目是问卷的总标题，是调查的主题。对题目的设计应满足三个要求：一是题目要与调查的目的和内容一致；二是题目对被调查者有吸引力，能够引起被调查者的兴趣；三是题目要简明扼要，有画龙点睛的作用。

（二）说明信或指导语的设计

说明信或指导语是写在题目和具体问题中间的一段文字，其作用在于促进调查者与被调查者之间的沟通，使被调查者基本了解问卷调查的目的、态度和一些必要的情况，从而缩短调查者与被调查者间的距离。说明信或指导语的文字要简练、明确。

（三）问卷具体内容的设计

问卷具体内容的设计有三个方面。

1. 问题种类的设计

问卷中的问题通常有事实问题和态度问题两种。事实问题是对客观存在的现象和行为的提问，如询问被调查者的性别、年龄、文化程度、职业、月收入额等；态度问题是属于意见、看法、认识、情感、动机和观念等方面的提问，如“您对企业管理工作的评价是……”“您对自己工作岗位的态度是……”“您认为企业在用人方面存在的问题有……”等。对态度类问题需事先列出若干个可能的答案，由被调查者根据自己的意愿和情况，从中选择自认为合适的答案，这类态度问题又被称为封闭型问题。另外还有一种态度问题，即开放型问题，这种问题事先不需做出任何选择答案，而是由被调查者自由回答。如“您对加强企业人力资源管理工作有何建议”，该问题就是开放型的态度问题。

2. 回答种类的设计

在回答态度问题时，因问题的不同会有不同的回答种类。回答种类也可分为封闭式回答和开放式回答两种。

对于开放式回答问题的设计，除了将题目阐述清楚外，还应在每个问题之后留出一定的空间，便于被调查者填写，空间的大小依问题而定。

封闭式回答问题的设计较复杂，由于这类问题一般有两个或两个以上的备选答案，所以又被称为变数。为了方便对问卷资料的整理，在设计问题的回答种类时，需考虑变数的归类。这种归类通常有三种方式：定类变数（如男性、女性）；定序变数（即分等级次序变数，如满意程度可分为很满意、满意、一般、不满意）；定距变数（如工龄组可分为5年以下、5~10年、10~15年、15~20年、20~25年、25~30年、30年以上）。上述三种归类中，定类变数的问题一般便于回答；定序变数的问题在问卷上出现的比例最大，这类问题主要用于了解被调查者对问题的看法和态度；定距变数通常用在用数量反映的问题上，如年龄、收入、支出等方面。

3. 回答方式的设计

回答方式的设计与回答种类的设计紧密相关，一般在设计回答种类的同时，就已经考虑了回答的方式。常用的回答方式有以下四种。

（1）是否式。回答只有“是”和“否”两种备选答案，从中任选一项。

（2）填空式。回答时直接填入文字或数字。

（3）选择式。回答问题时有两种情况：一种是单项选择，即要求在诸项备选答案中选出一项代表自己的观点；另一种是从中选出多项，对选出的多项可以要求排列顺序，也可以不要求排列顺序。

（4）问答式。即问答题，需要被调查者用文字简要叙述自己的意见。

第二节　企业人力资源数据的积累

企业整理和积累人力资源数据的主要工具是统计台账。

一、统计台账的概念和作用

统计台账是根据企业人力资源统计报表和企业人力资源统计核算的要求而设置的按时间顺序登记和积累原始记录资料的表册。

统计台账的作用主要表现在以下四方面。

第一，有利于保证统计数据的准确性。统计台账对原始记录及时进行登记，并可以进行前后资料的对比，便于及时发现问题、解决问题，以保证数据的准确性。

第二，有利于统计数据的系统积累。通过统计台账，对原始记录进行分类、汇总，可以系统地积累资料，避免了资料的散失。

第三，有利于统计数据的科学整理。通过统计台账，可以把数据资料的整理汇总工作分散到平时，为及时、准确地编报人力资源统计报表做好准备。

第四，有利于统计资料的分析。统计台账在随时登记、整理的过程中，可以经常观察各项企业人力资源管理工作的情况，便于及时向领导和有关部门提供资料，加强统计分析工作。

二、统计台账的分类

（一）按统计台账的作用分类

按统计台账的作用不同可分为汇总资料用的台账和积累资料用的台账。

1. 汇总资料用的台账

汇总资料用的台账是介于原始记录和厂内报表之间，或者介于厂内报表和国家报表之间的过渡性登记表册，具有汇总表的性质。同时，这种台账也有积累资料的作用，但不是主要作用，如职工变动台账、劳动时间利用台账、工资台账等。

2. 积累资料的台账

积累资料用的台账是企业人力资源管理部门将本企业劳动工资方面的主要指标按时间顺序登记的一种表册。采用这种表册的目的在于使企业人力资源统计资料系统化，便于查找和保存，也便于进行动态分析。此类台账的一般格式，见表 12-4。

表 12-4　　　　**劳动工资资料台账**

指标名称	计量单位	一月	二月	三月	第一季度		十月	十一月	十二月	第四季度	全年
期末职工人数	人										
工资总额	元					略					
平均工资	元/人										
⋮											

（二）按统计台账的内容分类

统计台账按其登记的内容不同，主要分为职工变动台账、职工工资台账、劳动时间利用台账、劳保用品台账和职工伤亡事故台账等，见表 12-5、表 12-6、表 12-7。

表 12-5　　　　**职工变动台账**

年		增加人数			减少人数			期末人数（人）							备注
月	日	来源	类别	人数（人）	去向	类别	人数（人）	总人数	工人	学徒	工程技术人员	管理人员	服务人员	其他人员	

表 12-6　　　　**职工工资台账**

时期	职工平均人数（人）	工资总额（元）	计时工资（元）	计件工资		各种奖金（元）	各种津贴（元）	附加工资（元）	加班加点工资（元）	其他工资（元）
				小计（元）	其中：超额工资（元）					

表 12-7　　职工伤亡事故台账

事故发生时间	事故发生地点	发生事故单位	发生伤害原因	受伤程度人数（人）			事故严重程度				事故责任者	处理情况
				轻伤	重伤	死亡	轻伤	重伤	重大伤亡	特别重大伤亡		

三、设置统计台账的原则

统计台账的设置，要遵循以下四个原则。

（一）便于填报统计报表

统计台账的种类、各种台账的具体内容、各项指标的含义、计量单位和计算方法等，应与统计报表的要求一致，从而保证统计报表的准确性及上报的及时性。

（二）满足本企业管理的需要

统计台账的设置要有利于企业领导和有关部门及时了解人力资源管理工作的情况，及时发现问题和解决问题。

（三）注意资料的可比性

统计台账要根据客观变化及时调整资料的口径，以保证各个时期资料的可比性。

（四）从企业的实际出发

台账的种类和具体格式，应根据本企业情况而定，既要考虑需要，又要通俗易懂、简便易行。

【思考题】

1. 搜集企业人力资源数据的主要途径。
2. 什么是原始记录？
3. 简述原始记录的特点。
4. 简述企业原始记录的具体内容。

5. 简述原始记录设置原则。
6. 简述企业原始记录工作的管理方法。
7. 什么是统计调查问卷?
8. 如何设计统计调查问卷?
9. 为什么说统计台账是企业人力资源数据的整理和积累的主要工具?
10. 简述统计台账的分类方式。
11. 简述统计台账的设置原则。
12. 试设计“企业职工人员基本状况”的统计台账。
13. 设计一份调查问卷。

第十三章　企业人力资源管理统计分析

学习要点

企业人力资源统计分析的特点作用和种类。

企业人力资源统计分析的基本步骤。

企业人力资源统计分析的方法。

企业人力资源统计分析报告的形式、结构和基本要求。

第一节　企业人力资源管理统计分析的意义

一、企业人力资源管理统计分析的含义

企业人力资源管理统计分析是企业人力资源管理统计工作的一个重要组成部分，它是指以统计资料为依据，在科学理论指导下，运用统计定量分析方法对所研究的企业人力资源现象进行深入、系统的分析研究的工作过程。企业人力资源管理统计分析的特点主要有以下两点。

第一，以企业人力资源统计数据为分析的依据。分析要从相关数据入手，用综合数据说话。因此，统计分析不同于一般的人力资源理论分析。

第二，要将数据与企业人力资源的实际情况相结合，不能离开实际而单纯地“就数论数”。

二、企业人力资源管理统计分析的意义

企业人力资源管理统计分析的意义主要表现在以下三点。

第一，只有经过人力资源管理统计分析，才能得到对企业人力资源现象的深入认识。

第二，只有经过人力资源管理统计分析，才能充分发挥统计对企业人力资源管理工作的咨询和监督功能，才能充分发挥企业职工参与管理的作用。

第三，统计分析是企业人力资源管理统计科学研究的依据。统计分析既是充分发挥统计的认识作用和检查、监督作用的阶段，也是提供统计成果的阶段，而统计分析成果

又可以成为进一步进行人力资源管理统计和科学研究的依据。

三、企业人力资源管理统计分析的作用

企业人力资源管理统计分析的具体作用主要表现在以下六点。

第一，反映和分析企业人力资源的现状、构成和利用情况。

第二，反映和分析企业人力资源管理政策的贯彻执行情况。

第三，分析研究企业各项人力资源管理计划的执行情况。

第四，综合分析企业人力资源管理统计中主要指标的变动情况，并认识其中的规律。

第五，揭示企业人力资源管理工作中的先进典型和后进单位，发现新事物、研究新问题，为改进和提升企业人力资源管理工作提供可靠依据。

第六，对企业人力资源现象的发展趋势进行预测和估计。

第二节 企业人力资源管理统计分析的种类

一、企业人力资源管理统计分析的种类

根据企业人力资源管理统计分析的要求和具体内容的不同，可从不同角度划分统计分析的种类。从时期看，可分为定期的和不定期的统计分析；从分析的具体内容看，可分为人事统计分析和劳动统计分析；从分析涉及的范围看，可分为专题统计分析和综合统计分析；从分析的作用看，可分为事后分析和预测分析等。下面着重介绍在实际工作中常用的计划完成情况分析、专题分析、综合分析和预测分析。

（一）计划完成情况分析

分析企业人力资源计划完成情况是统计分析的重要内容，这一分析的基本要求是：确定计划完成程度；查明完成或未完成计划的原因；发现计划执行中的问题；提出为全面完成计划应采取的措施。

企业人力资源计划完成情况分析，一般可分为进度分析、定期分析和预计分析三种。

1. 进度分析

进度分析是指在观察计划执行进度时，要与动态分析相结合，看计划完成的进度是否符合正常发展趋势的要求，检查计划执行进度与时间的推移是否相适应。这就是我们平常所说的“时间过半任务过半”。分析时，用计划执行进度百分比指标与时间进度百分

比指标相比，可以说明计划的执行情况。其计算公式为：

$$计划执行进度=\frac{期初至今实际累计完成量}{本期计划完成量}\times100\%$$

$$时间进度=\frac{报告期已过日历日数}{报告期日历日数}\times100\%$$

实际完成情况如果与时间推移不相适应，就要及早地发现问题，提出解决问题的具体措施，以保证计划按时完成。

2. 定期分析

定期分析是在报告期结束时，根据定期报表的资料和情况，对本期计划执行的结果进行的总结性分析。在分析中要计算各个计划指标的计划完成相对数和实际完成数之间的绝对差额，分析影响计划完成的各种因素。

定期分析的目的是对一定时期计划完成情况作出总评价，并以此作为制定下一时期计划的依据。

3. 预计分析

预计分析是指在计划时期结束前，对计划指标的完成情况进行检查和分析，对能否按期或提前完成计划作出准确判断。预计分析的目的在于保证计划按时完成，起到“气象台”的作用，肯定成绩，指明完成计划的有利因素；同时，及时发现计划执行中存在的问题，建议企业有针对性地采取措施、加以解决，推动计划的完成。在工作中，预计的时间一般是：月度在每月中旬末、季度在每季第二个月末、年度在第三季度末。

预计分析的内容是计划指标到期末可能完成多少，以及提前或拖延完成计划的时间数等。

（二）专题分析

专题分析是指针对某一专门问题而进行集中、深入的分析研究。如对企业劳动生产率、职工出勤情况、职工年龄构成、文化构成等的分析均属于专题分析。专题分析的特点是分析问题的针对性强，分析较透彻。

专题分析的内容应根据企业人力资源管理工作的需要而定，一般来自于两个方面。

第一，根据政治、经济任务的需要进行专题分析。例如，在企业工资改革试点中，对职工的工资现状及效益进行了解和分析等。

第二，针对企业人力资源管理统计报表中反映的问题进行专题分析。

在专题分析中，除运用统计报表资料外，还要与深入、细致的典型调查和其他调查方式相结合。

（三）综合分析

综合分析是指对企业人力资源现象中的综合性问题进行的分析研究。综合分析的主要内容是企业人力资源管理统计中各指标之间的比例关系，如企业工资的增长与企业劳动生产率提高的比例关系、企业各部门间职工人数的比例关系等。

（四）预测分析

统计预测是指根据某方面的历史和现状资料，对其未来的发展趋势或今后某个时点的状况作出预计和测算。如根据企业人力资源的利用情况及企业生产的发展，可以预测未来企业人力资源的需求趋势，或今后某个时点上所需要的人力资源数量和质量。

企业人力资源统计预测不只是为将来，更重要的是可以指导企业目前的实际工作。

二、企业人力资源管理统计分析的基本步骤

企业人力资源管理统计分析的过程基本有以下四个步骤。

（一）确定分析题目，拟定分析提纲

企业人力资源统计分析要目的明确，有针对性。题目应体现分析的目的，即所要分析的问题。应根据企业人力资源管理工作的需要和实际情况，选好分析研究的题目。

分析题目确定之后，还要拟定分析提纲，其内容包括分析的目的和要求、所要研究的问题、分析所需用的资料及其来源、所采用的分析指标和分析方法等。

（二）搜集、整理、鉴别资料

在日常统计工作中，已掌握的大量的统计资料是统计分析的基础。但是，仅凭这些基本统计资料往往是不够用的，这就需要根据分析的目的和要求，继续搜集一些补充资料。常用资料的主要来源有：统计报表资料（包括历史资料）、用其他调查方式搜集的资料、有关业务部门掌握的资料、有关会议文件和记录等。

在使用资料之前，要进行鉴别。鉴别的内容包括：资料的正确程度，是否符合实际；资料的代表性，代表的范围大小；资料的可比性和计算口径是否一致等。

运用资料进行分析时，还要对资料进行整理，即根据分析的需要进行资料整理，包括选择资料和决定表现资料的形式。

（三）进行分析，得出结论，提出建议

在掌握丰富资料的基础上，利用统计分析方法，进行科学的分析研究，从中找出矛盾、辨析矛盾、认识事物的规律，进而提出改进工作的意见和建议。

（四）撰写分析报告

根据分析结果，撰写有数字、有情况、有观点、有论据、有结论、有建议的统计分析报告，及时提供给有关部门和领导，作为其了解情况、制定政策、编制规划、指导工作的依据。

第三节　企业人力资源管理统计分析的方法

企业人力资源管理统计分析的方法包括统计基础分析方法、统计综合分析方法和统计现代分析方法三个部分。下面介绍在企业人力资源管理统计分析中常用的几种基础分析方法和综合分析方法。

一、分组分析法

分组分析法不仅是进行统计资料整理，使其科学化与系统化的基本方法，而且也是统计分析的重要方法。

分组分析法在统计分析中的运用十分广泛，常常和其他方法结合运用。对比分析通常都要和分组分析法结合运用。例如，研究企业职工文化程度构成的变动，就需要先对职工总体按其文化程度划分成不同的学历组，然后再将不同时期的构成情况进行对比分析。

反映总体情况的统计指标称为总体指标，反映各组情况的统计指标称为分组指标。分组分析法要对总体指标和分组指标进行各种分析，用分组指标去说明总体指标。现以某企业 2019 年和 2020 年的工资分析为例，见表 13-1。

表 13-1　某企业 2019 年和 2020 年的工资分析

职工组别	2019 年			2020 年		
	工人数（人）	工资总额（元）	平均工资（元）	工人数（人）	工资总额（元）	平均工资（元）
老职工	70	595 000	8 500	56	504 000	9 000
新职工	30	204 000	6 800	84	613 200	7 300
合计	100	799 000	7 990	140	111 720	7 980

从整个企业来看，一年来职工人数和工资总额均有所增加，但全厂的平均工资却略有下降。经过分组可知，老职工和新职工两组的平均工资都有所提高，总平均工资的下降是受新老职工结构变化因素的影响。这里用分组的指标补充说明了总体指标，表明了事物的真实情况。

二、对比分析法

对比分析法是指通过将客观事物进行对比来寻找它们之间的差别和存在的矛盾，从而找出原因，推动事物的发展。对比分析法是在统计分析中运用较为广泛的一种方法，如果把一个事物孤立起来看，就做不出正确的评价，只有经过对比，才能帮助人们认清事实。例如，某企业某月的全员劳动生产率是 12 000 元，这只能反映该企业劳动生产率水平，而不能说明工作的好坏；如果将其与计划指标 10 000 元对比，则可反映出劳动生产率超额完成 20%，每人多创造产值 2 000 元。如果再进一步与过去月份的劳动生产率相比，与同类型的其他企业或先进企业的劳动生产率相比，就可以得出较全面的结论，找出存在的差距和问题，并着手加以解决。可见，对比分析法在统计分析中有着重要的地位。

在企业人力资源管理统计分析中，常用的对比分析法有：实际完成数与计划任务数的对比；实际数值与历史资料的对比；实际数值与先进单位数值的对比；实际利用数和可能利用数的对比。在进行对比分析时，由于研究的问题和研究的目的不同，对比的内容和形式也存在差异，应选用合适的方法进行对比分析。

在对比分析中，两个对比的指标可以是总量指标，也可以是相对指标或平均指标。不论是何种指标，在对比分析时，一定要保持指标的可比性。同时，在对比中应将相对数和绝对数结合运用。

除了以上四种具体方法外，还有其他一些对比分析的方法。归纳起来，对比分析主要是运用相对指标和指数进行的分析。在具体分析时，也可以将几种对比分析结合运用。

三、动态分析法

动态分析法是分析研究企业人力资源现象的发展变化过程，从而认识它们的发展趋势，并对未来加以预测的一种重要的统计分析方法。进行动态分析时，一般需要对事物作连续的较长时期的观察和分析，并采用时间数列的一系列分析指标和分析方法。现举例说明，见表 13-2。

表 13-2　　2003—2021 年全国城镇登记人数及登记失业率

年度	2003 年	2004 年	2005 年	2006 年	2007 年	2008 年	2009 年	2010 年	2011 年
登记失业人数（万人）	595	827	839	847	830	886	921	908	922
登记失业率（%）	3.1	4.2	4.2	4.1	4.0	4.2	4.3	4.1	4.1

年度	2012 年	2013 年	2014 年	2015 年	2016 年	2017 年	2018 年	2019 年	2020 年	2021 年
登记失业人数（万人）	917	926	952	966	982	972	974	945	1 160	1 040
登记失业率（%）	4.1	4.1	4.1	4.1	4.0	3.9	3.8	3.6	4.2	5.1

资料来源：人力资源社会保障部网站。

表 13-2 的时间序列说明，我国城镇登记失业人数从 21 世纪初至 2021 年整体呈上升趋势，而失业率水平较为稳定，除 2003 年和 2021 年外，都维持在 4%附近。

运用时间序列进行动态分析，还可以采用增长量、平均增长速度、序时平均数、动态数列修匀和动态曲线图等方法进行分析。

如图 13-1、图 13-2 所示，对我国城镇历年的登记失业人数和登记失业率，运用动态曲线图法进行分析，可表明失业人数和失业率的发展变化的走势。

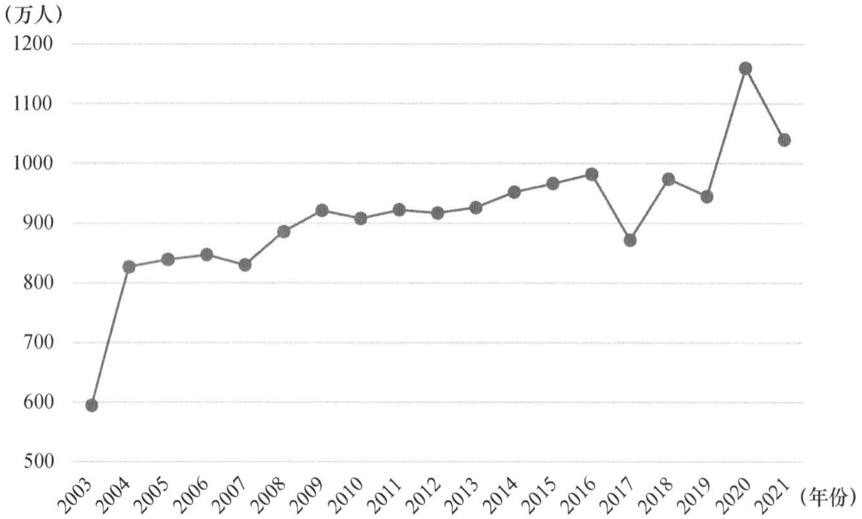

图 13-1　城镇登记失业人数

四、平衡分析法

平衡分析法是根据客观存在现象的关系，建立平衡计算公式，或利用平衡表的形式进行分析，以研究现象之间的平衡关系，同时也可以作数据的测算。

企业人力资源统计分析中常用的平衡关系式有：企业人力资源量增减变动平衡关系

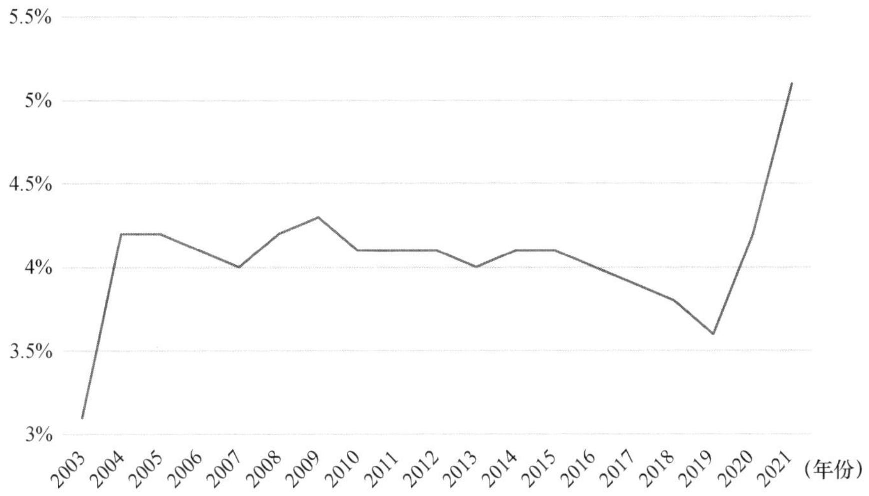

图 13-2　城镇登记失业率

式、职工人数增减变动平衡关系式、工作时间资源与利用平衡关系式等。用平衡表的形式表示有：企业人力资源与分配平衡表、职工人数增减变动平衡表、生产工人工作时间利用平衡表等。

五、因素分析法

因素分析法是指从现象之间的联系分析现象总变动的因素影响。因素分析法具体分为总和因素分析法、连乘因素分析法和差额分析法等。

（一）总和因素分析法

如果总变动量是各个因素变动量相加之和，则可用总和因素分析法来分析各因素对总量变动的影响方向和影响程度。例如，某年年底某公司所属企业职工人数资料分析，见表 13-3。

表 13-3　××年年底×公司所属企业职工人数资料分析

所属企业	计划职工人数（人）	实际职工人数（人）	完成计划（%）	与计划离差（人）	各厂变动对公司总变动的影响（%）
一厂	600	720	120.0	+120	10.2
二厂	350	350	100.0	0	0
三厂	230	276	120.0	+46	3.9
全公司	1 180	1 346	114.1	+166	14.1

表 13-3 资料表明，该公司三个厂计划职工人数 1 180 人，实际职工人数 1 346 人，实际比计划多用了 166 人，超过职工人数计划指标 14.1%，这是由一厂超过计划指标 10.2%和三厂超过计划指标 3.9%造成的。二厂执行计划较好。在此基础上，还需要进一步了解一厂和三厂超计划用人的具体原因。

（二）连乘因素分析法

如果总量的变动是各个因素相乘之积，则可用连乘因素分析法来分析各因素对总量变动的影响方向和影响程度。

产值指数=职工人数指数×劳动生产率指数

工资总额指数=职工人数指数×平均工资指数

全员劳动生产率指数=生产工人劳动生产率指数×生产工人比重指数

生产工人月平均工资指数=生产工人小时平均工资指数×工作日长度指数×工作月长度指数

连乘因素分析法，在相对数（或指数）关系上是相乘的关系，但在绝对数关系上则仍是相加的关系。

（三）差额分析法

差额分析法是利用各因素变动的绝对数差额来分析其对总量变动影响的方法。例如，对工资总额绝对量变动的因素分析可用下面计算公式：

$$\begin{array}{c}\text{职工人数变动对}\\\text{工资总额的影响}\end{array}=(\text{报告期职工人数}-\text{基期职工人数})\times\text{基期平均工资}$$

$$\begin{array}{c}\text{平均工资变动对}\\\text{工资总额的影响}\end{array}=(\text{报告期平均工资}-\text{基期平均工资})\times\text{报告期职工人数}$$

六、相关分析法

相关分析法是分析企业人力资源现象之间相关关系的方法。相关关系是指现象之间确实存在的数量上的相互依存关系，但关系数值却是不固定的。

企业人力资源现象之间是相互联系的，也就是一个现象的量发生变化，另一现象的量也会相应地发生变化。前者称为自变量，后者称为因变量。相关关系是现象之间的数量依存关系中的一种形式，它们之间的具体关系值不是确定的。如劳动生产率与工资水平之间存在着正相关关系，即劳动生产率提高，工资水平也会相应地提高。又如，劳动生产率和产品成本之间存在着负相关关系，即劳动生产率提高，产品成本则会降低。

对企业人力资源现象之间相关关系的分析主要包括：确定现象之间有无相关关系；进一步确定相关关系的程度；测定两个变量之间的一般关系值。

相关分析的基本方法有：制相关图、相关表，计算相关系数和建立并求解回归方程等。

现以我国城镇单位在岗职工平均工资与城镇居民人均可支配收入的资料为依据，举例说明如何进行相关分析，见表 13-4。

表 13-4　　我国城镇在岗职工平均工资与城镇居民人均可支配收入相关表　　单位：万元

年份	城镇单位在岗职工平均工资	家庭人均可支配收入
2006 年	2. 1	1. 2
2007 年	2. 5	1. 4
2008 年	2. 9	1. 6
2009 年	3. 3	1. 7
2010 年	3. 7	1. 9
2011 年	4. 3	2. 2
2012 年	4. 7	2. 5
2013 年	5. 3	2. 7
2014 年	5. 8	2. 9
2015 年	6. 3	3. 1
2016 年	6. 9	3. 4
2017 年	7. 7	3. 6
2018 年	8. 5	3. 9
2019 年	9. 4	4. 2

资料来源：人力资源社会保障部网站。

从表 13-4 可以看出，城镇居民家庭人均消费性支出是随着城镇居民家庭人均可支配收入的增长而提高的。两者之间是正相关关系。据此相关表，可绘制相关图，如图 13-3 所示。

根据表 13-4 的资料，计算相关系数，进一步判断二者的相关紧密程度。

相关系数计算公式为：

$$r = \frac{n\sum XY - (\sum X)(\sum Y)}{\sqrt{n\sum X^2 - (\sum X)^2}\sqrt{n\sum Y^2 - (\sum Y)^2}}$$

式中，r 为相关系数；X 为自变量及其变量值；Y 为因变量及其变量值；n 为数列项数。

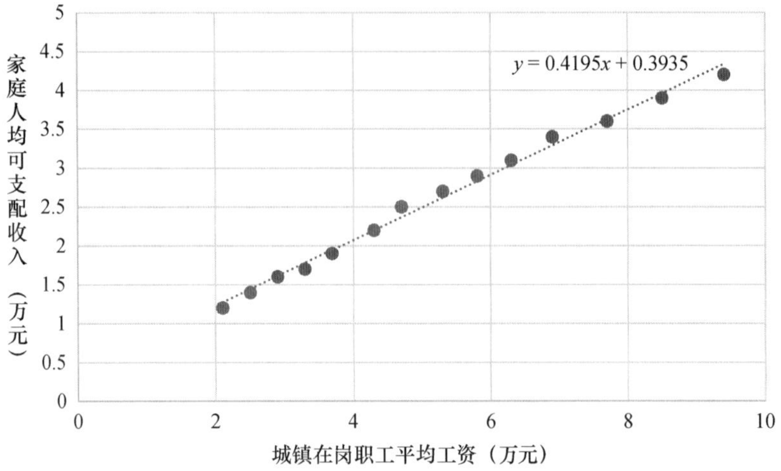

图 13-3　我国家庭人均可支配收入与城镇在岗职工平均工资相关图

依据表 13-4 中资料，可计算出公式中的有关数据，见表 13-5。

表 13-5　　相关系数计算表

年份	城镇在岗职工平均工资（万元）	家庭人均可支配收入（万元）	X^2	Y^2	XY
2006 年	2.1	1.2	4.41	1.44	2.52
2007 年	2.5	1.4	6.25	1.96	3.50
2008 年	2.9	1.6	8.41	2.56	4.64
2009 年	3.3	1.7	10.89	2.89	5.61
2010 年	3.7	1.9	13.69	3.61	7.03
2011 年	4.3	2.2	18.49	4.84	9.46
2012 年	4.7	2.5	22.09	6.25	11.75
2013 年	5.3	2.7	28.09	7.29	14.31
2014 年	5.8	2.9	33.64	8.41	16.82
2015 年	6.3	3.1	39.69	9.61	19.53
2016 年	6.9	3.4	47.61	11.56	23.46
2017 年	7.7	3.6	59.29	12.96	27.72
2018 年	8.5	3.9	72.25	15.21	33.15
2019 年	9.4	4.2	88.36	17.64	39.48
合计	73.4	36.3	453.16	106.23	218.98

由计算表可知：$n=14$；$\sum X=73.4$；$\sum Y=36.3$；$\sum XY=218.98$；$\sum X^2=453.16$；$\sum Y^2=106.23$；$(\sum X)^2=5\,387.56$；$(\sum Y)^2=1\,317.69$

将上述数值代入公式得：

$$r = \frac{14 \times 218.98 - 73.4 \times 36.3}{\sqrt{14 \times 453.16 - 5\ 387.56}\sqrt{14 \times 106.23 - 1\ 317.69}}$$

$$= \frac{401.3}{\sqrt{956.68 \times 169.53}} = \frac{401.3}{402.7} = 0.996\ 5$$

相关系数为 0.996 5，在一定程度上说明城镇在岗职工平均工资与城镇居民人均可支配收入高度相关。

为了观察城镇在岗职工平均工资与城镇居民人均可支配收入的变化上的一般关系，还可建立回归直线方程，并描出一条直线图，从而认识其两者之间的一般关系。

直线回归方程的标准式为：

$$Y_c = a + bX$$

式中，Y_c 为因变量的估计值或趋势值；a 为直线的截距；b 为回归系数，即直线的斜率；X 为自变量及其变量值。

求解 a、b 两者的参数值的标准方程为：

$$\begin{cases} \sum Y = na + b\sum X \\ \sum XY = a\sum X + b\sum X^2 \end{cases}$$

解方程组，求解 a、b 的参数值，a、b 的计算方法为：

$$b = \frac{n(\sum XY) - (\sum X)(\sum Y)}{n\sum X^2 - (\sum X)^2}$$

$$= \frac{14 \times 218.98 - 73.4 \times 36.3}{14 \times 453.16 - 5\ 387.56}$$

$$= \frac{401.3}{956.68} = 0.419\ 5$$

$$a = \bar{Y} - b\bar{X}$$

$$= \frac{36.3}{14} - 0.419\ 5 \times \frac{73.4}{14}$$

$$= 2.592\ 9 - 2.199\ 4$$

$$= 0.393\ 5$$

根据计算结果，直线回归方程为：

$$Y_c = 0.393\ 5 + 0.419\ 5X$$

将 X 值代入上述回归方程，根据城镇居民人均可支配收入及其人均消费性支出的变化规律推算出的直线上的估计值，即为相关点的代表值，见表 13-6。

表 13-6　　直线回归方程计算表

年份	城镇单位在岗职工平均工资 X（万元）	城镇居民人均可支配收入 Y（千元）	X^2	XY	Y_c
2006 年	2. 1	1. 2	4. 41	2. 52	1. 274
2007 年	2. 5	1. 4	6. 25	3. 50	1. 442
2008 年	2. 9	1. 6	8. 41	4. 64	1. 610
2009 年	3. 3	1. 7	10. 89	5. 61	1. 778
2010 年	3. 7	1. 9	13. 69	7. 03	1. 946
2011 年	4. 3	2. 2	18. 49	9. 46	2. 197
2012 年	4. 7	2. 5	22. 09	11. 75	2. 365
2013 年	5. 3	2. 7	28. 09	14. 31	2. 617
2014 年	5. 8	2. 9	33. 64	16. 82	2. 827
2015 年	6. 3	3. 1	39. 69	19. 53	3. 036
2016 年	6. 9	3. 4	47. 61	23. 46	3. 288
2017 年	7. 7	3. 6	59. 29	27. 72	3. 624
2018 年	8. 5	3. 9	72. 25	33. 15	3. 959
2019 年	9. 4	4. 2	88. 36	39. 48	4. 337
合计	73. 4	36. 3	453. 16	218. 98	36. 3

2006 年：$Y_c=0.3935+0.4195\times2.1=1.274$

2007 年：$Y_c=0.3935+0.4195\times2.5=1.442$

2008 年：$Y_c=0.3935+0.4195\times2.9=1.610$

2009 年：$Y_c=0.3935+0.4195\times3.3=1.778$

……

2017 年：$Y_c=0.3935+0.4195\times7.7=3.624$

2018 年：$Y_c=0.3935+0.4195\times8.5=3.959$

2019 年：$Y_c=0.3935+0.4195\times9.4=4.337$

求出 Y_c 后，在回归直线相关图上描一条直线，就可看出二者的一般变化关系。

七、预测分析法

（一）简单预计分析法

可采用以下两种简单预计分析的方法。

第一，将期初至预计时止的累计完成数和后期的计划数相加，作为期末可能完成的预计数，然后用此数与全期计划数相比，得出预计完成计划的百分比。例如，预计年劳动生产率的计划完成情况。其计算公式如下：

$$预计完成年度计划的百分比=\frac{前三个季度累计完成数+第四个季度计划数}{年度计划数}\times 100\%$$

第二，将期初至预计时止的累计完成数和上期的后期实际完成情况相加，作为期末可能完成的预计数，用此数进行预计分析。其计算公式如下：

$$预计完成年度计划的百分比=\frac{第三季度止累计完成数+上期第四季度实际数}{年度计划数}\times 100\%$$

在采用这两种方法时，可以根据实际情况分析有利或不利的条件，对预计数加以调整。

（二）移动平均数预测法

此法是将移动平均数作为下一个时期预测数的方法。

移动平均数的计算公式为：

$$T_{i+1}=\frac{T_i+T_{i-1}+\cdots+T_{i-n+1}}{n}=\frac{\sum T}{n}$$

式中，T_{i+1} 为预测期（第 i+1 期）劳动资源数；T_i 为基期（第 i 期）劳动资源数；n 为移动周期包含的时期项数。

（三）指数平滑预测法

对企业人力资源统计预测，可采用指数平滑法。指数平滑法是对不同时期的观察值，运用递减加权的方法修匀时间序列的波动，从而对人力资源现象的发展趋势进行预测的方法。

一次指数平滑法的基本公式为：$\hat{y}_{t+1}=ay_t+(1+a)\hat{y}_t$

式中，y 为实际观察值；$\hat{y}$ 为预测值；t 为不同时期（若 t 为本期，则 t+1 为下一期或预测期，t−1 为上一期）；a 为平滑系数或比重权数（$0\leqslant a\leqslant 1$）

若序列表现出明显的线性趋势，序列项数不多，或 a 的取值不太大，可用如下估计公式推算初始预测值：$\hat{y}_1=y_1-\frac{b}{a}$

式中，y_1 为第一期观察值；a 为平滑系数；$b=\frac{y_n-y_1}{n-1}$

（y_n、y_1 分别为远期和第一期观察值，n 为时期项数）。

某单位 2010—2019 年职工平均工资增长如表 13-7 所示，取 a 为 0.7，计算各年的趋势预测值，并推算 2020 年的平均工资。

按基本公式（第一方法）确定初始预测值，即用 2008—2010 年三年的增长率平均数作为 2011 年的预测值，为$\frac{17.2\%+12.0\%+13.5\%}{3}=14.2\%$

以后各年的预测值为：

$$\hat{y}_{2012}=ay_{2011}+(1-a)\hat{y}_{2011}=(0.7\times14.3\%+0.3\times14.2\%)=14.3\%$$

$$\hat{y}_{2013}=ay_{2012}+(1-a)\hat{y}_{2012}=(0.7\times12.1\%+0.3\times14.3\%)=12.8\%$$

按此推算 2020 年平均工资增长率为：$\hat{y}_{2020}=ay_{2019}+(1-a)\hat{y}_{2019}=（0.7\times10.2\%+0.3\times10.9\%）=10.4\%$

表 13-7　某单位 2008—2019 年平均工资增长率预测计算表　%

年份	较上年增长率 y	按第一种方法计算的预测值	按第二种方法计算的预测值
2008 年	17.2	—	18.1
2009 年	12.0	—	17.5
2010 年	13.5	—	13.6
2011 年	14.3	14.2	13.5
2012 年	12.1	14.3	14.1
2013 年	10.1	12.8	12.7
2014 年	9.5	10.9	10.9
2015 年	10.3	9.2	9.9
2016 年	9.1	10.2	10.2
2017 年	10.3	9.4	9.4
2018 年	11.3	10.0	10.0
2019 年	10.2	10.9	10.9

按估计公式（第二种方法）推算：

$$b=\frac{y_n-y_1}{n-1}=\frac{10.2-17.2}{12-1}=-0.6364$$

$$\hat{y}_{2008}=y_{2008}-\frac{b}{a}=17.2-\frac{-0.6364}{0.7}=18.1\%$$

以后各年按指数平滑推算：

$$\hat{y}_{2009}=ay_{2008}+(1-a)\hat{y}_{2008}=0.7\times17.2\%+0.3\times18.1\%=17.5\%$$

$$\hat{y}_{2010}=0.7\times12.0\%+0.3\times17.5\%=13.6\%$$

2020 年的预测值为：

$$\hat{y}_{2020}=0.7\times10.2\%+0.3\times10.9\%=10.4\%$$

本例的平均工资增长率呈线性发展趋势，α 取值相对偏大，因此，根据两种方法确定的初始值对预测结果的影响相对较小。

第四节　企业人力资源管理统计分析报告

一、统计分析报告的概念和形式

根据大量综合的统计资料进行统计分析，其结果通常用文字报告的形式反映出来，以供有关方面使用、参考或在更大范围内交流研究成果。这种书面报告称为统计分析报告。统计分析报告是统计分析结果的一种重要展示形式。

企业人力资源统计报告的形式由统计分析的种类决定，主要有综合分析报告、专题分析报告和计划执行情况分析报告三种。无论何种形式的统计分析报告，大都以文字为主，也有以数字资料为主，或以图示并附加文字说明为主的报告。应根据具体情况决定采用哪种形式为主的报告。

二、统计分析报告的结构

统计分析报告的结构是指对报告内容和材料的组织安排，它能够反映报告中各部分之间的内在联系。

统计分析报告的结构一般是由基本情况、成绩及经验、问题及原因、建议或措施四部分构成。

首先，统计分析报告应以基本统计数字作为事实基础，并围绕这些数据把所有的客观条件和主观条件写清楚。

其次，要把企业人力资源管理所取得的成绩准确如实地反映出来，并指出取得这些成绩的主要经验。总结经验要以事实为依据，但必须通过分析研究、归纳判断，使它上升到理性认识层面，使其具有普遍意义。在此应该说明的是，写出成绩是为了总结经验，写出过程是为了引出规律，这样才能使分析报告更具有指导意义。统计分析报告中也应把前进中存在的问题如实反映出来，并加以分析，指出问题的性质、存在问题的原因以及影响的程度。

最后，针对所存在的问题，提建议，拟措施，为领导提供参考。

统计分析报告的结构不是千篇一律、一成不变的，要根据各篇分析报告的具体内容和目的作出相应的变化，有的报告需要全面的总结，有的则是侧重分析存在的问题，有些又在于提出针对性的办法和建议。

三、编写统计分析报告的基本要求

编写企业人力资源管理统计分析报告，必须坚持实事求是的原则，使分析报告具有准确性、鲜明性和生动性的特点，从而能充分发挥其应有的作用。编写统计分析报告，应注意以下四点。

（一）主题明确，重点突出

撰写统计分析报告时，要明确分析的主题，清楚地表达出要肯定什么、存在的问题是什么，重点要突出。只有这样，才能使人们阅读后抓住要点。

（二）论点要准确，判断推理要符合逻辑

统计分析报告中提出的成绩和缺点，指出问题的性质和提出的建议，这些都是分析报告的论点。论点准确是指问题要抓准，分析要说到关键，判断推理要有根据、符合逻辑，这样才能使统计分析报告具有说服力。

（三）材料和观点要统一

统计分析报告中有大量的统计材料，报告的观点一定是对这些材料进行分析和研究后形成的。报告中要用观点统率材料、用材料说明观点，不能使材料和观点脱节，甚至出现矛盾。

（四）统计分析报告要注意写作的文风

统计分析报告要生动具体、通俗易懂，篇幅要短小，文字要简练，标题要醒目，层次要清楚，尽量使用易于理解的语言。

要写好统计分析报告，这就要求统计人员具备较高的理论水平和丰富的统计业务知识，了解党和国家的有关方针政策，而且要熟悉周围情况。只有这样，才能通过对统计资料的分析，发现问题，并提出有针对性的建议和意见。

【思考题和计算题】

1. 简述企业人力资源统计分析的作用。

2. 简述企业人力资源统计分析的主要种类。

3. 简述企业人力资源统计分析的基本步骤。

4. 简述企业人力资源统计分析常用的几种分析方法。

5. 简述企业人力资源统计分析报告的形式。

6. 简述企业人力资源统计分析报告的基本要求。

7. 我国 1998—2019 年城市居民消费价格指数与城市商品零售价格指数见表 1。

表 1　　1998—2019 年城市两种价格变化

年份	居民消费价格指数	商品零售价格指数	年份	居民消费价格指数	商品零售价格指数	年份	居民消费价格指数	商品零售价格指数	年份	居民消费价格指数	商品零售价格指数
1998 年	99.4	97.4	2004 年	103.3	102.1	2010 年	103.2	102.8	2016 年	102.1	100.7
1999 年	98.7	97.0	2005 年	101.6	100.5	2011 年	105.3	104.7	2017 年	102.7	101.1
2000 年	100.8	98.5	2006 年	101.5	100.9	2012 年	102.7	101.9	2018 年	102.1	101.9
2001 年	100.7	98.9	2007 年	104.5	103.3	2013 年	102.6	101.3	2019 年	102.8	101.9
2002 年	99.0	98.5	2008 年	105.6	105.5	2014 年	102.1	101.0	2020 年		
2003 年	100.9	98.6	2009 年	99.1	98.7	2015 年	101.5	100.0	2021 年		

计算和分析：（1）二者之间的相关程度；（2）建立回归方程。

8. 某企业 2015—2022 年某企业人均固定资产和月劳动生产率情况见表 2。

表 2　　某企业 2015—2022 年人均固定资产和月劳动生产率统计表

年份	人均占有固定资产（万元）	生产工人月劳动生产率（万元）	年份	人均占有固定资产（万元）	生产工人月劳动生产率（万元）
2015 年	91	5.7	2019 年	91	5.7
2016 年	92	5.8	2020 年	133	6.1
2017 年	90	5.9	2021 年	167	6.8
2018 年	88	5.6	2022 年	175	7.1

计算和分析：（1）二者之间的相关程度；（2）建立回归方程，预测月劳动生产率会如何变化。

9. 我国 2008—2021 年统筹范围内退休人员人均养老金增长情况见表 3。

表 3　　我国 2008—2021 年统筹范围内退休人员人均养老金增长率　　%

年份	人均退休金增长率	年份	人均退休金增长率	年份	人均退休金增长率
2008 年	17.2	2013 年	9.7	2018 年	8.0
2009 年	10.9	2014 年	9.9	2019 年	6.1
2010 年	10.6	2015 年	10.2	2020 年	5.0
2011 年	10.7	2016 年	8.8	2021 年	4.5
2012 年	11.4	2017 年	8.1		

计算和分析：运用指数平滑法，预测我国统筹范围内退休人员人均退休金增长情况（提示：分别按确定初始预测值的两种方法预测 $\alpha=0.6$）。

10. 某企业生产工人工资见表 4。

表 4　　某企业生产工人工资表

	报告期	基期	指数（%）	增减额（+-）
生产工人小时工资（元）	33	30		
工作日长度（小时）	7.98	7.29		
工作月长度（天）	23.0	22.2		
生产工人月平均工资（元）	6 057	4 855		

分析生产工人月平均工资是如何变动的（提示：运用连乘因素分析法解题）。

11. 某公司人工成本及变化见表 5。

表 5　　某公司人工成本统计表

	报告期	基期	指数（%）	增减额（+-）
从业人员人均成本（元）	6 000	5 000		
企业从业人员总数（人）	3 000	2 500		
企业人工成本总额（万元）	1 800	1 250		

计算和分析：企业人工成本总额的变动原因（提示：用“差额分析法”解题）。

计算题参考答案

第二章

11. 企业职工月平均人数是 523 人。

12. （1）各月平均人数：一月 1 006 人，二月 1 015 人，三月 1 035 人，四月 1 045 人，五月 1 050 人，六月 1 055 人，七月 1 048 人，八月 1 040 人，九月 1 040 人，十月 1 050 人，十一月 1 055 人，十二月 1 052 人。

（2）各季度平均人数：一季度 1 019 人，二季度 1 050 人，三季度 1 043 人，四季度 1 052 人。

（3）半年平均人数：上半年 1 034 人，下半年 1 047 人。

（4）年平均人数：1 041 人

13. （1）填满表 1 的空格：职工 101. 44%，+1. 44%；生产工人 102. 64%，+2. 64%。

（2）企业职工新增率 2. 88%、减少率 1. 44%、周转率 4. 32%。

（3）企业生产工人新增率 3. 09%，减少率 0. 46%，周转率 3. 53%。

（4）企业生产工人配置率：基期 84. 01%，报告期 85. 00%。

14. 可少用 40 人，可增产 451. 78 万元。

15. 应完成定额工时：乙工种 4 678 工时，丙工种 8 035 工时。

平衡差额工时：乙工种 518 工时，丙工种 1 561 工时。

应增配人员：乙工种 1 人、丙工种 4 人。

16. （1）市场招聘率 3. 01%，解聘率 1. 51%。

（2）工作岗位竞聘率 32. 40%，全员竞聘率 95. 75%，参与竞聘上岗率 76. 84%，全员竞聘上岗率 73. 57%。

第三章

11. （1）月平均每日生产工人人数为 812 人，出勤率 97. 59%，缺勤率 2. 41%，出勤时间利用率 98. 74%，制度工作时间利用率 96. 35%。

（2）工作月人均损失时间 0. 84 天、工作月人均损失率 3. 65%；造成减产 272 万元、工资损失 76 160 元、工作月利用率 96. 35%。

12. （1）出勤率 96. 88%，缺勤率 3. 12%；出勤时间利用率 97. 33%，制度工作时间利用率 94. 29%。

（2）工作日人均损失时间 0. 17 小时，工作日人均时间损失率 2. 13%；减产损失 426 万元，工资损失 119 280 元，工作日利用率 94. 97%。

14. （1）加班加点比重 8. 93%；加班加点强度 9. 91 工时；加班加点多支付工资 390 320 元。

第四章

12. 每千名职工工伤事故 14. 48 次，每千名职工工伤人数 22 人，工伤频率 107. 59‰，平均每次工伤事故受伤害 7 人，伤愈者人均歇工 20. 25 天，受伤者人均歇工 15. 84 天。

13. （1）工伤歇工率 6. 24%（指受伤者）。

（2）减产损失 1 987 440 元；利润损失 456 300 元。

14. 发病率 39. 06‰，患病率 120. 44‰，治愈率 27. 03%。

15. 总死亡率 0. 65‰，特殊死亡率 5. 41‰。

16. 劳动力损失当量 47 人，劳动时间损失比率 3. 04%，工资损失 46. 8 万元，销售收入损失 1 530 万元，损失比率 0. 12%。

第五章

13. （1）实物量劳动生产率：基本工人 37. 88 套，生产工人 34. 76 套，直接生产人员 29. 43 套，全部职工 25. 00 套。

（2）工业增加值劳动生产率：基本工人 757 692 元，生产工人 695 294 元，直接生产人员 588 645 元，全部职工 500 000 元。

14. （1）生产工人劳动生产率增长，使全员劳动生产率增长 7 600 元；生产工人在全员中的比重上升，使全员劳动生产率增长 2 000 元；全员劳动生产率增长 9 600 元。

（2）工作日长度延长，使生产工人月劳动生产率增长 2 807 元；

工作月长度延长，使生产工人月劳动生产率增长 10 522 元；

小时劳动生产率减少使生产工人月劳动生产率增长-3 329 元；

生产工人月劳动生产率增长 10 000 元=2 807+10 522+（-3 329）

15. 劳动生产率总指数 111. 11%，劳动生产率固定组成指数 116. 67%，劳动生产率结构影响指数 95. 24%。

16. 总厂劳动生产率增长 14 000 元；两个分厂劳动生产率增长，使总厂劳动生产率增长 20 000 元；二分厂的人员比重下降，使总厂劳动生产率减少-6 000 元。

17. 总厂劳动生产率增长，因而增产 7 000 万元；总厂职工人数增加，因而增产 12 600 万元，若劳动生产率维持基期水平，则报告期职工将拥有 5 556 人；实际少用 556 人。

18. （1）公司劳动生产率增长 2 吨，其中：单位动力产量提高而影响增产 1. 2 吨；人均动力装备提高为影响增长 0. 8 吨。

（2）公司总产量增加 12 000 吨，其中：人员增加而增产 6 000 吨；单位动力产量提高而增产 3 600 吨；人均动力装备提高而增产 2 400 吨。

（3）若劳动生产率维持基期水平，报告期应拥有工人 6 000 人，而实际配备 4 000 人。

19. （1）

	平均每人创利率（万元）		每元工资创利（工资利润率）（元）		工资的净产值效益	
	按生产利润计算	按实现利润计算	按生产利润计算	按实现利润计算	百元净产值工资额（元）	百元工资的净产值（元）
报告期	2. 50	2. 32	0. 35	0. 33	62. 88	159. 04
基期	2. 60	2. 50	0. 40	0. 39	60. 40	165. 40

（2）平均每人实现利润减少 0. 18 万元，其中：净产值劳动生产率提高影响增加 0. 121 6 万元；利润占净产值比重影响减少-0. 214 5 万元；利润实现程度下降影响减少-0. 088 9 万元。

20. （1）实现利润总额增加 100 万元，其中：增加了职工而增加 500 万元；净产值劳动生产率提高影响增加 267. 5 万元；利润占净产值比重下降影响减少-471. 92 万元；利润实现程度下降影响减少-195. 58 万元。

（2）平均每人实现利润减少-0. 18 万元，其中：每元工资的利润降低影响较少-0. 42 万元；平均工资提高影响增加 0. 24 万元。

21. 净产值增加 3 430 万元，其中：劳动生产率提高影响增产 1 298 万元；职工的增加影响多产 2 132 万元。

22. 企业产量增长 96.08%，增产绝对量 98 万吨，其中：固定资产利用程度提高影响多产 38.1 万元，增长 37.35%；人均占有固定资产增加影响多产 25.9 万元，增长 25.39%；职工人数增加影响多产 34.0 万元，增长 33.34%。

第六章

7. 产量定额完成率 133.33%；工时定额完成率 133.33%

8. （1）生产工人劳动定额完成率 119.59%。

（2）企业劳动定额完成率 95.06%。

9. 影响企业劳动定额完成不好的因素有：劳动条件异常影响 14.83%；缺勤影响 6.21%；非生产影响 1.27%；停工影响 0.63%。

生产工人劳动定额完成率 119.59%，由于劳动条件异常增加消耗 2 340 工时，从企业层面而言，劳动定额完成率 103.45%；劳动时间利用差损失 1 280 工时，故企业劳动定额成率只达到 95.06%。

10. 劳动定额水平均衡率：甲车间 18.24%；乙车间 12.22%，丙车间 17.57%，因此，定额水平的均衡状况，乙车间都优于甲和丙车间。

11. （1）劳动定额平均完成率：甲车间 124.6%，乙车间 117.8%，丙车间 123.9%。

（2）未完成劳动定额的工人比重：全厂 5.67%，甲车间 10%，乙车间 0，丙车间 7%。

12. 生产工人劳动定额实行面：全厂 88.24%，甲车间 83.33%，乙车间 95.24%，丙车间 86.96%。

第七章

8. 工资总额动态指标 114.83%，增长 14.83%，工资总额增加 124 万元，其中：由于平均工资提高，影响增加 48 万元，增长程度 5.74%；由于职工人数扩大，影响增加 76 万元，增长程度 9.09%。

9. （1）绝对检查法：工资总额计划完成率 109.09%，绝对多支出 80 万元；

相对检查法：工资总额计划相对完成率 99.17%，相对节约−8 万元。

（2）工资总额计划执行，相对节约 8 万元，其中：因产值计划超额完成，节约 88 万元；因人数超计划多用，超支 13.4 万元；因平均工资超计划支付，超支 66.6 万元。

三个因素共同影响的结果，企业工资总额相对节约 8 万元。

10. （1）平均工资总指数 104.71%，平均工资固定组成指数 111.25%，平均工资结构影响指数 94.12%，公司平均工资指数体系：104.71%＝111.25%×94.12%。

（2）公司平均工资增加 320 元，增长 4.71%，其中：公司新老职工平均工资增加影响 720 元，增长 10.59%；公司新职工比重上升，影响减少 400 元，降低 5.88%。

11. 实际工资指数 101.70%，即扣除物价变动，工资实际提高 1.70%。

12. 工资与劳动生产率的比例下降 0.6，企业的工资费用相对节约 67 元，每个职工为企业多提供经济效益 67 元，实现预期的要求。

13. 每百元工资的效益

	生产工业增加值	实现销售收入	实现利润	缴纳税金
报告期	816.07	823.12	246.93	82.31
基期	842.36	840.95	243.87	84.10
增减额	-26.29	-17.83	3.06	-1.79

14. （1）工资工业增加值效益降低，共计减产 600.46 万元。

（2）工资销售收入效益降低，共计减收 407.24 万元。

（3）工资利润效益提高，共计利润多创 69.89 万元。

（4）工资税金效益降低，共计税金减少 40.66 万元。

15. 每百元有关经济效益支付工资

	工业增加值	销售收入	实现利润	实现税金
报告期	12.25	12.15	40.50	121.49
基期	11.87	11.89	41.01	118.91
指数（%）	103.20	102.19	98.76	102.17

百元工业增加值支付工资额的上升，使工资总额多支付 70.83 万元；百元销售收入支付工资额的上升，使工资总额多支付 48.88 万元；百元实现利润支付工资额的下降，使工资总额少支付 28.76 万元；百元实现税金支付工资额上升，使工资总额多支付 48.69 万元。

第八章

8. （1）职工入学率 60%。

（2）职工退学率 6.7%。

（3）职工结业率 93.3%。

（4）全员培训率 60%。

（5）教师负担系数 60 人。

9.（1）现场培训系数 0.67。

（2）业余学习比率 92.86%。

（3）业余学习参与率 52%。

（4）脱产学习率 13.33%。

（5）高等教育培训率 30%。

（6）中等教育培训率 70%。

10.（1）企业职工人均培训费用 900 元。

（2）培训人员人均培训费用 1 125 元。

（3）培训资金利用率 8.9 人/万元。

（4）培训资金收获率 8.3 人/万元。

（5）万元增加值的培训费支出 900 元。

（6）现场培训费用比重 80%。

11.（1）工人技师比例 10%。

（2）高级技师比例 0.75%。

（3）多面手和技术能手比例 5%。

12.（1）节约工时 1 600 工时。

（2）节约工资 64 000 元。

（3）增产零部件 1 455 件。

13.（1）合理化建议增长率 25%。

（2）合理化建议采纳动态指标 164.29%。

第九章

8.（1）平均人工成本：全员人均人工成本 8 万元；生产工人人均人工成本 9.41 万元。

（2）人工成本占总成本比重 40%，或每百元企业总成本中人工费支出 40 元。

9. 人工成本总额增长 50%，增加绝对额 100 万元，其中：因职工人数增长 25%，人工成本总额增加 50 万元，增长 25%；因人均人工成本增长 20%，人工成本总额增加 50 万元，增长 25%。人工成本总额指数体系：150% = 125%×120%。

10.（1）企业人工费用比率下降 12.5%，故人工成本总额节省 42.8 万元。

（2）百元人工成本实现利润增长 33.3%，使实现利润总额增加 25 万元。

11. 标准产品 A 单位人工成本 7 653 元；B 产品单位人工成本 15 306 元；C 产品单位人工成本 16 837 元。

12. $\hat{y}=5\ 535.7x+24\ 837$；预测 2024 年某企业人均人工成本 102 336.8 元。

第十章

8. （1）每千名职工劳动争议发生 19 件。

（2）每千名职工劳动争议发生 32 人次。

（3）平均每件劳动争议涉及职工 1.7 人。

（4）劳动争议处理结案率 99%。

（5）企业调解处理比重 100%。

（6）企业调解结案率 100%。

（7）一次调解结案率 100%。

9. （1）每百名职工代表提交提案 40 件。

（2）提案落实率 62.5%。

10. （1）合理化建议活动参与率 60%。

（2）合理化建议采纳率 50%。

11. 获奖面 11.43%。

第十一章

9. （1）养老保险覆盖率 97.5%。

（2）养老金系数 0.8。

（3）养老金保有比例 1.92。

（4）养老金生活保障程度 106.67%。

（5）养老金最低生活保证程度 160%。

10. （1）人均工伤保险费用支出 967 元。

（2）工伤工资替代系数 0.91。

（3）生活费用保障系数 32.22%。

11. （1）医疗保险参与率 95.45%。

（2）医疗保险受惠率 95.24%。

（3）企业从业人员医疗保险受惠率 90.91%。

（4）企业人均报销医疗费用 110 元，医疗保险费用系数 1.83%。

（5）医疗保险对健康风险的减缓程度 2.62%。

12.（1）失业保险费用工资替代系数 51.24%。

（2）失业保险生活保障程度 96.88%。

（3）失业保险最低生活保障程度 110.71%

13.（1）企业福利费用补充比例 5.0%。

（2）企业福利费用替代工资系数 5.0%。

（3）企业对生活消费性支出的替代率 7.76%。

（4）对最低生活费用的替代率 10.23%。

14.（1）生育保险费用工资替代系数 0.564 7。

（2）生育保险费用对员工生活影响程度 120.54%。

（3）生育保险受惠率 2.5%。

第十三章

7.（1）相关系数 $r=0.9626$，高度相关。

（2）回归方程 $\hat{y}=0.8205x+19.2260$

8.（1）相关系数 $r=0.9705$，高度相关。

（2）回归方程有 $\hat{y}=4.3946+0.0146x$；估计人均固定资产的配置，每增加 1 万元，生产工人劳动生产率可能增加 146 元。

9. 2022 年统筹退休者养老金估计增长率：按第一种方法是 5.02%，按第二种方法是 4.98%。

10. 生产工人月平均工资增长 24.76%，增加 1 202 元。

其中：小时平均工资增长 10.00%，影响增加 551 元，增长 11.35%；

工作日长度增长 9.47%，影响增加 476 元，增长 9.80%；

工作月长度增长 3.61%，影响增加 175 元，增长 3.60%。

11. 企业人工成本总额增长 44%，增加绝对额 550 万元。

其中：企业从业者人均人工成本增长 20%，影响增加绝对额+300 万元，增长+24%；企业从业者人数增加 20%，影响增加绝对额+250 万元，增长+20%。

后　　记

回过头来看这些年，在党的领导下，全国人民努力奋斗，取得了世人瞩目的成绩，成为世界第二大经济体。在这重要的历史关头，我们积极努力求新求精，将《企业人力资源管理统计学（第三版）》奉献给大家。

虽然新冠肺炎疫情影响到我们每一个人，但无论编著者还是出版者，大家齐心协力，一边防疫抗疫、一边不懈工作，保证了《企业人力资源管理统计学（第三版）》如期面世，没有辜负读者的殷切期望。

感谢时代的赋予，感谢英雄的人民，感谢大家的辛勤付出。

《企业人力资源管理统计学（第三版）》的修订，由陈嗣成教授总览、黄书田教授负责学术性审定、助理陈晖负责修订工作流程安排。另外，昆士兰科技大学的俞忱朗同学参与修订的技术处理工作。对此兢兢业业的精神和无私的奉献表示由衷的谢意。

感谢中国劳动社会保障出版社的责任编辑为此书的修订出版付出的辛勤劳动。

陈嗣成

2023 年 3 月于布里斯班